Wilfried Wieck
Was Männer nur Männern sagen

Wilfried Wieck

Was Männer nur Männern sagen

und was Frauen trotzdem
wissen sollten

Kreuz Verlag

Die Gedanken, Methoden und Anregungen in diesem Buch stellen die Meinung beziehungsweise die Erfahrungen des Verfassers dar. Sie wurden von dem Autor nach bestem Wissen erstellt und mit größtmöglicher Sorgfalt überprüft. Sie bieten jedoch keinesfalls Ersatz für kompetenten ärztlichen oder therapeutischen Rat. Daher erfolgen Angaben in diesem Buch ohne jegliche Gewährleistung oder Garantie des Verlages oder des Autors. Eine Haftung des Verlages oder des Autors für etwaige Personen-, Sach- oder Vermögensschäden ist ausgeschlossen, es sei denn im Falle grober Fahrlässigkeit.

2 3 4 5   03 02 01 00 99

© 1999 Kreuz Verlag Stuttgart
Redaktion: Andrea Nagl (Medien-Agentur Gerald Drews/Augsburg)
Umschlaggestaltung: Atelier Reichert
Umschlagbild: H. Flandrin, Jeune homme nu assis au bord de la mer, Paris-Musee du Louvre
Gesamtherstellung: Ebner Ulm
ISBN 3 7831 1708 9

Inhalt

Einstimmung

Wir wollen uns zeigen und um Männer werben.

Mit unserer Freude über uns und mit unseren Schwierigkeiten mit uns. Dieses Buch ist einer engen, zehn Jahre dauernden Kooperation zwischen freund-lichen Männern zu verdanken, denen ich mich verbunden fühle und die ich liebe.

Alle sind beruflich tüchtig, privat liebevoll, und sie engagieren sich außerdem in unserer patriarchatskritischen tiefenpsychologischen Männerarbeit.

Begeisterung und Freude, gegenseitige Hilfe und Kritik, Trauerfähigkeit und Auseinandersetzungsfähigkeit kennzeichnen unsere gemeinsame Lebens- und Angstbewältigung.

Rainer Strotmann, Johannes Meyser, Helmut Völker, Hartmut Stahn und Harald Apelt haben eng mit mir am »Buchprojekt« gearbeitet und sind dabei geblieben. Sie leiten Männergruppen, halten Vorträge, schreiben zum Thema und studieren Psychologie und Tiefenpsychologie.

Helmut Asche, Rainer Schlömer und Hans-Jörg Schmidtwigger waren lange dabei und haben sich im Laufe der Zeit konsequent, kritisch, aber solidarisch von uns getrennt. Ich behalte sie in gute Erinnerung.

Andreas Goosses, Carsten Dierig, Matthias Rudlof, Christian Schäfer, Udo Wohlgemuth, Kurt Staudt, Sören Bott und Berthold Meyer kamen inzwischen dazu und unterstützten unser Buchprojekt. (Alle Namen im Buch sind aus Gründen des Persönlichkeitsschutzes geändert.)

Allen diesen Männern verdanke ich sehr viel und freue mich – mit den jeweils anwesenden – auf weitere gute Zusammenarbeit und wechselseitige Zuneigung.

Wilfried Wieck, November 1998

Patriarchatskritische tiefenpsychologische Männerarbeit – Was heißt das?

»Zart, lebendig, mitteilsam und außerdem
konfliktbereit und stark«

Hat sich in unserem Land etwas zum Positiven verändert?
– das fragt sich, wer an einer Entwicklung zu Humanismus,
zum Frieden und zur besseren gegenseitigen Verständigung
interessiert ist. Wir können ihm getrost antworten: Ja, es hat
sich etwas verändert: Männliche Würde und Ritterlichkeit
sind Ziele unserer Männerarbeit geworden. Die Frauenbewegung und einige selbstbewusste und empfindsame Männer haben viel geleistet, seit die Geschlechterfrage durch die
Frauenbewegung gestellt worden ist. Aber das Patriarchat
hat sich mit allen zur Verfügung stehenden Mitteln und Mu-
stern massiv und erfolgreich gewehrt. Die alten Probleme
der Herrschaft von Menschen kehren immer wieder, wenn
auch vielleicht in etwas abgemilderter Form. Krisen wird es
immer geben.

Es muss sich mehr verändern in Sachen Abbau des Patriarchats, in Sachen Gleichberechtigung von Mann und
Frau.

Wenn heute manchmal etwas unernst gefragt wird, ob die
Entwicklung des Mannes mehr in Richtung »Macho« oder
»Weichei« geht, dann müssen wir Männer, die sich in Bewegung befinden, auch fragen, ob es bei den Frauen zu Verän-
derungen gekommen ist, ob die Frauen mehr »Machas«
oder mehr »Weibchen« sind. Denn es gibt Männerhasserin-
nen und Chauvi-Frauen, so wie es Frauenhasserinnen und
Chauvis unter den Männern gibt.

Heute, Ende der neunziger Jahre, stehen viele Aufgaben an, für Frauen und für Männer.

Es geht im weitesten Sinn um Kooperation, aber diese herzustellen ist nicht einfach. Wir brauchen heute auch eine Kooperation verschiedener Wertsysteme, also ein ungeheures Maß an Toleranz.

Anzustreben ist die Kooperation nicht nur zwischen Männern, sondern auch zwischen Männern und Frauen und sogar zwischen Männern und Frauen verschiedener kultureller Systeme. Diese Kooperation gegen Pessimismus, Miesmacherei, Ausbeutung und Brutalität muss Ziele der Fremdenfreundlichkeit, Ausländerfreundlichkeit und Frauenfreundlichkeit gleichermaßen verfolgen.

Die westliche Gesellschaft steckt in der Krise und wird immer wieder in Krisen hineingeraten, trotz der enormen technologischen Entwicklung dieses Jahrhunderts. Die Krise besteht nämlich auch darin, dass im Leben zu vieler Menschen zu wenig Sinn ist, dass viele Menschen zu wenig Sinn in ihrem Leben sehen. Zur Bewältigung dieser Sinnkrisen brauchen wir Frauen und Männer, und zwar Männer, die mit menschlichen Beziehungen anders umgehen, als es die Männer traditionell seit Jahrhunderten tun.

Wir wissen, dass Menschen in Krisen zu deren Lösung oft auf alte Muster zurückgreifen, auf Strategien der Gewalt und Härte, der zwanghaften Strukturen, der autoritären Führung, der Kontrolle, der Institutionen, der Organisationen, der Bürokratie und der Systematisierung.

Es täte Not, dass wir gewaltlos miteinander umgehen; verantwortlich zwar, aber nicht institutionalisiert; beziehungsvoll zwar, aber nicht bürokratisiert. Wir müssen die alten Strategien durch neue ersetzen, dürfen nicht auf alte Muster zurückgreifen, wenn wir nicht mehr weiter wissen. Die alten Verhaltensweisen sind nicht umfassend und bringen uns nicht ans Ziel. Sie sind nicht ganzheitlich. Sie sind nicht menschenfreundlich. Sie sind nicht humanistisch. Sie führen immer wieder zu zerstörerischer Konkurrenz, zu Kampf zwischen Menschengruppen, zu Ausbeutung von Minderheiten, zu Inhumanität und zu Krieg.

Es sollte deutlich werden, dass es sich bei einer patriarchatskritischen tiefenpsychologischen Perspektive um eine positive Weltanschauung handeln muss. In der Krise können wir lernen. Es wäre nicht das Schlechteste, wenn diese Krise eine Verunsicherung für Männer bringen würde.

Die Frauenbewegung hat Verunsicherung für viele Männer gebracht. Die psychisch instabilen Männer haben mit der Verstärkung ihres Machotums reagiert, mit Verstärkung gewalttätiger Attitüden statt mit antiautoritärer Führung und einer Ethik der gewaltlosen Kooperation.

Die resignierten oder verwöhnten Männer haben mit der Verstärkung ihrer Kraftlosigkeit und Schwäche reagiert, die nicht kommuniziert wurde, weil Männer gelernt haben, über Persönliches zu schweigen.

Wir erleben Geschlechterkampf. Dabei benötigen wir dringend die Zusammenfügung positiver männlicher und weiblicher Werte. Es gibt sogar kräftige Männer, die dennoch lebendig sind, mitteilsam, einfühlsam und konfliktbereit. Es wird Annäherungen zwischen Männern und Frauen geben, sie sind möglich und auch nötig. Die tiefe Kluft zwischen Männern und Frauen kann überwunden werden, vorsichtig, behutsam, tolerant und in gegenseitigem Respekt. Wir kräftigeren Männer, die sich für Humanität einsetzen, wollen mit Frauen zusammenarbeiten. Wir haben von Frauen gelernt, obwohl wir in diesem Männer-Wahnsystem der Frauenverachtung aufgewachsen sind. Es gibt heute noch Frauenentwertung, Frauenverstümmelung und Frauentötungen, die durch Kooperation verhindert werden müssen.

Eine Männerperspektive in diesem Sinne würde sich der politischen Probleme der Zukunft annehmen, der Arbeitslosigkeit, anderer wirtschaftlicher Probleme, den Gefahren der Globalisierung, der Umweltzerstörung, der politischen und wirtschaftlichen Einbrüche und Katastrophen in vielen Ländern der Welt.

Diese Probleme könne wir mit Hilfe verstärkter Freundschaft solcher Männer lösen, die mit Frauen kooperieren können. Krisen erfordern Modelle der Kooperation und nicht der pessimistischen Kritik.

Deshalb sollten in der Männerarbeit ein positives Männerbild und ein positives Frauenbild wegleitend sein. Dazu aber steht Arbeit an, besonders für Männer. Es darf für Männer nicht weiter nur um Karriere, um Geld, um Macht und um Positionen gehen. Wenn diese Ziele weiter im Vordergrund stehen, geht die emotionale und soziale Verkümmerung und die Entwicklungslosigkeit der Männer weiter. Zu den vordringlichen Aufgaben der Männer in diesem Sinne gehört, dass sie sich um ihre Kinder kümmern, dass sie Zeit für ihre Kinder haben und mit ihnen in verantwortungsvolle Beziehungen eintreten, damit die Kinder nicht nur von Müttern erzogen werden.

Die oben zitierte Alternative »Machos« oder »Weicheier« legt Männer zwanghaft fest. Schon die Ausdrucksweise, die schablonenhafte Festlegung auf die beiden unproduktiven Extreme, ist männerfeindlich. Wir wünschen uns und setzen eine Entwicklung für Männer in Gang, zugleich aber auch für die Frauen, die sich an der Entwicklung der Männer freuen, weil sie auch Frauen zugute kommt. Die feministische Männerschelte um jeden Preis ist heute nicht mehr produktiv zu nennen. Die Zeiten, in den Frauen so tun konnten, als gäbe es nur gewalttätige und unwillige, sozial inkompetente Männer, sind vorbei. Wenn es um Gewaltlosigkeit, Empfindungsfähigkeit und um Gefühle gehen soll, dann müssen Männer mit Frauen zusammenarbeiten.

Es ist sehr deutlich, was sich Frauen von Männern wünschen: Gesprächsfähigkeit, Fähigkeit zur Nähe und eine klare Sicht vom Wert der Frau, Respekt vor der Frau.

Wir brauchen reale männliche Werte und ein großes Spektrum von zugelassenen Gefühlen. Wir brauchen kräftige Männer, die ihre Schwäche nicht ausschließen, sondern kommunizieren, die nicht nur Selbstkontrolle ausüben, sondern Selbstbewusstsein entwickeln. Wir brauchen die umfassendere männliche Kraft, die Verletzlichkeit, Zerbrechlichkeit, Nachdenklichkeit, Ernsthaftigkeit und Selbstverantwortung einschließt, die außerdem die Rivalität und die Konkurrenz, die vor allem unter Männern besteht, beseitigt, die Macht- und Karrieredenken gegen realere, sinnvollere männliche Werte austauscht.

Zu dieser positiven Ausrichtung der weltanschaulichen Basis der patriarchatskritischen tiefenpsychologischen Männerarbeit gehört, dass Entwicklung zur Menschlichkeit das erste Ziel in den Männergruppen ist. Wir wollen von der Psychopathologie, von der Diagnose Gewalt hin zur Therapie, zum Prinzip Hoffnung, zum Prinzip Arbeit, Muße und Freude. Wir haben die Diagnose formuliert: Gewalt und Verwöhnung. Wir haben die Anamnese des Mannes erarbeitet: zu dicht bei der Mutter, der Vater abwesend und dennoch Identifikation mit männlichen Werten. Wir sind weiter von der Gefahr gesellschaftlicher Krisen bedroht, aber auch von der Gefahr des Rückfalls in krankmachende Männlichkeit.

Jetzt geht es in den Männergruppen um eine umfassende politische wie private Gesundung. Zu dieser positiven Entwicklung gehört Ermutigung der Männer, damit sie in die Lage versetzt werden, Krisen und Konflikte zu bewältigen – im gesellschaftlichen wie auch im privaten Maßstab. Zu den Zielen dieser männlichen Entwicklung, die ermutigt gehört, zählen wir Arbeit, Muße und Freude. Dazu kommt die Bereitschaft zur Verantwortung für andere Menschen, Fürsorge und Liebesfähigkeit. Diese Werte sind nur zu erzielen, wenn Selbstverantwortung, Selbstfürsorge und Selbstbewusstsein im männlichen Leben verwirklicht werden. In Selbstverantwortung, Selbstfürsorge und Selbstbewusstsein beginnt und endet die männliche Entwicklung zur Menschlichkeit.

Das ist mehr als bloße Krisenstrategie. Was wir gegen Krisen tun können, ist der Aufbau von Persönlichkeit, bereits in der Familie, in der Schule, die Schulung von Persönlichkeiten, die in Krisen flexibler und humaner miteinander umgehen und sich gegenseitig helfen. Das wären Männer, die sich wechselseitig öffnen, ihre Gefühle wahrnehmen und mitteilen und die tolerant mit den Gefühlen anderer Menschen umgehen. Männer, die ein positiveres Menschenbild haben, die positivere Männerbilder und Frauenbilder haben, die optimistisch sind und einen kooperativen Führungsstil entwickeln, ohne die Machtstrukturen, die allzu kreative Potentiale unterdrücken, nur um die Macht zu erhalten.

Wie dieses Buch entstand und
was es mir bedeutet

Männliche Freunde zu haben war mein Kindheits- und Jugendtraum. Ich träume heute noch davon.

Meine Mutter war zufrieden, als ich mir mit vier Jahren »meinen Freund« erfand. Ich saß mit ihm am Tischchen und führte lange Gespräche. Mutter deutete die erfundenen Dialoge nicht als Notreaktion ihres einsamen Sohnes, sondern als produktive Phantasie. Ich hatte aber nie einen wirklichen Freund.

Bis zu meinem fünfundvierzigsten Lebensjahr suchte ich (meist) vergeblich eine männliche Gemeinschaft, in der ich mich geborgen fühlte. Die Gewissheit, gemocht und gebraucht zu werden, hätte das Bewusstsein für den Sinn meines Lebens verstärkt.

Erst als Heranwachsender begriff ich allmählich, dass man Freundschaft nicht einfach »findet«, sondern allenfalls aufbaut. Dass man in produktive männliche Gemeinschaften nicht einfach »aufgenommen« wird, sondern helfen muss, sie ins Leben zu rufen.

In »Männer lassen lieben« habe ich die Beziehung zu meiner Mutter, in »Söhne wollen Väter« die zu meinem Vater geschildert. Ich fand bei beiden zu wenig Geborgenheit und lernte nicht, mit Männern in Beziehung zu treten, denen ich Gefühle, Ängste und Probleme anvertrauen konnte.

In der Schule suchte ich sofort nach Lehrern, die mir ein Stück Geborgenheit geben konnten. Ansatzweise fand ich sie. Aber immer wieder sehnte ich mich nach einem verständnisvollen, liebevollen Vater oder einer väterlichen Person, einem tröstlichen Mann. Meine Hoffnung wurde immer wieder enttäuscht, vor allem in der Universität. Professoren haben selten Zeit und weder die Kraft noch das menschliche Format, sich für Studenten zu interessieren.

Ich blieb energisch auf der Suche, musste weiter suchen nach der sinnvollen, solidarischen, kooperativen Gemeinschaft von Männern. Besonders was meine Beziehung zu Frauen betraf, fühlte ich mich von Männern im Stich gelassen. Selbst in der Gruppe von Josef Rattner, in der ich zunächst Geborgenheit und Verständnis erfuhr, fühlte ich mich zunehmend vaterseelenallein: »Sie sind immer der, der stört«, sagte Rattner, als ich selbstständiger, erwachsener und verantwortungsbewusster wurde, damit offenbar kritischer und unbequem.

Es gab zwar in dieser Gruppe immer wieder Männer, mit denen ich versuchte, Freundschaft zu schließen, besser gesagt, aufzubauen, aber immer wieder rissen diese Beziehungen ab. Das Gruppenklima war zu stark von Konkurrenz geprägt, vom Wunsch, vor allem Rattner zu gefallen. Wir ließen unsere Beziehungsansätze immer wieder verkümmern. Das lag auch an mir. Ich blieb dennoch auf der Suche. Meine Sehnsucht nach tragfähigen Beziehungen zu Männern ist nie erloschen.

Seit 1982 setze ich mich im Rahmen meiner eigenen therapeutischen Arbeit energisch für den Aufbau von Männergruppen ein. In diesen bemühe ich mich, väterlich, brüderlich und hilfreich zu sein. Mir wird immer bewusster, dass ich hier genau das konstelliere, was ich in Familie, Schule, Universität und therapeutischer Großgruppe vermisst hatte oder nicht festhalten konnte.

Im Jahre 1982 gründete ich die erste Männergruppe, 1985 entstand die Idee, über unsere Situation zu schreiben. Jeder könnte seine Entwicklung in der Männergruppe schildern. Bei so genannten Buch-Treffen fühlten wir uns gut. Außerhalb der eigentlichen »Therapie« wuchs die Freude, uns zu sehen und über unsere Entwicklung zu sprechen, um sie anderen interessierten Männern mitzuteilen. Die Buch-Treffen stabilisierten und stärkten die meisten von uns.

Alle Männer der »Buch-Gruppe« haben ihre Erfahrungen und Erlebnisse schriftlich resümiert: Aus diesen Briefen, Berichten, Gedanken und Gesprächsauszügen spricht anfangs oft Angst und Einsamkeit, aber auch der Wille zur Veränderung. Die in diesem Buch wiedergegebenen Auszüge zeigen, dass Männer über Kumpanei und Flachsereien hinaus zur wirklichen Männerfreundschaft gelangen können, getragen von Liebe und Vertrauen.

Ich arbeite also seit 1982 vor allem mit Männern. Diese Arbeit bereichert mich persönlich und auch die meisten Männer finden die Arbeit sehr wichtig, viele sogar erfolgreich. Neben den wöchentlichen Treffen sind auch die längeren Aufenthalte in Pisselberg von großer Bedeutung. Seit 1990 gibt es reine Männerreisen nach Pisselberg. Es geht um berufliches Fortkommen, Veränderung, Arbeit, Beziehungen, Liebe und Sexualität, Beruhigung, Kontakte, Freundschaften zu Männern, einfach ausgedrückt: um unser Lebensglück. Heute wünsche ich mir, dass unsere Arbeit auch für andere Männer wegweisend beziehungsweise wegbereitend wird.

Erster Teil: Was an Männergesprächen anders ist

Oliver: »Auf Männer einlassen«

Männern habe ich nie getraut. Sie wollten immer etwas von mir. Zu meinem »Recht« kam ich bei ihnen selten. ... Mich selber meinte ich genau zu kennen. Indem ich mich langsam auf Wilfried und die anderen Männer eingelassen habe und Vertrauen entwickeln konnte, hat sich mein Selbstbild verändert, das Vorurteil über andere hat sich zur Menschenkenntnis entwickelt und meine Werte und Normen haben sich gewandelt. ... Sieben Jahre Männergruppe haben mein Männerbild langsam, stetig, und häufig erst im Rückblick erkennbar, verändert.

Als ich mit dieser Arbeit begann, empfand ich mich nicht als richtigen Mann. Ich hatte zu wenig Durchsetzungsvermögen, war zu nachgiebig, wusste nicht, wo es langgeht im Leben, war zu empfindlich und so weiter. ...

Am Anfang fiel es mir und den meisten anderen Männern schwer, neue Teilnehmer – in der Gruppe – zu akzeptieren, ich schaute mir die anderen Männer genau an und traute mich erst langsam, vorsichtig von meinen Problemen zu sprechen. Es ging um Verständnis, Einfühlsamkeit und Unterstützung. Dann kamen Konflikte hinzu. Meinungsverschiedenheiten, Streit, Wut, Enttäuschung uns gegenseitig zuzumuten und nicht gleich wieder zu schlichten, ist nach meiner Erfahrung Männergruppenarbeit für Fortgeschrit-

tene. Harald hatte nach einem Jahr in der Männergruppe einen kleinen Streit mit Wilfried. Er verließ fluchtartig die Gruppe und war zur Rückkehr nicht mehr zu bewegen.

Von der geschlossenen Gesellschaft zur offenen Gemeinschaft

Männer wie wir hielten zusammen, zwischen uns kam keiner. Einige Zeit nach dem Beginn der Männergruppe waren zwei oder drei Männer ausgeschieden. Wilfried wollte neue aufnehmen. Unmöglich, das wollten wir nicht. Wir fühlten uns gerade so wohl miteinander, hatten uns gerade eingerichtet. Jeder neue Mann störte unsere Kreise. Darin waren wir uns alle einig. Manfred bot Wilfried an, dass wir seinen finanziellen Verlust übernehmen. Es ging um Geld nach unserer Vorstellung, worum auch sonst? Im Rückblick erinnere ich mich gut an die Angst vor jedem neuen Mann. Er versetzte mich in Unruhe. Wie ist er? Wie wird er mich behandeln?

Heute sind wir achtzehn Männer, und ich fühle mich sehr wohl mit ihnen. Auf Neue bin ich neugierig. Diese Einstellung habe ich auch außerhalb der Gruppe eingenommen, wie alles, was ich dort lerne, direkte Auswirkungen auf meine Einstellung und mein Verhalten in allen meinen Lebensbereichen hat.

Mann lässt sich in die Karten schauen

Mit jedem Gespräch lernte ich Männer ein bisschen mehr kennen. Und damit begann der Prozess der Selbsterkenntnis und Menschenkenntnis. Ach, so sind die anderen, genauso wie ich oder völlig anders. Mein Bild von anderen Männern wurde differenzierter. Was nicht unbedingt bedeutete, dass ich sie lieber mochte.

Fritz zum Beispiel redete mir zu viel. Ihm konnte ich kaum zuhören. Er hatte dauernd Probleme, mit jeder Kleinigkeit kam er »angeschissen«, wie ich damals empfand. Er ärgerte mich maßlos. Dass ich eifersüchtig war auf den Raum, den er bekam, und auf die Aufmerksamkeit, die er sich holte, war eine unangenehme Selbsterkenntnis. Die Aufforderung an mich, mir auch Unterstützung zu holen und offener von mir zu erzählen, war komisch. Wo kommen wir hin, wenn alle so viel reden?

Ich war nach meiner Selbsteinschätzung nicht nur nicht eifersüchtig auf andere Männer, ich war auch ohne Neid. Zumindest, bis Manfred sich mehr zeigte. Ihn habe ich lange aus der Ferne bewundert. Dann bin ich gefährlich. Männer, die ich bewundere, demontiere ich mit viel Geduld und Ausdauer über Jahre hin. Manfred war erfolgreich, hatte eine Luxuseigentumswohnung mit Terrasse zur Südseite, ein großes Auto, eine fast zehn Meter lange Segelyacht – warum ist so einer in der Männergruppe? Er hatte doch alles und erledigte Aufgaben sehr schnell. Ich brauchte Tage, um einen Brief an eine Behörde zu schreiben. Manfred erledigte das umgehend in zehn Minuten. Ihn beobachtete ich mit scharfem Auge und großer Ausdauer. Sieh' da, nach einigen Jahren hatte ich es beisammen: Er tut schlauer, als er ist, er betrügt beim Kartenspiel, ist ein Heimlichtuer und er lügt. Gestern erzählte er mir noch, dass er seinen Volvo verkaufen will und sich einen kleinen weißen Wagen, zum Beispiel einen Golf, kaufen wird. Womit kommt er um die Ecke? Mit einem weißen Auto, stimmt, aber einem schönen, fast neuen Mercedes. Ich mache ihm Vorwürfe, dass er mich wohl für blöd hält, er beschimpft mich als moralinsauer.

Einige Jahre leiteten wir beide gemeinsam mit zwei Frauen eine Gesprächsgruppe. Die Zusammenarbeit mit Manfred fiel mir damals sehr schwer. Ich hatte starke Konkurrenzgefühle ihm gegenüber, was ich damals nicht wusste. Was sind denn Konkurrenzgefühle, wie fühlt sich das an? Wir haben die Gruppe aufgelöst. Eine neue Männergruppe *wollte ich mit Manfred nicht aufbauen. Da sind mir andere lieber gewesen. Es war das erste Mal in meinem Leben, dass ich mir herausnahm, mit einem Menschen nicht zusammenzuarbeiten, weil es mir zu schwierig erschien.*

Heute, nach zwei Jahren, schätze ich Manfred wieder sehr. Mich hat sehr beeindruckt, wie er den Konflikt mit Wilfried gestaltet hat. Er rannte nicht weg, er blieb und bemühte sich um Klärung. Ich habe insbesondere mit ihm streiten und meine Neid- und Konkurrenzgefühle kennen gelernt. Um mich selbst kennen zu lernen, brauche ich Freunde wie Manfred. In der Männergruppe sitzen noch mehr davon. Zurzeit sitzen wir mit zwei weiteren Freunden an unseren Dissertationen. Freundlich, kritisch, liebevoll und engagiert gehen wir vier miteinander um. Es können noch mehr mitmachen, wenn sie wollen.

Reden Männer überhaupt mit Männern?

Stammtisch, Skatrunde, Fußballverein – natürlich reden Männer mit Männern. Frauen haben da nichts zu suchen und vermutlich würden sie auch schnell die Lust an den »Gesprächen« verlieren: Rasante Autofahrten, scharfe Mädels und tolle Erfolge werden in Szene gesetzt. Für Ängste, Zärtlichkeit und Probleme ist am Männerstammtisch kein Platz.

Doch immer mehr Männern fällt auf, dass ihnen etwas fehlt: eine wirkliche Beziehung zu Männern. 1982 gründete ich die erste reine Männergruppe. Einer meiner tiefsten Eindrücke in der Anfangszeit war, dass wir Männer ziemlich verwöhnt sind, was den Aufbau zwischenmenschlicher Beziehungen betrifft. Diese These traf nicht auf Gegenliebe.

Niemand wollte zugeben, als Mann verwöhnt worden zu sein. Erst im Laufe von Jahren fanden wir heraus oder gestanden uns ein, dass überwiegend unsere Frauen Gespräche führten, soziale Kontakte stifteten, Verabredungen trafen, trösteten oder halfen. Einige Männer wollten dies partout nicht zugeben.

Unsere ersten Beziehungen waren von Distanz und Schüchternheit, vorsichtigen Annäherungsversuchen, Rivalitäten und gegenseitiger Fremdheit geprägt. Während der Jahre rückten die Männern näher an mich heran – oder ich an sie. Ich wurde männerfreundlicher, entwickelte Verständnis für Männer, für ihre Probleme und für ihre Verbarrikadierungen. Das Vertrauen, das wir gegenseitig aufbauten, machte auf Männer bezogene Nähewünsche, die vorher versteckt waren, bewusster. Weil sie zum Teil befriedigt wurden, wurden wir andererseits kräftiger und fordernder, mitunter auch parteilicher.

Ich lernte, mich besser in Männer einzufühlen. In früheren Zeiten hatte ich nicht einmal gewusst, dass so etwas wie Einfühlung in Männer überhaupt möglich sein könnte. Ich wurde freundlicher im Umgang mit Männern, aber auch konsequenter und deutlicher. Eine neue Erfahrung war, dass Männer auch über manches Heikle sprechen konnten.

Männer brauchen aber auch Hilfe, gegenseitige Hilfe unter Männern. Gegen die Ideologie des Patriarchats in uns und gegen das Patriarchat in unseren Mitmenschen. Die Männergruppe wurde zu einem Freundeskreis: Wir helfen uns bei schriftlichen, handwerklichen, emotionalen Arbeiten, bei Stress, Unruhe, Konsumproblemen, in Konflikten, Fällen von Gewaltausübung gegen Frauen oder Kinder.

Es geht meist freundlich zu. Wir bemühen uns um Interesse, Zugewandtheit, Wärme und Trost. Manchmal lassen sich Konflikte und Härten nicht vermeiden. Darin sind wir sehr direkt, konfrontierend und deutlich. Ein Mann, der neu in die Gruppe kam, sagte nach der ersten Sitzung: »Hier wird ja das Unterste zuoberst gekehrt.«

Die meisten Männer, die einige Jahre in der Männergruppe mitgearbeitet haben, sind davon überzeugt, dass dies ihr Leben bereichert hat. Doch nicht alle, die begonnen haben, sind dabei geblieben. Einige sind ausgestiegen, weil ihnen die Arbeit genug gebracht zu haben schien. Andere, weil sie sich über uns geärgert hatten, ihnen die Arbeit schwer wurde oder weil sie sich zu sehr ängstigten oder schämten. Der Rest ist umso fester zusammengewachsen. Wir haben uns sehr schätzen gelernt.

Wenn einer der Männer uns sein Problem vorlegt, stellen wir uns immer einige Fragen. Was erzählt er? Was ist das für ein Problem? Ist das ein großes oder ein kleines Problem? Welche Situation stellt er hier vor? Welche erzählt er (noch) nicht? Welche Lebenssituation tabuisiert er? Was verschweigt er? Was verdrängt er?

Zu Beginn sehen wir uns seine gegenwärtige Situation an: Was ist augenblicklich bei ihm los? Wenn einer vom wesentlichen abweicht, intervenieren wir: »Diese Details lenken uns jetzt ab. Du interessierst uns mehr. Wie geht es dir, in deiner Arbeit, in deiner Liebespartnerschaft, mit deinen Kindern?«

Wir suchen das Symptom, das sich zeigende, welches das sich nicht zeigende verbirgt. Kopfschmerzen zum Beispiel oder Rückenschmerzen sind charakteristische psychosomatische Symptome. Ein Mann ist gewalttätig, einer trinkt Alkohol, der nächste konsumiert Drogen oder hat ein Magengeschwür. Es geht uns nicht nur darum, an solchen Symptomen herumzudoktern. Wir wollen die Gesamtsituation und daraus die Lebensstimmung des Mannes verstehen und ihm helfen, sie selbst zu verstehen. Kopfschmerzen oder dauernder Streit mit Autoritätspersonen sind zwar sehr unangenehm, aber wichtiger ist, was sich dahinter verbirgt. Wie geht es ihm in der Arbeit, mit der Frau, mit dem anderen Mann? Wie geht es ihm mit Kindern? Wie gestaltet er seine Arbeit? Wie die Sexualität? Wie verhält er sich bei uns in der Männergruppe?

Es passt alles zusammen, der Mann verfolgt in allen Lebenssituationen ähnliche Ziele, die ihm unbewusst sind. Nach einer gewissen Zeit der Arbeit in der Männergruppe merkt er selbst, wie alles zusammen passt. Den Zusammenhang nennen wir Charakterstruktur, männliche Person oder Lebensplan des Mannes.

Um diesen zu erschließen, fragen wir nach der Kindheit, der Familie, der Mutter, dem Vater, den Geschwistern, nach allen wichtigen Bezugspersonen. Nach traumatischen Situationen aus der Kindheit, Angstsituationen, Liebes-, Arbeits- und Gemeinschaftssituationen. Wir fragen nach der Schule, den Lehrern, Mitschülern, Leistungen, nach den ersten Erlebnissen in der Sexualität, mit dem Onanieren und Pornos. Wir fragen nach seinen Träumen, Phantasien, Idolen und so weiter.

Die Hilfe der ersten Wochen und Monate besteht nicht nur darin, Ratschläge zu geben. Wenn einer erzählt, dass er immer Kopfschmerzen bekommt und sich ärgert, wenn er mit einem Polizisten spricht, dann empfehlen wir ihm nicht einfach Aspirin. Darum geht es bei uns nicht, jedenfalls nicht nur. Es geht von Anfang an um Einfühlung. Einer erzählt etwas, und die anderen Männer versuchen zu fühlen, was mit ihnen dabei geschieht. Ein Mann trägt vor, wie es ihm in der Sexualität geht, beim Orgasmus, beim Koitus oder in der ersten Werbung, den ersten Kontakten mit der Frau oder dem Mann. Dabei frage ich mich: Wie geht es mir in ähnlichen Situationen? Es gibt Gemeinsamkeiten, manches erlebe ich ganz genauso oder nur ähnlich. Es gibt auch große Unterschiede zwischen seinen und meinen Gefühlen. Der Gemeinsamkeiten wegen kann ich mich mit ihm solidarisieren. Wenn ich Unterschiede spüre, kann ich staunen und tolerant sein. Ich kann aber auch intolerant reagieren, sein Verhalten oder seinen Affekt ablehnen und ihn als brutalen Menschen verurteilen, als unangenehmen Zeitgenossen, als dummen Mann und so weiter. Im letzteren Fall werde ich wahrscheinlich die Hilfe verweigern. Das ist nicht schlimm, wenn ich ihm baldmöglichst sage, dass ich ihm nicht helfen kann. Er geht dann womöglich woanders Hilfe holen.

Ich kann mich aber auch fragen: Warum reagiere ich so allergisch auf seine Schilderung? Wenn mir ein Mann unangenehm oder langweilig ist, wenn ich mich über ihn ärgere, weiche ich meist mir selbst aus. Vielleicht habe ich etwas, was in mir steckt, nicht akzeptiert, will damit nichts zu tun haben. Also höre ich weg oder rege mich unangemessen stark auf.

Wenn jemand glaubt, in der Männergruppe unbeteiligt dabeisitzen zu können und zu denken, dass er nicht so ist wie die anderen, dann sollte der das als sein Symptom sehen und sich fragen: Was ist eigentlich los mit mir? Ich werde ihm dann sagen, dass er den Symptomen des Desinteresses und der Langeweile in seinem Leben nachgehen soll. Ich werde ihn fragen, warum er so stark verdrängt und damit sein Leben verschläft.

Es werden Gemeinsamkeiten und Unterschiede zwischen dem anderen Mann und mir angesprochen. Beide werde auch ich nicht immer real sehen. Ich werde Gemeinsamkeiten sehen, wo keine sind, und Unterschiede auch, wo keine sind. Unterschiede werde ich sogar sehen, wo ich ganz genauso bin wie er, und Gemeinsamkeiten, wo ich ganz anders bin. So funktioniert die männliche Wahrnehmung bisweilen, damit der Mann an unangenehme Gefühle und Erkenntnisse, die ihn betreffen, nicht heran muss.

Wir gehen am besten immer mit der Frage schwanger:

Nehme ich den anderen Mann richtig wahr? Dann können wir die anderen Männer in der Gruppe fragen, uns Korrekturen holen: Seht ihr ihn auch so wie ich? Mit dem einen möchte ich am liebsten knutschen und dem anderen würde ich in den Hintern treten. Wir tauschen gegenseitige Wahrnehmungen aus. Dieser Resonanz wegen arbeiten wir in der Gruppe und nicht nur unter vier Augen. Es gibt keine absolute Wahrheit, aber die Gruppe kommt der relativen Wahrheit näher als jede Einzelperson.

Bastian: »Frauen gegenüber bin ich klein. Mit diesem Problem muss ich allein fertig werden.«

Als Bastian nach Pisselberg kam, war er aufgeregt und gestresst. Er konnte sich auf die Atmosphäre, die Männer und die Arbeit nicht einlassen. Er konnte nichts sagen, war aber dankbar, dass andere die Gespräche eröffneten. Erst gegen Ende des Aufenthaltes legte er seine Situation vor. Dabei war er mit dem Vorhaben gekommen, in Pisselberg zu sprechen, es hatte eine Weile gedauert.

Ursprünglich war er in die Gruppe gekommen, weil ihn seine Freundin Belle verlassen hatte. Er fühlte sich hilflos und voller Trauer. Mit Hilfe der Männer konnte er allmählich Trauer zulassen und eine Sprache für seine emotionale Befindlichkeit entdecken. Anfangs hat er in der Männergruppe nur über die Arbeit gesprochen. Es war es ihm nicht möglich, seine erneuten Versuche, mit Frauen Kontakt aufzunehmen, in der Gruppe zu besprechen. Das Hineinwachsen in die Männergruppe war ein Annäherungsprozess. Bastian hat Schwierigkeiten, sich auf Kontakte einzulassen.

Die erste Frau, die Bastian dann kennen lernte, war Heidi. Er war durch eine Verwechslung mit ihr ins Gespräch gekommen, sie gingen Kaffeetrinken, verabredeten

sich, kamen sich rasch näher und flirteten: »Dann stand ich
mir selbst im Weg. Ich wollte sie unbedingt haben, habe sie
sehr begehrt, um auch mit der Trauer um Belle fertig zu
werden. Ich fühlte mich nicht locker. Es gab gar nichts Spie-
lerisches mehr, ich war einfach verklemmt. Es wurde immer
enger, ich konnte kaum noch handeln. Sie wollte keine Beziehung zu mir. Wir haben uns zweimal intensiv darüber
unterhalten. Sie erklärte mir, dass sie sich in den letzten
Jahren überhaupt nicht mehr verliebt hätte, in mich auch
nicht, sie wolle aber gern eine freundschaftliche Beziehung
zu mir.« Bastian konnte das nicht, schrieb ihr noch mehrmals, dass er sie begehre. Es kam zu einem Trennungsge-
spräch, in dem sie ihm klar sagte, dass sie auf Intimität nicht
eingehen wolle.*

*Die zweite Frau war Stefanie, eine Arbeitskollegin. Sie ar-
beiteten gut zusammen, waren öfter miteinander aus gewesen. Sie wollte aber auch keine intensive Beziehung. Wenn er
sie anrief, erklärte sie, dass sie keine Zeit hätte oder zurück-
rufen würde, was sie dann mehrmals hintereinander nicht
tat. Dann hat Bastian sie nicht wieder gesehen.*

*Beim Tango-Tanzen lernte Bastian Gina kennen. Sie ge-
fiel ihm sofort sehr gut. Obwohl sie verheiratet war, kam es
zum Kontakt. Nach kurzen Überlegungen, ob ihm das vielleicht zu schwierig sein würde, wollte er einfach seinen Gefühlen nachgehen. Sie tanzten die ganze Nacht. Bastian
empfand alles sehr schön, aber erst beim vierten Treffen
fragte er nach ihrer Telefonnummer:* »Weil ich abwarten
wollte. Ich bin ja auf manche Frauen früher sehr schnell zu-
gegangen, wollte jetzt erst einmal abwarten und schauen,
auch, weil sie verheiratet war, wusste ich nicht, wie ich damit
umgehen sollte.«

*Aber es lief wie mit Stefanie, auch Gina hatte keine Zeit,
wenn er anrief. Er machte das wieder drei bis vier Wochen
mit, sie hatten es immerhin so verabredet, dass immer er an-*

rufen sollte. Bei den Treffen wurde es immer schwieriger. Bastian behielt die Befürchtung: Wenn er sie nicht anrufen würde, würde sie den Kontakt gar nicht mehr wollen.

Wir haben im Gespräch versucht, Details aus Bastians Kindheit zu erfahren. Er hatte zwei Brüder und eine Schwester, sie lebten in einem Theologenhaushalt in einer Landgemeinde. Die Familie stand immer auf dem Präsentierteller.

Seine Mutter war eine sehr bestimmende, dominante Person in der Familie. Bastian nannte sie »graue Eminenz«, weil sie das Familienleben auf eine versteckte Weise bestimmte: »Ich wusste, dass sie mir im Wege steht, aber ich wusste nicht genau, wie das passiert ist. Ich stelle Frauen auf einen Sockel, tue das auch mit meiner Mutter, habe erst in letzter Zeit ein differenzierteres Bild von ihr bekommen.«

Es stellte sich heraus, dass in der Familie bestimmte Themen ausgeklammert wurden, Sexualität und Beziehungen zum Beispiel. Bastian hat mit seinen Eltern nie über seine Kontaktversuche zu Frauen reden können. Ein einziges Mal war eine Freundin bei ihm zu Hause, sonst musste er die Angelegenheiten immer außerhalb des Elternhauses »abwickeln«.

Es fiel Bastian schwer, seine Mutter zu schildern: Sie hatte Theologie studiert und sowohl das kirchliche als auch das staatliche Examen gemacht. Sie war acht Jahre jünger als sein Vater, die beiden hatten sich auf der Hochschule kennen gelernt. Ihren Beruf als Lehrerin für Religion und Deutsch übte sie zwei Jahre aus. Dann kamen die Kinder kurz hintereinander zur Welt. Bastian war der Jüngste.

Die Mutter stammte aus einem kommunistischen Elternhaus, ihre Eltern waren Proletarier, alle in der KPD. Bastians Vater war sozialdemokratisch, die Mutter immer sehr engagiert, was Religion betraf, auch in politischen Bewegungen, zum Beispiel in der Anti-AKW-Bewegung der siebziger

Jahre. Die Mutter war sehr moralisch, zum Teil auch autoritär. Bastian: »*Meine Familie war Bildungsbürgertum und im Besitz der Wahrheit. Sie waren die Guten.*«

Schlechte Stimmungen in der Familie durften von den Kindern nicht bemerkt werden. Sie durften nicht zeigen, wie sie sich fühlten, namentlich der Gemeinde gegenüber. Man saß »*im Glashaus*« *und musste Vorbild spielen.*

Nach meinem Eindruck haben Bastians Eltern wie hilflose Helfer reagiert – sie mussten dauernd helfen, durften selbst aber keine Hilfe beanspruchen. Ich fand daher, Bastian solle seine Bekanntschaften mit Frauen schneller der Männergruppe vorlegen, um von den anderen etwas zu hören, sich helfen zu lassen.

Im Gespräch fielen Andeutungen in Bezug auf die Lebensstimmung von Bastian: Frauen gegenüber hat er sich immer vorsichtig und zögerlich verhalten, zum Teil sehr unsicher gefühlt. Die Scheu Frauen gegenüber ist vor allem aus der Beziehung zu seiner Mutter zu verstehen. Er hat seine Mutter immer höher gestellt als den Vater und sich selbst klein gefühlt. Darum ist er Frauen gegenüber sehr scheu, schont und idealisiert sie.

Er geht auf Frauen zu, vergisst dabei aber seine eigenen Bedürfnisse, wie in der Beziehung zur Mutter eingeübt. Er wirbt stark um Frauen, bleibt da, stellt aber keine Forderungen. Das kulminiert in der Abmachung, nur er würde anrufen. Aber manchmal bekommt er die Telefonnummer sehr spät. Das ist für die Frau sehr bequem, sie kann Nein oder Ja sagen. Bastian macht sich dabei zu klein. In allen Beziehungen, von denen er uns erzählt hat, wirbt er, bemüht er sich und bekommt nichts Ähnliches zurück.

In gewissem Sinn erlebt er Frauen wie Marmorbilder, die zu erweichen wären. Er aber schafft das nicht. Er bräuchte eigentlich eine lebendige Frau, die auch stark auf ihn zugeht. Offenbar »*sieht*« *er solche Frauen gar nicht. Er ist mit zu we-*

nig zufrieden, zum Beispiel damit, dass die verheiratete Frau für ihn viel zu wenig Zeit hat.

Es wäre wichtig, dass er das den Männern vorlegt, aber auch da hat er Schamgefühle, fühlt sich davon abgehalten, sich zu offenbaren. Wie damals in der Familie.

Wir müssen davon ausgehen, dass er selbst seine Partnerinnen so wählt, dass sich keine intensive und warme Beziehung entwickeln kann. Er verzettelt seine Kräfte in der Sehnsucht nach Frauen, die keine Wärme und keine wirkliche Zugewandtheit geben können. Frauen wie seine Mutter, die nie richtig für ihn da war, ihn nicht in den Arm genommen hat, nicht trösten konnte, immer nur Einhaltung von Vorschriften und Perfektionismus von ihm verlangt hat.

Er ist ziemlich einsam. Er meint, immer den Kopf hochhalten zu müssen, keine Schwäche zeigen zu dürfen, alles alleine schaffen zu sollen. Dadurch wirkt Bastian sehr bescheiden und fühlt sich trotzdem kummervoll. Er kann sich von Frauen wenig holen, nicht einmal Zuwendung, weil gemäß dem elterlichen Erziehungsprinzip jeder mit seinen Problemen alleine fertig werden muss. Wenn einer das nicht schaffte, war er ein Versager.

Das wird Bastian immer wieder ins Gefühl geraten. Auch in der Männergruppe: »Ich muss den Kopf hochhalten, alleine fertig werden.« Deshalb spricht er mit den Männern nicht rechtzeitig seine Probleme an. Seine bürgerliche Ideologie stellt eine schwere Barriere auf dem Weg zur gegenseitigen Hilfe dar.

Die erste Hilfe für ihn war, dass wir ihm unsere Einschätzung seines Lebensplanes mitteilten. Den nächsten Schritt sollte er nun selber tun: Die nächsten Erlebnisse mit Frauen sofort mitteilen und in der Männergruppe weitere Hilfe bekommen: die Unterstützung bei der Gestaltung der nächsten Beziehung, diesmal von Anfang an und kontinuierlich.

Wie kommen Männer mit Männern ins Gespräch?

Die ersten Schritte in der Männergruppe waren zögerlich, meist vorsichtig, manchmal geradezu tollpatschig. Wir hatten Mühe, miteinander in Beziehung zu treten, wussten nicht, wie das gehen könnte. Optimistisch hielten wir am Engagement für die Männergruppe fest, obwohl wir unsere Angst voreinander noch nicht zugaben.

Ganz wichtig waren für viele Männer die Aufenthalte in Pisselberg. 1990 beschlossen wir das erste Mal, ohne Frauen zu fahren. Für die meisten war es eine ganz neue Erfahrung, nur mit Männern acht Tage lang zusammen zu leben.

Erst einmal fehlt etwas. Der normale Alltag verändert sich ganz erheblich, wenn keine Frauen da sind, die stillschweigend arbeiten, in der Küche putzen, kochen, einkaufen gehen und so weiter. Wir müssen selber sehen, was zu tun ist, und erleben, dass wir damit zurecht kommen. Wir wissen es nur noch nicht so recht, weil wir nicht genügend Erfahrung damit haben. Manche wollen das nicht wahrhaben, weil es bequemer ist, sich von Frauen weiterhin verwöhnen zu lassen. Mann tut so, als könne er nicht ohne Frauen auskommen.

Frauen fehlen auch, weil sie in Konflikten vermitteln und versöhnen. In unserer überwiegend männlich bestimmten Kultur sind Rivalitäten und Konflikte zwischen Männern gang und gäbe. Sie kommen selbstverständlich auch in unseren Gruppen und auf unseren Reisen vor. Nun müssen wir dieses Schlichten und Beruhigen selber übernehmen.

Nicht nur Hausarbeit und das Schlichten von Streitigkeiten obliegt in Gemeinschaften häufig Frauen. Sie stiften überhaupt mehr Beziehungen und sorgen dafür, dass diese erhalten bleiben. Männer fühlen sich dafür nicht verantwortlich und lassen Beziehungen verkümmern. Hier nun lernen sie, untereinander Kontakt aufzunehmen und diesen kontinuierlich zu gestalten, Gespräche zu führen, in denen es nicht um Autos, Geld, Rekorde, Siege oder Frauen geht, sondern um Ängste, gegenseitige Unterstützung und Geborgenheit.

Die Workshops dagegen, die die so genannten »wilden Männer« veranstalten, indem sie in den Wald gehen, trommeln, heulen oder Rituale zelebrieren, repräsentieren nur den winzigen kindischen Ausschnitt der männlichen Realität. Sie stärken den männlicheren Teil, der stärker auf Kampf ausgerichtet ist als auf friedliche Konfliktlösungen.

Als wir im Sommer 1990 das erste Mal nur mit Männern, 32 waren wir damals, auf diese achttägige Reise gingen, standen für mich persönlich zwei Gefühle besonders im Vordergrund:

Erstens *freute* ich mich auf die neue Art der Zusammenarbeit mit Männern, wie auf ein spannendes Abenteuer.

Zweitens hatte ich *Angst:* Vor meinen eigenen »Fehlern« – Unruhe, übertriebenes Verantwortungsgefühl, Überexpansion, mangelndes Zutrauen in die produktive Kraft der Männergemeinschaft, zu wenig Muße. Vor den Männern – ich wusste nicht, wie sie mich behandeln und ansprechen würden. Vor dem aggressiven Konfliktpotential der Männer – Konflikte würden mit Sicherheit auftreten, Meinungsverschiedenheiten, Versäumnisse, Kritik.

Das ist die Realität, der wir uns bewusst stellen wollen. Es ist nötig, dass Konflikte wahrgenommen, angesprochen und geklärt werden, dass gestritten wird. Der selbstverständliche Streit erhält in unserer Arbeit einen Stellenwert. Die Männergruppe ist kein Rosengarten. Hier wird nicht nur kosmetisch gearbeitet. Es geht zur Sache, aber dadurch gelangen wir erst ins Zentrum der Probleme vieler Männer. Das ist schmerzhaft, aber notwendig. Nur wenn der wunde Punkt, auch gegen Widerstand, angesprochen wird, können krank machende psychische Zustände beseitigt und geheilt werden.

Ich wünsche mir und sorge meist selbst dafür, dass die aufkommenden krisenhaften Erlebnisse angesprochen, durchgearbeitet und einigermaßen kooperativ gelöst werden. Aus unseren Fehlern werden wir lernen. Das, was wir bereits können, birgt wenig Entwicklungsmöglichkeiten. Im Durcharbeiten von Konflikten wächst zudem unsere soziale Stärke.

Mancher Mann hat sich im Stress der intensiven Beziehungs- und Gruppenerlebnisse gefragt: Was soll ich eigentlich in dieser Männergruppe? Wozu arbeite ich hier mit? Warum um alles in der Welt bin ich auf die verrückte Idee gekommen, diese Reise mitzumachen? Was kann mir diese Arbeit mit so vielen anderen, mir überwiegend fremden Männern überhaupt bringen? Mancher hat auch gedacht: In dieser großen Gruppe kann ich mich nicht äußern. Da werde ich nie über mich sprechen. Hier muss ich mich zurückhalten. Ich wage nicht, diesen Männern meine Lebenssituation vorzustellen.

Anfängliche Zurückhaltung ist gar nicht so falsch. Ich habe erlebt, dass Männer nach Jahren an die Gruppe herantraten, um etwas von sich zu erzählen und in den Dialog mit uns einzutreten. Das ist in Ordnung. Wenn ein Mann zum ersten Mal in einer Männergruppe ist, dann ist es für ihn nicht selbstverständlich, zur Ruhe zu kommen und etwas zu erzählen. Es wäre naiv, ihm zu sagen: »Setze dich entspannt hin und äußere alles, was dir in den Kopf kommt, ohne jede Kontrolle. Assoziiere frei.«

Eine solche Ansprache würde zu Verspannungen führen. Wir haben die Kontrolle immer in uns. Wir können bei weitem nicht alles äußern. Das meiste, was uns in den Sinn kommt, wird sofort verworfen, zensiert, mit dem Etikett »Nein, das darf ich nicht erzählen« versehen. Dann sitzt der

Mann da und denkt krampfhaft: »Was kann ich nur erzählen? Nein, dies nicht! Aber das vielleicht? Nein, das ist auch zu heikel. Was kann ich erzählen, was nicht allzu verfänglich ist?« Beim neunten Gedankenblitz legt er vielleicht los und erzählt, was er uns gerade noch zumuten kann, ohne sein Gesicht zu verlieren.

Wenn ich selbst in eine Männergruppe komme, in der ich kaum jemand kenne, geht es mir genauso. Ich habe keine Lust, sofort den Mund aufzumachen, schon gar nicht den Mut, Fremden meine Lebenssituation zu erzählen. Darum sage ich den Männern auf ihre Frage, was sie bei uns sollen: »Lasst es euch gut gehen. Nehmt euch gar nichts vor, damit ihr nach dieser Reise ausgeruht und erholt nach Berlin zurückkehrt.«

Wenn einer allerdings beginnt, von sich zu erzählen, werden wir intensiv und aufmerksam zuhören. Wir werden unaggressiv sein und nicht über ihn herfallen. Vor allem Wohlwollen für ihn werden wir entwickeln. Wenn einer über seine prekäre Situation erzählt, sei es nun in der Partnerschaft, in der Arbeit oder mit einem seiner Kinder, werden wir im Allgemeinen viel Sympathie für ihn aufbringen, wenn er uns nicht abwertet. Das wissen wir aus Erfahrung. Unser Klima ist geeignet, dass jeder fast alles erzählen kann, ohne verurteilt zu werden. Aber das sagt sich leicht. Es jeweils präsent im Gefühl zu haben, ist eine ganz andere, viel schwierigere Aufgabe.

Wir brauchen aber nicht nur Gespräche, sondern auch gemeinsame Erfahrungen und praktische Zusammenarbeit. Es genügt nicht, Ideen zu haben oder Analysen zu machen, nicht einmal, etwas nachzufühlen, reicht uns. Was wir auf der »Reise« miteinander erleben und gestalten, müssen wir erörtern. Manchmal geht es fröhlich und humorvoll zu, ein anderes Mal quälend und anstrengend, bisweilen aggressiv. Aber wenn wir sie gründlich durchsprechen, ermöglichen

uns alle gemeinsamen Erlebnisse, Verständnis und Männerkenntnis zu gewinnen.

Erlebnisse können kaum schlecht sein. Was passiert, ist
notwendig. Es konnte zunächst gar nicht anders geschehen.
Wir können besser damit umgehen lernen, es aushalten,
durchstehen und bearbeiten. Wir brauchen vor keinem Geschehen Angst zu haben, müssen nicht flüchten, sondern
wir können die Gemeinschaft der Männer dazu benutzen,
diese Situation zu meistern.

Pisselberg: »Insel der Freundschaft«

Zum Thema Freundschaft möchte ich ein (gekürztes) Gespräch wiedergeben, welches im Dezember 1994 in Pisselberg stattgefunden hat. Ausgangspunkt war der Vorwurf
gegen einen Teilnehmer, der vorzeitig abreiste, sich nicht in
die Männergemeinschaft einzubringen.

*Wilfried: Du bist an den Beziehungen zu den anderen
Männern viel weniger interessiert als an der Beziehung zu
mir, der Autorität. Da stimmt etwas nicht. Du scheinst die
Einzelgespräche bei mir sehr hoch zu bewerten und die Kontakte mit den anderen Männern weniger. Du führst die Auseinandersetzung mit den Männern nicht und setzt dich mit
ihnen nicht genügend in Beziehung. Da wir heute noch einmal auf das Thema Freundschaft eingehen wollen, möchte
ich erwähnen, dass du viel zu wenig Freundschaften einge-
gangen bist in den vielen Jahren, in denen du schon in der
Männergruppe mitarbeitest.*

*Carsten: Wilfried, das kommt mir etwas streng vor. Du
forderst Entwicklung, und mir fehlt da die Leichtigkeit, das
Genussmoment in der Freundschaft, dieses Nett-Miteinan-*

der-Zusammensein, ohne immer unbedingt Entwicklung vollziehen zu müssen.

Wilfried: Das lasse ich mir gerne sagen. Vielleicht habe ich Gelegenheit, etwas nachzuholen und etwas zu lernen. Deine klare Ansprache nehme ich wahr und nehme ich an.

Udo: Oft haben wir in unseren langjährigen Freundschaften oder Bekanntschaften zu Männern die Erfahrung gemacht, dass Freunde, zum Beispiel auch solche aus der Kindheit, aus der Jugend, einfach verschwinden. Wenn der Mann eine Frau gefunden hat, lässt er seine Freunde laufen. Wir Männer schätzen besonders die Freunde, die trotz der Beziehung zur Frau noch Kontakt zu uns halten. Bei mir war es zum Beispiel so, dass ich zwei Brüder hatte. Ein Bruder war zwei Jahre jünger und der andere acht Jahre älter. Ich fühle da einen Zusammenhang, mein Gefühl meinen Brüdern gegenüber und der Art und Weise, wie ich auf Männer zugehe und versuche, Freundschaften aufzubauen. Ich komme in die Übertragungssituation hinein. Männern gegenüber, die ich wie meinen jüngeren Bruder empfinde, versuche ich die Führung zu übernehmen. Ich habe Interesse an ihnen und trotzdem verschwinden diese Männer dann. Einmal kommen wir uns nahe, und dann ist der plötzlich wieder weg, der andere. Es entsteht keine Kontinuität in meinen Männerbeziehungen. Obwohl ich eigentlich Interesse an anderen Männern habe, gelingt es mir nicht, die Beziehung aufzubauen. Ich bin da etwas ungeschickt. Irgendwie bin ich dann der ältere Bruder, der den Jüngeren etwas näher bringen will, und komme ihm wahrscheinlich so vor wie jemand, der ihm etwas erzählen will und ihm sagen will, wo es langgeht. Dann bin ich auch ungeduldig. Ich will vielleicht auch zu viel in den Männerbeziehungen. Ich räume den anderen zu wenig Zeit ein, mir selber auch, dass etwas entstehen kann zwischen uns, was beide wollen. Mein jüngerer Bruder hatte unter mir zu leiden. Wenn wir heute über unsere Kindheit

35

sprechen, beschwert er sich über mich. *Und mein acht Jahre älterer Bruder, der war teilweise sehr grausam zu mir. Vielleicht habe ich etwas davon an meinen jüngeren Bruder weitergegeben. Wir haben einmal versucht, beruflich etwas zusammen zu machen, das hat nicht geklappt. Es ging immer darum, wer die Führung hat.*

Rainer: *Zur Freundschaft gehört auch, den Freund nicht laufen zu lassen, ihn nicht im Stich zu lassen, ihn anzusprechen, wenn es nötig ist. Freunde sollten aufeinander achten und sich gegenseitig pflegen. Freunde sollten Rücksicht auf die momentanen Belastungen des Freundes nehmen, ihn unterstützen, in Gegenseitigkeit mit ihm leben.*

Johannes: *Zur Freundschaft gehört auch, dass noch mehrere andere Freunde da sind, die helfen, wenn es zwischen zwei Freunden einmal zu Konflikten kommt. Sie müssten die beiden sehr gut kennen, auch wiederum Freundschaften haben, genauso kräftig sein wie die beiden – das ist gar nicht so leicht. Es geht nicht nur um eine Freundschaft, sondern um mehrere Freunde. Das ist unsere Aufgabe.*

Hans-Jörg: *Es ist wichtig, dass wir Kritik standhalten lernen. Dazu gehört auch, dass zwei verschiedene Meinungen nebeneinander bestehen dürfen, nicht, dass einer immer Recht haben muss. Wir nennen das auch Solidarität oder Wohlwollen.*

Johannes: *Zur Freundschaft gehört auch Zuverlässigkeit. Ich möchte von meinen Freunden in meiner Arbeit angenommen und geschätzt werden. Es ist sehr schwierig, so genannte Freunde zu haben, bei denen die therapeutische Arbeit, die man leistet, nicht als Wert gesehen oder anerkannt wird, der Freund aber immer dann auf die freundschaftliche Hilfe zurückgreift, wenn es ihm besonders schlecht geht.*

Lutz: *Auch Fürsorge ist ein wichtiges Beziehungsmoment. Ich habe eine Zeit lang in Düsseldorf alleine gelebt, meine*

Partnerin war schon in Berlin. Als ich erkrankte, zwei Wochen mit hohem Fieber in abgedunkelten Räumen lag, nicht heraus konnte, hat ein Freund das erfahren und mich versorgt, hat eingekauft, war stundenweise da und hat mit mir gesprochen. Da habe ich zum ersten Mal erfahren, wie wichtig und wertvoll mir diese Beziehung war. Ich kannte vorher Fürsorge durch einen anderen Mann nicht.

Hartmut: *Ja, das gehört dazu, ein Stück Versorgung mit zu übernehmen für den Freund, Pflege im Krankheitsfall. Bei uns dreien in der Wohngemeinschaft mit Rainer und Manfred gelingt uns das seit einiger Zeit sehr gut. Wenn einer in einer Prüfungssituation steht zum Beispiel, macht der andere die Hausarbeit und Einkäufe. Der Prüfling wird von diesen Pflichten so lange entbunden.*

Frederik: *Wichtig ist in der Freundschaft auch, dass man den Freund fordern kann und der das nicht einfach zurückweist.*

Rainer: *Der Freund braucht auch die Wünsche des anderen, um sie erfüllen zu können, während unausgesprochene Wünsche schwer erfüllt werden können.*

Johannes: *In der Freundschaft muss es immer möglich sein, über alles zu sprechen. Mir fallen Freundschaften von früher ein, in denen bestimmte Lebensbereiche völlig ausgespart waren. Ich habe diese Männer auch als meine Freunde empfunden, aber zum Beispiel über unsere Beziehungen zu unseren Freundinnen haben wir nicht miteinander gesprochen. Das fehlte.*

Wilfried: *Ich habe mir in meinem Leben schon relativ viel Gedanken darüber gemacht, was eine Liebesbeziehung ausmacht, was zu einer Liebesbeziehung dazugehört. Weniger Gedanken habe ich mir darüber gemacht, was eine Freundschaftsbeziehung ausmacht und was dazu gehört. Man könnte natürlich zur Klärung von Freundschaftsbeziehung erst einmal die Liebesbeziehung heranziehen und diese bei-*

den Beziehungen dann miteinander vergleichen. Wenn man auf einem Feld gearbeitet hat, kann man Ähnlichkeiten zu den anderen Feldern suchen. Vielleicht trifft manches auch auf dem anderen Feld zu. Vieles wird ja sogar übereinstimmen. Nur eins stimmt meistens nicht überein: In Liebesbeziehungen ist der sexuelle Drang sehr stark. Das ist wahrscheinlich auch einer der wichtigsten Gründe, warum Mann und Frau immer wieder zusammenfinden und miteinander glücklich sein wollen. Vielleicht würde man lieber, wenn es nur um Zärtlichkeiten ginge, diese mit einem Mann erleben.

Zwischen Mann und Frau kommt sexuelle Vibration ins Spiel, die führt uns normalerweise zu den Frauen hin. Nun möchte ich die Frage stellen, ob es etwas Vergleichbares auch in der Freundschaft gibt?

Wir sind im Grunde noch nicht sensibel genug dafür, was wir eigentlich von unserem Freund haben und bekommen, was wir von dem Freund wollen. Was zieht uns zum anderen Mann hin? Das ist in unserer Kultur alles eher tabuisiert. Männer sind Rivalen. Was sie zueinander hinzieht, wird nicht wichtig genommen. In unserer Kultur scheint es auszureichen, wenn Mann und Frau sich zusammentun und wenn sie Kinder bekommen. Wie das dann im Einzelnen weitergeht, wie die Kinder behandelt werden, ist für die Männer nicht interessant. Das vernachlässigen sie. Fast jeder von uns erzählt von unglaublichen Lieblosigkeiten bis zu Grausamkeiten seiner Eltern den Kindern gegenüber. Das wird offenbar gebilligt. Die Produktion von Menschen ist wichtig, Nachkommenschaft, Soldaten und Arbeitskräfte werden gebraucht. Was wir also hier diskutieren, ist in unserer Kultur in einem gewissen Sinne tabu, in einem anderen Sinne Luxus: die Freundschaft zwischen Männern.

Wir müssen uns natürlich fragen, wo die Motive herkommen, der Freundschaft zwischen Männern intensiv nachzugehen. Da scheint es Bedürfnisse zu geben, die man uns systematisch abtrainiert hat, damit zwischen Männern nicht so viel Freundschaft entsteht. Unsere Kultur ist eine männerfreundschafts-feindliche Kultur.

Rainer: *Wenn du sagst, Arbeitskräfte und Soldaten werden gebraucht, scheint mir ganz wichtig, darauf hinzuweisen, dass in der patriarchalischen Kultur die Demütigung des anderen Mannes ein Programm ist, die Beschämung des anderen Mannes. Ich kenne das aus Firmen, dass gegenseitige Demütigungen installiert werden, um Hierarchien aufzubauen. In der Bundeswehr finden große Demütigungen statt, um auch unter so genannt »Gleichrangigen« Hierarchien aufzubauen. In meinem Elternhaus gab es starke Demütigungen, um mich abzukanzeln. Man fühlt sich beschämt, man entwickelt Schamgefühle und merkt es gar nicht, weil traditionell Männer über gegenseitige Demütigungen Hierarchien aufbauen, sich gegenseitig auf Abstand halten. In solchen Hierarchien kann man mit seinen Gefühlen nicht an die Öffentlichkeit treten, man muss sie verstecken. Man ordnet sich an einer Stelle in der Hierarchie ein. Aber alle Männer haben Angst, dann wiederum Demütigungen und Beschämungen erleiden zu müssen, wenn sie sich öffnen. Und wenn wir in unserer Beschämung, die wir in unserer Kindheit erlitten haben, hier in der Männergruppe jetzt angenommen werden und solidarisch sein können, dann ist das ein enormer Schritt gegen die traditionelle soldatische Erziehung, die ganz konsequent in den Dienstvorschriften mit dieser Beschämung und Demütigung arbeitet, den Einzelnen bloßstellt, damit er sich ins Ganze, in die Hierarchie einordnet, nicht aufmuckt und gehorsam bleibt.*

Johannes: *Mir fällt bei Produktion von Arbeitskräften und Soldaten bei Männern ein, dass es bei den Frauen um die Produktion von Pflegekräften geht. Frauen sind pflegerisch und therapeutisch tätig, Männer kriegerisch und rivalitär.*

Matthias: *Ich fand das Thema mit den Schamgefühlen*

sehr wichtig. Wir entwickeln Schamgefühle, wenn wir Bedürfnisse nach Nähe oder Zuwendung von anderen Männern entwickeln. Was ich oft in den Freundschaften sehr schwierig finde, ist, dass wir alle durch die Hierarchie geprägt sind, durch die hierarchische Erziehung. Wir haben dieses Werten und Abwerten in unserem Charakter drin, dieses Konkurrieren, sich vergleichen mit dem anderen Mann, sich über ihn stellen, sich kleiner fühlen als der andere. Diese Aspekte sind auch in der Männerfreundschaft drin. Wir können uns nicht so leicht total akzeptieren, auch mit unseren Zuwendungswünschen und mit unseren Schamgefühlen. Wir können uns schlecht gegenseitig annehmen, weil diese soldatische Erziehung in uns steckt. Deshalb finde ich es auch schwierig, zum anderen Mann Vertrauen zu fassen, weil ich immer noch das andere mit empfinde. Ich spüre das auch bei mir, ich spüre beide Seiten: eine Seite, die sich sehnt nach Nähe, und die andere Seite, die sich vergleicht und konkurriert.

Matthias: *Ich glaube nicht an den Entwurf von idealen, friedvollen Welten. Darum kann ich auch nicht glauben, dass eine total friedliche und ideale Freundschaft entworfen werden kann zwischen Männern, denn wir leben nun einmal in dieser realen Gesellschaft, wir sind von ihr geprägt und werden permanent weiter von ihr geprägt. Beispiel hierarchisches Prinzip. Es ist überall: im Betrieb, in allen Institutionen. Ich erlebe das sogar manchmal, wenn ich aus der Männergruppe herauskomme und wieder in Berlin herumfahre, wie plötzlich mein Charakterpanzer wieder notwendig wird. Ich bin nach einer Männergruppensitzung in einer sehr sensiblen Stimmung, sitze danach in der U-Bahn und erlebe Aktionen und bekomme Angst, bin plötzlich wieder in der knallharten Realität. Diese Realität ist einfach da.*

Wilfried: *Vielleicht sind Vergleiche und Konkurrenz benachbart. Aber wir müssen auch vorsichtig sein und diese* beiden Begriffe voneinander abgrenzen. Wir sind alle sehr unterschiedlich. Gleichheit darf in keiner Weise angestrebt werden, das wäre inhuman. Das wäre der Vorläufer des Faschismus, wenn alle gleich sein sollten, zum Beispiel gleich in der Art und Weise, wie sie den Führer respektieren und ihm absolut gehorsam sind. Deshalb ist in unserer Arbeit der Vergleich, die Betonung der Unterschiede zwischen den Menschen ganz wichtig. Jeder hat andere Fähigkeiten, Vorzüge und Schwächen. Ich sollte wissen, wo ich mich von anderen unterscheide. Das ist aber noch kein Grund, eine Hierarchie aufzubauen. Der andere Mann ist vielleicht ein bisschen besser als ich, ein bisschen schneller, tüchtiger oder kräftiger. Das müsste kein Grund sein, eine Hierarchie aufzubauen, mich unter ihm zu fühlen. Ich will wissen, welche Vorzüge der andere Mann hat, auch und gerade wenn ich mit ihm eine Freundschaft will und ihn vielleicht sogar liebe. Ich liebe ihn doch seiner Vorzüge wegen. Und die Vorzüge sehe ich nur, wenn ich mich mit ihm vergleiche. Die Werte des anderen ziehen mich an. Das sind nicht nur Werte von gutem Aussehen und Gut-gekleidet-Sein oder angenehm Riechen, sondern Werte der Lebensgestaltung, wie er sein Leben anpackt, ob er ehrlich ist mit sich und anderen, ob er wahrhaftig lebt, ob er human und friedvoll mit seinen Mitmenschen umgeht. Das sind alles Werte, die ich sehe, die ich anstreben und würdigen kann. Wenn der andere Mann mir etwas voraus hat, dann muss ich nicht Angst entwickeln und ihn etwa als Autorität betrachten, sondern ich kann ihn bewundern und vielleicht sogar lieben. Der unproduktive Weg ist der Weg des Neides, der Konkurrenz und des Kampfes. Aber Vergleiche müssen nicht zu Konkurrenz führen. Wenn der andere Mann etwas tüchtiger ist auf einem Gebiet, dann bin ich vielleicht auf einem anderen Gebiet wieder kräftiger. Und wenn ich jemandem begegne, der sehr kräftig ist, sehr vernunftvoll und sehr human lebt, dann kann ich den zum

Beispiel nicht belehren. Das wäre dann eine Dummheit von mir. Also kann ich seine Vorzüge sehen und hervorheben. Und wenn der andere Mann etwas weniger kann, etwas weniger gut kann als ich, wenn er bestimmte Schwächen hat, dann kann ich mit denen vertrauensvoll umgehen und versuchen, ihn zu bestärken, ihn zu fördern.

Matthias: Zu Freundschaft gehört, mich dem Freund zeigen zu können mit meinen verletzbaren, sensiblen wie auch mit meinen kräftigen Seiten. Ich sage absichtlich verletzbar und sensibel, weil stark und schwach Ausdrücke sind, in denen eine kulturelle Wertung drinsteckt. Schwache Seiten werden abgewertet. Man könnte ja aber auch sagen, dass jemand stark ist, wenn er sich in seiner Trauer und seiner Verletzbarkeit zeigt. Deshalb spreche ich lieber von verletzbar und sensibel.

Siegfried: Um noch einmal auf die Frage der Bedeutung der Sexualität in der Liebesbeziehung im Vergleich zur Freundschaft zu kommen: Was wäre denn etwas Anziehendes bei einem Mann für mich? Ich habe festgestellt, dass es mir wichtig ist, dass ich mich geborgen fühlen kann beim Mann oder bei der Frau. Ich suche und sehne mich nach Geborgenheit. Das kann passieren, dass ich einen Mann anrufe, weil ich weiß, dass ich mit irgendeinem Problem bei ihm geborgen bin. Das ist mal der eine oder der andere Mann, je nach dem Problem. Ich wende mich an einen, bei dem ich das erlebt habe, dass ich bei dem geborgen bin. Nach ihm habe ich Sehnsucht, wenn es mir schlecht geht, den rufe ich an. Bei Frauen habe ich immer Schutz gefunden, bei Männern Schutz zu finden und Geborgenheit, ist für mich neu.

Wilfried: An dieser Stelle wird mir auch deutlich, dass es in der Sprache, die wir benutzen, um unsere Freundschaft zu beschreiben, auch elementare Worte gibt. In der Chemie zum Beispiel gibt es die Elemente, etwa Wasserstoff und Sauerstoff, die bilden Verbindungen, zum Beispiel Wasser. Im

Bereich der Sozialwissenschaften wurde auch nach solchen Elementen gesucht. Die Frage ist: Ist Geborgenheit eine Verbindung und lässt sie sich auf etwas anderes zurückführen? Oder ist es eine elementare psychische Kategorie?

Für mich gehört eine Menge dazu, um mich bei einem Menschen geborgen zu fühlen: eine gewisse Akzeptanz meiner Person, dass ich mich anerkannt fühle in meiner Wesensart, Sympathie, Freundlichkeit mir gegenüber, aber auch Offenheit, dass mir einer ehrlich sagt, was er von mir hält, und mich nicht hängen lässt. Geborgenheit ist für mich also kein elementares Phänomen, sondern eines, das sich aus verschiedenen anderen sozialen Bestandteilen zusammensetzt.

Rainer: *Ich glaube, Geduld ist auch wichtig. Wenn ich einen Freund habe oder jemandem ein Freund bin und jemand macht Fehler, ist mit irgendetwas nicht einverstanden und wir sind im Gespräch, dann kommt es auch darauf an, dass wir geduldig miteinander sind. Das ist auch eine Voraussetzung dafür, dass Geborgenheit entstehen kann.*

Wilfried: *Für mich ist auch wichtig, dass die beteiligten Freunde in gewisser Weise gleich stark sind. Wenn zwei sehr unterschiedlich kräftige Menschen versuchen, eine Freundschaft zu führen, dann können daraus ziemlich starke Konflikte entstehen. Der eine kann den anderen idealisieren, und der andere kann versuchen, den einen auszubeuten. Das ist eine gefährliche Komponente, auch in Liebesbeziehungen sehr gefährlich, kann zu Abhängigkeit führen und zu Missbrauch. In der Freundschaft scheint es mir wichtig, dass beide etwa gleichstark sind und damit auch eine gewisse Unabhängigkeit voneinander leben können, sich nicht unbedingt zu brauchen. Letzteres würde in Richtung Symbiose und Distanzlosigkeit gehen.*

Matthias: *Mir scheint auch die Atmosphäre zwischen den Freunden sehr wichtig, die Sinnlichkeit zum Beispiel. Hier in Pisselberg ist für mich ein Raum, ein männlicher Raum im*

positivsten Sinne. Dieser Raum hat eine bestimmte Atmo-
sphäre, zu der alle Männer beitragen: Wir teilen Trauer mit
anderen, teilen Schmerzen, lachen miteinander und vieles
mehr. Das trägt zur Atmosphäre im Raum bei, die ich meine.
Solche Räume müssen wir uns schaffen, wenn Freundschaft
entstehen soll. Freundschaft soll ja auch weitergetragen wer-
den. Hier in Pisselberg wird Energie frei. Das hat mit Ge-
meinschaft und mit Verbundenheitsgefühlen zu tun.

Wilfried: *Deshalb glaube ich doch eher nicht, dass es Ele-*
mente gibt, auf die wir Freundschaft oder Geborgenheit zu-
rückführen können. Wir haben es immer mit einem Ineinan-
dergreifen von Beziehungsmustern zu tun, einer Struktur,
einem Netzwerk, so scheint es mir eher.

Johannes: *Ich finde es auch wichtig, dass die beiden*
Freunde nicht unbedingt voneinander abhängig sind. Na-
türlich kann es Unterschiede geben, wie jeder mit den Le-
bensaufgaben umgeht. Der eine macht das vielleicht, indem
er vorprescht, und der andere macht das geduldig, indem er
sich zurückhält. Beide bekommen das auf ihre Art gut hin.
Und dann können sie sich auch ganz gut ergänzen. Beide ha-
ben ihre Stärken, die verschieden sind, die sie aber wechsel-
seitig sehen können. Ich finde auch wichtig, dass mir etwas
imponiert bei meinem Freund und dass ich mir etwas abguk-
ken kann. Manches freilich kann ich nicht integrieren, weil
es meiner Persönlichkeit überhaupt nicht entspricht. Ich sehe
es dann beim anderen.

Bernd: *Ich möchte noch mal auf die Leichtigkeit kommen.*
Wenn wir hier so über Freundschaft sprechen, dann ist bei
mir auch etwas Schmerzhaftes im Gefühl, weil ich diese
Leichtigkeit in Beziehungen zu Männern immer vermisse.
Wir Männer haben immer Schwierigkeiten, uns auch auf et-
was Angenehmes in der Freundschaftsbeziehung zu bezie-
hen. In Pisselberg hier ist es aber von der Atmosphäre her
möglich, dass unsere schweren Themen durch eine Art von

Leichtigkeit, Humor oder durch eine bestimmte Art und Weise, die ich gar nicht so recht beschreiben kann, leichter erträglich werden, dass wir über diese Dinge arbeiten können. Aber in Männerfreundschaften ist für mich immer etwas sehr Schweres, entweder Wettbewerb oder Konkurrenz, etwas Anstrengendes, oder es kommt schnell auf ein blödes Geleis, mit blöden Witzen, etwas Unpersönlichem, es wird dann auch sehr schwer. Mir fehlt oft in den Freundschaften eine angenehme Leichtigkeit. Ich kann das schlecht beschreiben. Das Wort Leichtigkeit ruft bei mir etwas Schmerz hervor, obwohl ich mir eigentlich gerade mehr Leichtigkeit wünsche, nicht so ein Darüber-Hinwegbrettern mit blöden Witzen, Quatsch oder blöden Sprüchen.

Carsten: Ich habe jetzt lange zugehört und möchte noch einmal auf diese Atmosphäre und Gemeinsamkeit und auch Leichtigkeit zurückkommen. Diese Begriffe, Geborgenheit und Vertrauen, erinnern mich an einige Erlebnisse, die ich mit Freunden hatte, die wirklich schon fast berauschend waren, an die ich mich sehr gerne erinnere. Zum Beispiel habe ich einmal mit Ilja in der Hasenheide Badminton gespielt, und das war eine Sache mit totaler Hingabe, was wir gemacht haben, der Freund und ich, eine Leichtigkeit und alles vergessen, was ringsherum war, im Prinzip völlig vergessen, ob uns einer zugeguckt hat oder ob auch attraktive Frauen da waren, um die wir hätten werben können. Alles war vergessen, eine totale Hingabe im Zusammen-Machen und Zusammen-Erleben. Das fand ich sehr auffällig. Sonst kenne ich es nämlich von mir, dass ich mich von meinem Freund oder von meiner Aktivität ablenken lasse, wenn zum Beispiel attraktive Frauen da sind.

Thomas: Ich frage mich gerade, wie das mit der Sexualität ist. Ich hatte eine Freundschaft mit einem Mann. Und diese wurde ganz anders, als wir dann miteinander im Bett waren. Das war für mich eine wichtige Erfahrung. Ich habe mich als

Verlierer gefühlt, weil ich zunächst einmal nicht nachgeben wollte, mich nicht hingeben wollte. Ich fühlte eine Niederlage, nachdem wir im Bett waren, ich glaubte, ihm nachgegeben zu haben. Aber vorher war eine Sehnsucht danach da. Ich musste mich von diesen ganzen sexuellen und kulturellen Tabus freimachen, die auch da waren. Und dabei stellte ich fest, dass ich doch auf Frauen fixiert bin. Es ist doch schöner mit Frauen für mich. Hinterher aber war es dann keine Freundschaft mehr. Freundschaft mit Sexualität ist keine Freundschaft mehr. Kann ich das so definieren? Oder bleibt Freundschaft nicht auch Freundschaft, wenn Sexualität dabei ist? Jedenfalls gehörten für mich zur Freundschaft Streicheln und Zärtlichkeit dazu, eine gewisse Form von Zuneigung, Geborgenheit und Erfahrungen, die ich auch hier in der Gruppe mache.

Johannes: In Freunden sucht man auch Verwandtschaft und Wesensgleichheit. Ich gucke mir das schon so an: Wo empfindet er ähnlich? Wo empfindet er anders? Ich will verstehen, warum das anders ist. Ich suche aber immer Gleichheit und Unterschiede, beides, weil ich in der Freundschaft mich auch selber kennen lernen möchte.

Siegfried: Da gibt es doch so ein altertümliches Wort: Seelenverwandtschaft.

Wilfried: Es gibt noch ein anderes altertümliches Wort, das heißt: Wahlverwandtschaft. Was diese Unterschiede, die Differenzen anbetrifft, die müssen leben dürfen: Vive la difference! Wir können uns keine Einförmigkeit leisten und keine Gleichmacherei.

Ralf: In der Natur gibt es dafür ein gutes Bild. Je vielfältiger ein Biotop ist, umso mehr Arten darin sind, desto stabiler wird das Biotop.

Johannes: Da gibt es auch eine große Gefahr in der Umwelt, zum Beispiel wurde herausgefunden, welche Weizensorte die beste ist. Wenn man die aber überall anbaut, dann *ist die plötzlich nicht mehr resistent gegen Krankheiten. Plötzlich ist überhaupt kein Weizen mehr da, eine Riesengefahr. Die Vielfalt ist notwendig.*

Wilfried: Ein letztes Wort zum Thema noch, bevor wir für heute abschließen. Ich empfand diese acht Tage hier in Pisselberg als Insel der Freundschaft. Hier ist Freundschaft entstanden, hier wird sie gepflegt, und sie ist auch wieder bedroht, wenn wir auseinander gehen. Deshalb sage ich Insel. Ich bin sehr daran interessiert, immer wieder diese Inseln aufzusuchen, weil ich genau weiß, dass wir Freundschaft vergessen. Vergessen ist einerseits eine wichtige Angelegenheit für psychische Problematiken, Hingabe, Selbstvergessenheit, Leichtigkeit, das ist eine Sache. Aber die Insel der Freundschaft hier ist bedroht. Wenn wir das nicht immer wieder anpacken, immer wieder aufbauen und die Zusammenführung wieder gestalten, geht der Gedanke wieder verloren. Wir haben noch kein durchgängiges Gelände, keine Landschaft von Freundschaft. Wir haben nur Inseln. Wir haben es auch in den vielen Jahren, in denen wir hier schon miteinander Umgang haben, noch nicht geschafft, durchgängig eine Landschaft von Freundschaft aufzubauen und zu verankern. Aus welchen Gründen auch immer, wir haben es nicht vermocht. Ich trauere deswegen nicht, aber ich merke, wie viel Kraft ich immer wieder aus dieser Insel der Freundschaft mit nach Hause nehme.

Ist Männerfreundschaft ein Mythos?

Wir versuchen, Wegbereiter für eine Zukunft mit gewaltlosem, freundschaftlichem Umgang unter Männern zu sein. Freunde hat man nicht einfach und man findet sie auch nicht einfach. Man kann sie auch nicht einfach suchen. Freundschaft muss aufgebaut und dann gepflegt werden. Ich muss jeden Tag an meiner Freundschaft arbeiten, sonst geht sie allmählich oder auch ganz verblüffend schnell verloren.

Zur Arbeit an der Freundschaft mit dem anderen Mann gehört die permanente Frage: Wer ist der andere Mann für mich? Oft aber muss ich mich auch selber fragen, wie ich mich dem anderen Mann, meinem Freund gegenüber verhalte.

Oft passiert es, dass ein Mann sich trennt, wenn er nicht dauernd die Führung haben kann. Manche Freundschaften werden rivalität, wenn einer immer gewinnen, besser sein will, mehr Ansehen genießen, mehr Freunde haben will als der andere. Konkurrenz stört Freundschaft.

Manchmal gehen Freunde sehr abstrakt miteinander um, intellektuell, rationalisierend, besserwisserisch. Entwicklungsziel für Freundschaft ist Brüderlichkeit oder brüderliche Liebe.

Dazu gehört die Frage, wie der Austausch zwischen Freunden aussieht. Im Grunde könnte Mann mit seinen Freunden über alles sprechen. Im Allgemeinen aber sparen Männer vieles aus, bauen Beziehungstabus auf. Daran wird nicht mehr gerührt. Das kann sich auch in langjährige Freundschaften einschleichen. Manche Freundschaften schlafen förmlich ein. Man ist äußerlich noch zusammen, hat aber keinen lebendigen Austausch mehr. Viele Männer sind am Austausch mit anderen Männern sehr wenig interessiert, wollen in der Freizeit nur mit der Frau zusammen sein. Andere fahren in fremde Länder, suchen neue Erlebnisse und Eindrücke, ohne sich selbst und ihre Freunde wirklich zu kennen. Wieder andere können sich von ihrer Arbeit nicht trennen, leben Arbeitssucht. Sie machen Karriere und erzählen stolz von ihren Erfolgen: Magendrücken, schlechter Schlaf oder Impotenz kommen da nicht vor.

Eine Frage ist in der Freundschaft unabdingbar: Wie sieht der Verwöhnungswunsch in dieser Freundschaftsbeziehung aus? Oft kommt es dazu, dass ein Freund den anderen nicht mehr anruft, keine Initiative mehr ergreift zu einem Treffen, zum Sprechen, weil er gewöhnt ist, verwöhnt ist, dass der/die andere das übernehmen. Beide sollten die Initiative für Treffen in etwa gleichem Maße ergreifen. Beide sollten heikle Fragen ansprechen. Es ist wichtig, dass sich beide in Angstsituationen hineinwagen. Dieser Mut zeigt Beziehungsfähigkeit, Freundschaftsfähigkeit. Dazu gehört Selbstkritik, auf den Freund zu hören, ebenso wie Fremdkritik, den Freund zu kritisieren. Es müssen Konflikte riskiert werden.

Andererseits sollen sich Freunde unterstützen, auch mit ganz konkreten Hilfen, etwa großzügigen Geldzuwendungen, wenn sie in Not sind. Doch wer dem Freund helfen will, wenn der zum Beispiel mit seiner Frau, im Beruf oder mit seiner Gesundheit Probleme hat, braucht bestimmte Stärken, Fertigkeiten, Kenntnisse. Dazu gehören Menschenkenntnis, Männerkenntnis und Frauenkenntnis. Diese müssen erst einmal erworben werden. Mann ist nicht Freund, einfach nur, weil Mann es will.

Erforderlich ist Einfühlungsvermögen in den Freund, in seine männlichen Gefühle, Gangarten, Stimmungen und Probleme. Einfühlung zu lernen erfordert Toleranz und Lernfähigkeit. Dabei muss ich als Freund auch zu meinen eigenen Schwächen stehen.

Fazit: Um ein Freund zu werden, muss ich vieles lernen, wissen und können, was ich in der Schule, an der Universität, an der Arbeitsstelle nicht gelernt habe. Aus persönlicher Erfahrung weiß ich, dass dieser Lernprozess schmerzen und auch zum Verlust so genannter Freundschaft führen kann.

Ein »Freund« zum Beispiel wollte, dass ich ihm Geld schenkte. Es ging um etwa zwanzigtausend Mark. Als ich anbot, ihm welches zu leihen, lehnte er ab. Das führte zu einer Verstimmung zwischen uns. Anschließend hat er auf sehr subtile Weise versucht, mir mangelndes Einfühlungsvermögen zu unterstellen.

Ein anderer Freund bat mich, ein Buch von ihm zu besprechen. Ich sagte ihm: »Ja, gerne. Das mache ich. Aber du musst damit rechnen, dass ich meine Meinung zu dem Buch ungeschminkt mitteile, dass ich keine Kompromisse eingehe.« Er hat mir sein Buch nicht geschickt.

Ein anderer Freund hat mir wiederholt gesagt, dass seine Frau mich nicht mag. Wozu teilt er mir das mit? Er sorgt nicht dafür, dass ich Beziehung zu seiner Frau bekomme, er stellt Distanz her. Heute vermute ich, dass er selbst mit mir Mühe hatte und seine Frau nur vorschob.

In unseren Gruppen sind wir wissbegierig und fragen: Was brauchen wir, um freundschaftsfähig zu sein? In welchen Situationen enttäuschen mich Freunde und wann wende ich mich wieder an eine Frau?

Die wichtigste Frage aber ist: Wer bin ich für meinen Freund? Diese Frage ist konsequenter als: Wer ist der Freund für mich? Dazu brauche ich Selbsterkenntnis und hier wiederum kann mir der Freund helfen, wenn ich es zulasse. In der Gruppe stellen wir Fragen, welche die Selbsterkenntnis fördern. Dabei erfahren wir, wie wir reagieren, wenn uns etwas – Positives oder Negatives – geantwortet wird. Männer hören gern weg, wenn sie kritisiert werden. Wir müssen lernen zuzuhören und nachzufragen, wenn wir kritisiert werden, den Freund ernst nehmen. Wem es an Selbsterkenntnis mangelt, der kennt auch meist des Freun des Bedürfnisse nicht.

Freunde sind daran interessiert, dass der andere seine Entwicklung in die Hand nimmt. Viele Männer haben nur Freunde, die ihnen irgendwie nicht gewachsen, unterlegen sind. Solche »Beziehungen« nähren nur das Gefühl von

Größe und Überlegenheit, Gefühle, die dazu führen, dass der Mann glaubt, sich nicht mehr ändern zu müssen. Das ist eins der Hauptprobleme in der männlichen Persönlichkeit.

Die Männerfreundschaft ist kein Mythos, aber sie fällt einem auch nicht in den Schoß. Freundschaft ist nicht Zufall, Freundschaft ist auch kein Glückstreffer. Freundschaft ist eine Lebensaufgabe. Das genau ist der Grund dafür, dass es so wenig Freunde unter Männern gibt. Freunde lassen sich nicht verwöhnen.

Kann ich mit Männern reden?

Ein bekannter Spruch sagt: Wer nicht zweifelt, fragt nicht. Doch um ihn weiterzuführen: Wer nicht zweifelt, sucht und sehnt nicht, liest wohl kaum dieses Buch. Freundschaft ist Arbeit, anfangs oft schmerzliche Arbeit. Die nachfolgenden Fragen sollen helfen, einen Einstieg zu finden. Weitere Fragenblöcke finden sich auch am Ende der folgenden beiden Teile dieses Buches.

Beschäftige dich damit in einer ruhigen Situation. Diese Fragen sind kein Prüfungskatalog und kein Auftrag, der erledigt werden muss nach dem Motto »abgehakt – fertig!«. Sie liefern Denkanstöße, Ideen zum Nachdenken. Nur wer die richtigen Fragen stellt, wird Antworten finden.

Wie du mit diesen Fragen arbeitest, ist dir überlassen. Vielleicht genügt es dir schon, sie zu lesen und zu merken, dass manches Thema Widerwillen, Angst oder Freude auslöst.

Mancher nimmt nur eine einzige Frage heraus, setzt sich in seinen Lehnstuhl und lässt bei sanfter Musik seine Gedanken schweifen – oder nimmt sie mit auf den Waldlauf, mit an den Badesee.

Wenn du den Mut hast, halte die Antworten, deine Erlebnisse und Gedanken, fest: auf Kassette oder auf Papier. Rede/schreibe einfach darauf los, keine Jury wird deinen Satzbau prüfen. Doch du selbst wunderst dich vielleicht einige Tage später, wo dein Redefluss stoppt und die Stimme leiser wird, wo ein Satz abbricht oder die Schrift sich verändert.

Diese Fragen können auch Anlass für ein Gespräch mit anderen sein, mit einem Freund. Vielleicht traust du dich noch nicht, jede Frage an jeden Freund zu richten, aber wage den ersten Schritt, die erste Frage. Höre zu und höre in dich hinein.

Wer ist mein Freund, wer sind meine Freunde?

Pflege ich langjährige Freundschaften, die sich kontinuierlich weiterentwickeln?

Wie begegne ich fremden, neuen Männern in meinem Umfeld? Offen, freundlich und neugierig oder zurückhaltend, ängstlich und abschätzend? Interessieren mich andere Männer?

Fällt es mir leicht, mit Männern (privat) ins Gespräch zu kommen? Ergreife ich die Initiative?

Was verbindet mich mit meinen Freunden? Was macht einen Mann anziehend für mich?

Was habe ich meinen Freunden zu bieten?

Verlieren meine Freunde an Bedeutung, wenn/seit ich eine Frau/Freundin habe?

Worüber rede ich mit Männern?

Gibt es Themen, die ich nur mit Frauen bespreche? Oder Tabubereiche, über die ich mit niemandem reden kann?

Kann ich mit Freunden offen und ehrlich über Sexualität sprechen?

Welchen Männern kann ich Ängste und Probleme anvertrauen? Bitte ich um Trost und Hilfe, wenn es mir nicht gut geht?

Leide ich an chronischen Symptomen, zum Beispiel Kopfschmerzen oder Rückenschmerzen, die psychosomatisch sein könnten?

Bin ich gewalttätig? Gegen Kinder, Frauen, schwächere Männer? Mit wem kann ich darüber reden?

Bin ich öfter betrunken? Nehme ich Drogen?

Bin ich zärtlich zu Männern?

Ist es mir unangenehm, schäme ich mich, wenn ich Männern näher komme, mich ihnen zuwende?

Erzählen mir andere Männer ihre Sorgen und Nöte?

Kann ich mich in andere Männer einfühlen? Kann ich zuhören? Habe ich den Mut, an kritischen Punkten nachzufragen?

Nehme ich Rücksicht, nehmen meine Freunde auf mich Rücksicht? Zum Beispiel bei momentanen Belastungen?

Spende ich traurigen Männern Trost? Habe ich Freunde, die mich trösten?

Kann ich mit Männern auch über persönliche Dinge vernünftig streiten? Vermittle ich bei Konflikten zwischen Freunden? Habe ich Freunde, die mir helfen, Konflikte auszusöhnen?

Sind meine Freundschaften gegenseitig? Oder rufe ich manche Männer nur an, wenn es mir gut/schlecht geht? Gibt es Männer, die sich nur melden, wenn sie mich brauchen? Oder die sich zurückziehen, wenn sie ein Problem haben? Verfolge ich sie mit meiner Fürsorge?

Kann ich Kritik standhalten? Kann ich auch zwei verschiedene Meinungen nebeneinander stehen lassen? Oder muss ich immer Recht behalten?

Sind meine Freunde schwächer als ich? Bin ich autoritär? Will ich führen und dominieren?

Überlasse ich Entscheidungen und Initiative immer den anderen?

Habe ich starke Freunde?

Bin ich von anderen Männern, auch von Freunden, abhängig?

Achte ich bei allem, was ich sage und tue, darauf, dass ich mein Gesicht wahre?

Kann ich mich unter Freunden so zeigen, wie ich bin? Mit meinen verletzbaren, sensiblen Seiten ebenso wie mit meinen kräftigen?

Mache ich andere Männer nieder, um mich selbst zu behaupten?

Bin ich gerne mit Männern zusammen oder macht mir die Konkurrenz Angst?

Vergleiche ich mich oft mit den anderen? Bin ich neidisch auf deren Stärken?

Habe ich Sehnsucht nach echter Nähe zu Männern? Gibt es Männer, bei denen ich mich geborgen fühle? Kann ich mir vorstellen, bei Männern Schutz und Geborgenheit zu finden?

Welche Vorzüge und Stärken haben meine Freunde? Finde ich sie anziehend oder machen sie mir Angst? Bestärke und fördere ich die guten Seiten meiner Freunde?

Zweiter Teil: Sind Männer anders programmiert?

Oskar: »Ich bin eigentlich recht umgänglich, aber wenn jemand mich gewalttätig behandelt, töte ich ihn.«

Ich kenne Oskar seit etwa fünf Jahren und habe mit ihm in der Männergruppe sehr vieles erlebt, hatte zwischenzeitlich eine Menge Sympathie für ihn, bin immer wieder zurückgestoßen worden durch bestimmte Aggressivitäten. Oskar und Urs hatten sich angefreundet. Da beide manchmal zu Aggressivitäten neigen, kam es zu Situationen, in denen sie wechselseitig Aggressionen aneinander feststellten und sich gegenseitig darauf aufmerksam machten.

Als Urs mit zwei Angestellten für Oskars Empfinden nicht sozial genug umging, sagte ihm Oskar das nicht rechtzeitig, sondern ärgerte sich nur. Es kam zur Entfremdung, und Oskar kündigte Urs die Freundschaft auf, zog sich von ihm ganz zurück. Ein halbes Jahre später, Oskar hatte alle Annäherungsversuche von Urs abgeblockt, waren wir gemeinsam in Pisselberg, und Urs versuchte im Gruppengespräch eine Annäherung an Oskar.

Urs: *In meiner Beziehung zu Oskar fühle ich mich seit einem halben Jahr sehr ratlos, oft hilflos, und ich wünsche mir jetzt hier, dass ihr anderen Männer euch das anseht und mir etwas dazu sagt, wie ich mit ihm und wie er mit mir umgeht. Was ich mir von Oskar wünsche, ist Klarheit, was unsere Be-*

ziehung betrifft. Diesen Zustand, mich in der Schwebe zu befinden und nicht zu wissen, was da zwischen uns los ist, ob es überhaupt noch eine Beziehung ist, kann ich nicht gut ertragen, damit geht es mir schlecht.

In der zurückliegenden Zeit hatte ich unserer freundschaftlichen Beziehung einiges zugemutet. Oskar war nicht mehr bereit, das hinzunehmen. Das kam für mich sehr überraschend. Die Art, wie er es vorgetragen hat in der Gruppe, hat mich schockiert. Jetzt empfinde ich Schmerz und auch einen gewissen Ärger, weil das alles so aus heiterem Himmel kam. ... In einem Gespräch in der Gruppe hat Oskar verdeutlicht, was er an mir auszusetzen hatte, nannte Beispiele von Rücksichtslosigkeit, vermisste Einfühlungsvermögen bei mir. Du, Oskar, behauptest, dass alles Unangenehme nur bei mir lag. Ich habe von dir auch die Initiative vermisst, habe immer wieder Gespräche darüber geführt und dachte, du müsstest das eigentlich auch ansprechen. Jetzt möchte ich aber wissen, was eigentlich los ist. Ich kann hier nur sagen, wie meine Gefühle sind und dass es mich sehr geschmerzt hat. Es hat mich auch sehr verletzt, was du mir gesagt hast. Was du gesagt hast, war sehr allgemein negativ, und ich hatte dann das Gefühl, dass ich gar keine Chance mehr habe.

Ich habe immer wieder Gesprächsversuche gemacht und zum Ausdruck gebracht, dass ich Interesse an dir habe und dass du mich noch genauer darüber informieren solltest, wo die Verletzungen liegen, die das für dich alles so schlimm gemacht haben, dass du es mit mir gar nicht aushalten kannst, ... ich komme damit nicht zurecht ... dass du die Freundschaft einfach so auslaufen lässt und nicht mehr darüber redest, damit bin ich nicht einverstanden. Es schmerzt mich, dass ich jetzt niemand mehr für dich bin. Das tut mir weh, das möchte ich nicht so haben. Dann ist mir ein klares Wort lieber. ... Ich wünsche mir, dass wir wieder ins Gespräch kommen. Denn was du mir gesagt hast, das hat schon geses-

sen, das ist an mir nicht vorübergegangen. Ich bin nicht so hart. Ich habe mich damit auseinander gesetzt und habe mir die ganzen Gespräche abgeschrieben und noch einmal nachgelesen. Ich habe versucht, dir ein kräftiges Gegenüber zu sein, und bin dabei in eine Rechtfertigung hinein gerutscht. Ich möchte lernen, wie ich mit dir umgehen kann, auch mit anderen Männern umgehen kann, Freundschaften gestalten kann. Das ist ein völlig neues Gebiet für mich.

Im Moment fühle ich mich zur Passivität verdammt. Ich habe mich schon gar nicht mehr getraut, dich anzurufen oder dich hier anzusprechen. Mir bleibt nur der Weg über die Gruppe, mit dir ins Gespräch zu kommen. So fühle ich mich. Worum es mir geht, ist der weitere Umgang miteinander und keine Abrechnung.

Ich habe auch Gefühle wie Sehnsucht nach einem Mann entwickelt und kenne diese, habe allerdings Schwierigkeiten mit Männerfreundschaften, in denen ich meine Gefühle nicht erzählen kann. Und ich wünsche mir einen Freund, der hier aus unserem Kreis kommt, mit dem ich mich über alles unterhalten kann, frei von Konkurrenz und relativ frei von Angst vor Verletzungen. Ich will mich zeigen in der Freundschaft. Jetzt fühle ich mich ein wenig hilflos und ratlos und habe einen ganz starken Wunsch nach einer klaren Stellungnahme von dir. Wie stehst du jetzt zu mir? Dann habe ich etwas in der Hand, das kann für mich schmerzlich sein. Aber das ist mir lieber als dieser Schweigezustand.

Oskar: Ich weiß nicht genau, wie ich mich jetzt äußern soll, bin auch etwas unsicher. Erst einmal möchte ich dir sagen, dass ich deine Gefühle, wie du sie jetzt geschildert hast, sehr gut verstehen kann. Ich denke auch, dass es der richtige Weg ist, das hier in der Runde anzusprechen, ich möchte sogar sagen, die einzige Möglichkeit. Wenn du mich direkt angesprochen hättest, hätte ich nicht gewusst, wie ich reagieren soll. Was mir nicht gefällt, ist die klare Antwort, die du forderst,

weil ich nicht verstehe, wie ich dir auf deine Frage klar ant-
worten soll. Meine Empfindungen für dich sind auf gar kei-
nen Fall feindselig. Ich möchte nicht dein Feind sein, ich bin
es auch nicht. Aber im Augenblick habe ich keine freund-
schaftlichen Gefühle dir gegenüber. Wenn ich von dir jetzt
den Wunsch höre, tatsächlich mit mir zu sprechen über das,
was zwischen uns passiert ist, dann muss ich sagen, dass ich
das vorher nicht so gespürt habe. Du hast einige meiner Vor-
würfe eingeräumt, mir kam das aber so vor, als sei das eine
Strafmilderungsangelegenheit, als brächtest du Strafmilde-
rungsgründe vor und zeigtest irgendwie formal Einsicht.

Was den direkten Wunsch nach Freundschaft zu mir an-
geht, darauf kann ich heute noch nicht antworten. ...
Freundschaft für alle Zeiten, das ist für mich nicht unvor-
stellbar, aber im Moment ist es schwierig. Und wenn du eine
Freundschaft suchst, würde ich dir empfehlen, dich an an-
dere Männer zu wenden. Mir persönlich ist das jetzt zu
schwierig. Aber mit dir sprechen, auch durchaus freund-
schaftlich, das kann ich. Denn ich möchte nicht, dass es dir
schlecht geht. Und wenn wir sprechen, glaube ich, dann wird
es auch mir besser gehen.

Urs hatte sehr vorsichtig, unerhört bemüht und versöh-
nungsbereit versucht, auf Oskar zuzugehen, den abgerisse-
nen Freundschaftsfaden wieder aufzunehmen. Demgegen-
über hat Oskar weiterhin eher abweisend reagiert. Er wollte
sich nicht erweichen lassen und hat dann die fatale Bemerkung gemacht, dass bestimmte Ausführungen von Urs auf
ihn *strafmildernd* gewirkt hätten. An einer anderen Stelle
sagte er: *Ich bin nicht dein Freund, aber ich bin auch nicht*
dein Feind. Diese Ausdrücke haben mich getroffen. Sie ga-
ben mir einen Stich. Was sollte der Ausdruck *Feind* in diesem Zusammenhang? Ich zog den Schluss, dass Oskar wohl
auch feindselige Gefühle gegen Urs hat. Feindselige Gefühle

sind nicht immer auszuschließen, aber sie passen nur dann in die Männergruppenarbeit hinein, wenn der Betreffende sich selbst allmählich der Gefühle bewusst wird, diese kommuniziert, seine persönliche Gefühlssituation vorlegt. Das hat Oskar nicht gemacht, im Gegenteil, er stritt ab. Er sagte nicht nur: »Ich will nicht dein Freund sein«, sondern er sagte auch: »Ich bin nicht dein Feind.«

In einem anderen Zusammenhang stellte Christian fest, dass er Oskar mit sehr viel Widerstand erlebt hat. Oskar: *Das siehst du richtig. Ich entwickele einen enormen Widerstand, an diese Probleme heranzugehen. Am liebsten würde ich die ganze Sache vergessen und belassen, wie sie ist. Ich befürchte, an Dinge in mir heranzukommen, die mich sehr schmerzen würden. Wenn ich mich missverstanden fühle, reagiere ich tatsächlich oft sehr hart und mit einer unheimlichen Wut, die nicht angemessen ist. Bei mir kommt eine unheimliche Wut auf und auch Widerstand. Ich denke dann, wenn ihr mich nicht verstehen wollt, dann ziehe ich mich eben von euch zurück.*

An einer späteren Stelle des Gespräches wurde Oskar etwas aufnahmebereiter: *Für mich war die Beziehung zu Urs teilweise sehr schmerzhaft. Ich konnte mich mit ihm nicht auseinander setzen und mich mit vielen Dingen, die mich geärgert haben, nicht abfinden. Ich konnte mich nicht wehren und die Konfliktgespräche nicht aufnehmen, weil ich Freundschaft wollte. Ich habe das alles aber auch sehr quälend empfunden.* Oskar will seine Aggressionen nicht wahrhaben. Er will sie nicht mit uns besprechen, weil er befürchtet, ausgegrenzt und verurteilt zu werden. Es geht aber nicht anders, die Dinge müssen auf den Tisch. Dazu noch eine Stellungnahme Oskars aus einem späteren Gespräch:

Als vorhin Jörg Stellung genommen hat, kam das bei mir so an, als ob Jörg sagen wollte, dass auch ich gewalttätig bin und ich es nur deshalb nicht lebe, weil ich mich nicht traue,

*weil ich die Erfahrung gemacht habe, dass ich dann immer
den Kürzeren ziehe. An dieser Stelle merkte ich, dass ich mit
dem Thema Gewalt sehr große Mühe habe. Das beschäftigt
mich schon mein Leben lang enorm, viel mehr, als ich zugeben will. Das Gefühl, das bei mir entsteht, ist eine unheimliche Wut auf Gewalttätigkeit. Das ängstigt mich ungeheuer
und macht mich auch wahnsinnig wütend. Ich merke das
jetzt erst mit der Macht, die in mir steckt. Ich dachte immer,
ich habe das alles unheimlich gut im Griff. Ich glaube aber,
dass ich eine Menge Gewalt, die in meiner Familie geherrscht
hat, auch vergessen oder völlig verdrängt habe. Es gab eine
Situation, in der ich mich gegen meinen Vater gewehrt
habe ... Er wollte nämlich meine gesammelten Mickey-Mou-
se-Hefte, an denen ich sehr hing, verbrennen. Ich sah ihn mit
dem Stapel aus dem Zimmer kommen und habe gegen den
Stapel Hefte geschlagen, war über mich selbst ganz entsetzt.
Ich wollte nicht zulassen, dass er sie vernichtet. Und das half
mir, mich zu wehren.*

*Ein anderes Mal habe ich ihm gesagt, er soll mich bloß
nicht mehr anfassen, sonst kriegt er eine zurück. Und dann
habe ich ihn einmal regelrecht provoziert, so dass er mich geschlagen hat, und dann habe ich zurückgeschlagen. Da war
mir alles egal. So ist mein Lebensgefühl. Ich habe vor meiner
Gewalttätigkeit überhaupt keine Angst, weil ich glaube, dass
ich nicht gewalttätig sein würde, dass ich auch nicht zulassen
würde, dass jemand anders gewalttätig ist, und dass ich mich
selbstverständlich immer wehren würde, mit jedem mir zur
Verfügung stehenden Mittel.*

*Von dieser Situation an, als ich meinen Vater geschlagen
habe, hat er mich nie wieder angefasst, und ich hätte mich
auch jederzeit wieder gewehrt. Ich musste wirklich befürch-
ten, dass mich mein Vater totschlägt. Aber das war mir völlig
egal. ... Und diese Auseinandersetzungen enthalten auch immer eine enorme Entwürdigung des anderen. Und ich will*

nicht, dass man das mit mir macht. Ich will das auch mit keinem anderen machen. Ich kenne das Lied von Berthold Brecht »Weil der Mensch ein Mensch ist, darum hat er Stiefel im Gesicht nicht gern; er will unter sich keinen Sklaven sehen und über sich keinen Herrn.« Ja, schön wäre es, wenn die Menschen so wären. Aber so sind sie eben nicht. Sie möchten schon gerne mit den Stiefeln in das Gesicht des anderen treten. Und das macht mich enorm wütend, unheimlich wütend.

In unserer Männergruppe gibt es ja auch Männer, die mich für aggressiv halten. Aggressiv bin ich durchaus, manchmal sehr, manchmal weniger. Aber ich weiß, dass ich mit meiner Aggressivität umgehen kann und dass ich gegebenenfalls niemanden von mir aus initiativ gewalttätig attackieren werde.

Andererseits finde ich es aber gut, sich zu wehren, wenn man angegriffen wird. Und ich werde mich auch immer wehren.

An dieser Stelle des Gespräches brachte ich meine Verwunderung zum Ausdruck: Ich könne mir nicht vorstellen, dass er überhaupt keine Angst vor seinen eigenen Aggressionen habe. Ich hätte vor meinen Aggressionen Angst: »Das würde ja bedeuten, dass du total davon überzeugt bist, dass du nicht gewalttätig werden kannst als Angreifer.« Oskar: Davon bin ich auch überzeugt, genauso, wie ich davon überzeugt bin, dass ich jemanden töten kann, wenn ich muss, wenn er mich angreift.

Hier benutzt Oskar eine gewalttätige Sprache. Nur ein Mann, der gewalttätig ist, erinnert an Tötungsbereitschaft. Oskar versteckt dies hinter Verteidigungsbereitschaft. Das ist ein typisches Problem des Mannes in unserer Kultur. Als ich Oskar auf diesen Aspekt aufmerksam machte, antwortete er mir: Ich finde, das ist gar kein Widerspruch.

Natürlich ist das ein Widerspruch! Warum spricht er von Strafmilderung, anstatt Worte zu benutzen, die ein freundlicheres Klima signalisieren? Warum kommt der Feind-Gedanke, wenn er keine feindseligen Gefühle hat? Kann man tatsächlich seine Gewaltlosigkeit unterstreichen wollen mit dem Satz: *Wenn mich jemand angreift, könnte ich den töten?*

Wenn mich jemand angreift, muss ich als gewaltloser Mensch nach Möglichkeiten suchen, diese gefährliche Situation ohne Gewalt aufzulösen. Ich könnte die Flucht ergreifen oder versuchen, ein Gespräch zu führen. Aber Oskar kommt sofort die eine Möglichkeit in den Sinn: *töten.* Warum wird das dermaßen betont? Weil er mit seinem Vater viele gewalttätige Auseinandersetzungen hatte, in denen der Todesimpuls eine Rolle spielte.

Es scheint, als ob Oskar den Tod des Angreifers in sein Kalkül einbezieht. Das ist für mich nicht mehr stimmig. Denn auch der andere ist ein Lebewesen: Vielleicht macht er in einer momentanen Verrücktheit etwas Aggressives oder Sadistisches und greift an. Er müsste in diesem Moment einen Menschen als Gegenüber haben, der das versteht und ihn wieder zur Vernunft und Ruhe bringt, und nicht einen, der ihm den Tod zumutet.

Wir haben hier eine Sprache vor uns, die Aufschluss gibt über eine männliche, äußerst gewalttätige Lebensstimmung. Oskar sagt, er würde sich höchstens verteidigen. Dann kommt diese dramatische Formulierung, die eigentlich einen Sturm in der Männergruppe hervorrufen und die Männer wachrütteln müsste. Angesichts der Formulierung *Gegebenenfalls würde ich töten*, müsste jeder zusammenzucken und Angst bekommen.

Warum wird dieses Motiv von Oskar so stark betont? Es reicht mir nicht, von Oskars großer Verletzlichkeit und Angst zu sprechen. Er muss sich in jeder der Situationen, die wir miterleben, Mut machen, indem er seine Angst und Verletzlichkeit verdrängt und uns Angst macht. Er attackiert. Das ist ein wichtiger Aspekt des Themas Gewalt im Patriarchat: Gewalttätig, um nicht selber Angst zu empfinden.

Doch Oskar widerspricht: *Ich möchte nicht, dass jemand sich konkret vor mir fürchtet.* Das scheint mir eine rein verbale Beteuerung zu sein, eine Rationalisierung der wirklich dahinter liegenden Gefühle. Auf jeden Fall hält Oskar sich enorm auf Distanz zu uns. Er zeigt seine Verletzlichkeit nicht.

Im weiteren Verlauf des Gespräches schilderte er eine Situation, in der sein Vater ihn geschlagen hat, die Mutter dazwischen ging und schrie: »Lass den Jungen. Du schlägst ihn ja tot.« Und Oskar hatte immer gerufen: »Lass ihn los. Er soll nur herkommen.« Oskar fügte hinzu, dass er sich in dieser Situation als Dreizehnjähriger bewusst war, dass der Vater ihn hätte halbtot oder tot schlagen oder schwer verletzen können.

Diese Situation stellt Oskar immer wieder her. Durch seine drastische Ausdrucksweise provoziert er, so wie er seinen Vater damals provoziert hat, Gewalttätigkeit, um sich dann sagen zu können: »Aha, die sind also auch nur gewalttätig, genauso wie ich. Die sind auch nicht besser.«

Er behauptet zwar, er wolle keine Gewalt, aber das Ergebnis seiner Ansprache ist Gewalttätigkeit. Vielleicht ist ihm das noch nicht bewusst. Andererseits erweckt er den Eindruck, dass er sich diesen Zusammenhang gar nicht bewusst machen will, dass er sich ganz klar dazu entschlossen hast, sich das nicht bewusst zu machen und uns alle in die Flucht zu schlagen, uns alle auf Abstand zu halten.

In dem ganzen Gespräch nahm Oskar unsere Hinweise, dass wir diese gewalttätigen Äußerungen von ihm als angstmachend und bedrohlich empfinden, nicht ernst. Er dagegen meinte: *Ich habe das Gefühl, dass man mich hier in diesem Gespräch missverstehen will. ... Was soll ich denn sagen oder machen, damit man keine Angst vor mir hat?* Ich empfinde, dass er sich dumm stellt. Andererseits habe ich das Gefühl, dass es sich hier um ein schlimmes sado-masochistisches Problem handelt. Er ist nicht gewaltlos. Wir haben Oskar gesagt, dass wir das sehr erschütternd finden, dass ein Dreizehnjähriger sich auf einen Kampf mit seinem Vater einlassen will, egal, ob er dabei umkommt oder nicht. Dahinter muss eine enorme Verzweiflung, aufgestaute und ohnmächtige Wut stecken.

Wir haben Angst vor Oskars Aggression und versuchen, damit umzugehen. Er hat keine Angst vor seiner Aggression, gibt sie einfach weiter. Das ist ein persönliches Problem, welches mit der politischen Situation im Patriarchat sehr viel zu tun hat: Verharmlosung von Gewalt.

Sind Männer lieblos und gewaltbereit?

Gewalt hat kein Gegenteil, jedenfalls nicht in unserer patriarchalischen Kultur und Gesellschaft. Das Gegenteil von Konkurrenz ist Kooperation, das Gegenteil von Nehmen ist Geben, das Gegenteil von Liebe ist Zerstörung. Doch Gewalt hat kein Gegenteil. Söhne von gewalttätigen Vätern müssen mit ihnen in bestimmter Weise kämpfen – ob sie wollen oder nicht. Im Kampf mit ihren Vätern werden sie gewalttätig.

Auch Gewaltlosigkeit ist nicht das Gegenteil von Gewalt. Die masochistischen Gewaltlosigkeiten von Sokrates, Jesus oder Gandhi brachten Gewalt hervor. Ihre Passivität verstärkte Gegengewalt. So kann auch die so genannte Gewaltlosigkeit bloße Kraftlosigkeit sein und Sturheit, Passivität und Selbstzerstörung hervorrufen.

In der patriarchalisch-gewalttätigen Gesellschaft kann das Gegenteil von Gewalt nicht einfach dialektisch postuliert werden, zur These Gewalt gibt es keine Antithese. Veränderung wird es allenfalls unendlich langsam geben, in jahrhundertelangen kleinen Schritten, indem wir unsere Kinder anders erziehen.

Wer als Sohn ohnmächtig ist, ohnmächtig gemacht wird durch die Gewalt seines Vaters, wird als erwachsener Mann Macht haben wollen. In unserer Gesellschaft sind alle Söhne ohnmächtig (vgl. mein Buch »Söhne wollen Väter«). Die Ohnmacht der Knaben ist nicht eingebildet oder neurotisch, sondern real. Drei Faktoren untermauern und erhalten diese Ohn-Macht: die Abhängigkeit von der Frau, die Verdrängung der Gefühle und die männliche Unfähigkeit, über sich selbst zu sprechen.

Die Abhängigkeit von der Frau – in »Männer lassen lieben« habe ich sie als Frauensucht beschrieben – resultiert daraus, dass der Mann verwöhnt ist. Dabei geht es nicht nur darum, dass er nicht kochen, putzen und bügeln kann. Viel schwerer wiegt, dass Männer auch nicht gelernt haben, schwierige Lebensprobleme selbst zu bewältigen. Deshalb bleiben Männer lebenslang von Frauen abhängig und damit auch Frauen ausgeliefert.

Zur Verschleierung dieser Tatsache wird der Mann so erzogen, so dressiert, dass er seine Ohnmachts- und Schwächegefühle, seine Abhängigkeit und Frauensucht nicht wahrnehmen kann. Er verdrängt Gefühle, erscheint roboterhaft, scheinbar stark, tatsächlich ist er aber nur gewalttätiger als die Frau. Die Macht der erwachsenen und die Ohnmacht der heranwachsenden Männer gehören zusammen wie zwei Seiten einer Münze, deshalb trägt das Erwachsensein der Macht-Männer paranoide Züge: Sie fühlen sich stets ungeborgen und unglücklich und verdrängen die immer wiederkehrende Ohnmacht durch Machtdemonstrationen und Gewaltanwendung.

Damit der Mann davon nichts merkt, wird er zum Schweigen erzogen. Er kann nicht über sich, seine Ohnmachtsgefühle, seinen Macht- und Autonomiewahn sprechen und will davon auch nichts hören: Der Frau, die etwas spürt, entdeckt und ändern möchte, hört er nicht zu.

In unseren Männergruppen arbeiten wir gegen diese fundamentale Ohnmacht des Mannes. Ein körperlich und seelisch starker und gesunder Mann bräuchte seltener Macht. Er unterdrückte die Frau nicht, beutete sie nicht aus, entwertete sie nicht und täte ihr keine Gewalt an.

Der entscheidende patriarchalische Machtmechanismus ist also die Kompensation der Ohnmacht. Die Ohnmacht des heranwachsenden Knaben erscheint als Wille zur Macht, wenn er größer wird. Alfred Adler sprach vom Minderwertigkeitsgefühl (Ohnmachtsgefühl), welches durch Geltungs- und Machtstreben kompensiert wird. In »Die geheimen Verbote« haben Irmgard Hülsemann und ich vom Autonomiewahn des Mannes gesprochen. Er versucht ununterbrochen, also lebenslang, Macht anzuhäufen, um sich dauerhaft gegen Ohnmachtssituationen und -gefühle zu schützen.

Was geschieht in der Kindheit des Mannes? Wie baut der Dreijährige seine Lebensformel und -stimmung auf?

Häufig gibt man die Antwort, dass er sich das abguckt. Er erlebt seine Mutter, seinen Vater, das gesamte soziale Milieu und baut sich daraus etwas für sich selbst zusammen. Die Mutter macht es so, der Vater anders, der Kleine macht es nach – wir nennen diesen Vorgang Imitation.

Außerdem identifiziert er sich mit dem Vater, dem Bruder, dem Großvater und anderen Männern. Weil Imitationen und Identifikationen schon in der sehr frühen Kindheit stattfinden, konnte der Irrtum von der so genannten angeborenen männlichen Charakterstruktur entstehen. »Der Kleine ist genauso wie sein Vater – also muss er das vom Vater geerbt haben.« Es gibt keine Vererbung des Sozialcharakters Mann. Dieser wird abgeguckt, imitiert und identifiziert. Die Fiktion von der Vererbung (Heredität) ist einer

66

der tendenziösen patriarchalen Grundirrtümer. Gäbe es Vererbung, dann ließe sich nichts Charakterliches mehr ändern. Mann müsste sich nicht mehr bemühen. Der Sohn würde immer wie der Vater.

Die Fiktion »Vererbung« ist eine fatalistische, resignative, konservative Idee, eine typisch männlich-verwöhnte Rationalisierung: Männer wollen sich nicht ändern. Die konservative Vererbungs-Ideologie passt Männern, vor allem den herrschenden, gut ins Konzept. Sie erklären den herrschenden Zustand zum natürlichen Gesetz. Sie sprechen von Vererbung und indoktrinieren damit ihre heranwachsenden Söhne. Die Söhne erleben die Ohnmacht und erleiden die Macht und wollen wieder nur eins: herrschen und die Macht nicht abgeben.

Wir sehen heute noch mehr: Der Mann bildet seine Charakterstruktur nicht nur durch Imitation und Identifikation. Täte er das, dann übte er ausschließlich eine gewisse Art von Gehorsam: »Ich will so werden wie mein Vater, etwas anderes kommt mir gar nicht in den Sinn.«

Die Kompensation der Ohnmacht des Knaben lässt sich auch mit dem Begriff Reaktionsbildung erklären: »Ich will *nicht* so werden wie mein Vater.« Reaktionsbildung ergänzt Imitation und Identifikation.

Der Sohn hat nur diesen Vater und diese Mutter erlebt. Ich konnte nicht so werden wollen wie Jean-Paul Sartre, Bertrand Russell, Willy Brandt, Richard von Weizsäcker, Theodor Fontane, Sigmund Freud oder Karl Marx. Ich hatte nur diesen meinen Vater. Hätte ich die genannten Männer erlebt, hätte ich mich auch mit ihnen identifizieren wollen, wahrscheinlich mehr als mit meinem Vater.

Mein Vater war aber ganz anders. Notgedrungen habe ich ihn mir zum Vorbild genommen – weil nur er da war. Der Charakter bildet sich in Wechselwirkung mit den Personen, mit denen wir wirklich zu tun haben. Der Charakter des

Mannes ist die persönliche schöpferische Antwort auf die Charaktere der Männer, auf die Umstände und auf die geschichtlichen Situationen, die der junge Mann vorfindet. Wir nennen diese Antwort Reaktionsbildung, sie komplettiert Imitation und Identifikation.

Ein Beispiel dazu: Ein Knabe nimmt wahr, dass sein Vater hart und lieblos ist. Er fasst schon bald den Plan, nicht so hart und so lieblos zu werden. Er will weicher sein, der »andere Mann« werden. Dieser Knabe wird vielleicht schwach und passiv reagieren lernen und deshalb kompensatorisch wieder zur Gewaltanwendung neigen müssen. Weil die Reaktionsbildung ein wichtiger Prozess bei der Bildung des Lebensplanes des Mannes ist, stimmt zwar die Vererbungsthese nicht, aber Söhne werden letztlich oft doch nicht viel anders als ihre Väter. Gewalt hat kein Gegenteil. Der Vater ist hart, sein Sohn ist weicher und greift im Notfall dennoch auf die vom Vater abgeguckte Gewalt zurück. Der Junge hat sich gewehrt gegen das, was der Vater demonstrierte. So wollte er nicht werden. Letztlich aber wird er doch wieder gewalttätig, ähnlich dem Vater, weil er zu wenig gewaltlose Kooperationspartner hat.

Imitation, Identifikation und Reaktionsbildung bilden den typischen Prozess im Werden des Mannes: »So will ich nicht werden. Ich sage Nein zu meinem weichlichen, schwächlichen, chauvinistischen, kraftlosen, aber gewaltvollen Vater, weil ich unter ihm leide.« Im Endeffekt wiederholt sich die typische Charakterbildung des Mannes. Der Sohn wird wiederum gewalttätig. Es gelingt ihm nicht, aus dem alten patriarchalischen Kampf auszusteigen.

Damit dieses gelingen kann, können wir lernen, allmählich kooperativ und gewaltloser mit den Söhnen umzugehen. Und wir müssen sie mit vielen Männern zusammenbringen, die bereits gelernt haben, kooperativ und gewaltlos zu sein.

Wollen Männer nur das eine: Macht?

Es ist unbestreitbar, dass Macht gleich verteilt werden muss, solange Frauen und Männer im Patriarchat so erzogen werden wie bisher; solange heranwachsende Männer mit charakteristischen Ohnmachtsgefühlen zu tun haben, die sie verdrängen, indem sie Macht ansammeln.

Deshalb will ich hier die komplementären Phänomene Macht und Liebe definieren: Macht ist unsere Möglichkeit und Fähigkeit, andere Menschen dazu zu veranlassen, nach unseren Werten zu streben, diese anzuerkennen und zu verwirklichen. Liebe ist unsere Möglichkeit und Fähigkeit, andere Menschen dabei zu unterstützen, ihre eigenen Werte zu verwirklichen, gegebenenfalls auch unabhängig von unseren.

Macht und Liebe ergänzen einander. Beide psychosozialen Bereitschaften und Einflussmöglichkeiten werden in unserer Gesellschaft benötigt. Im Patriarchat haben vor allem Männer Macht. Frauen erledigen die Liebesarbeit.

Männer missbrauchen die Macht oft. Sie bauen vor allem mit Hilfe patriarchalischer Institutionen Herrschaft auf. Sie konzentrieren Macht und Herrschaft und festigen sie mit Hierarchien.

Bisher gibt es im Patriarchat nicht viele starke, selbstständige und erwachsene Männer. Institutionalisierte Machtausübung ist eine Kinderkrankheit der noch nicht genügend entwickelten Menschheit, und sie ist nicht eingedämmt, weil das Patriarchat die Erziehung und die Kinder vernachlässigt.

Frauen reduzieren oft ihre politischen Aktivitäten auf Appelle an andere Frauen und auf Versuche, Männern möglichst viel Macht abzunehmen, um sich irgendwann einmal paritätisch an deren Ausübung beteiligen zu können. Diese

Reduzierung der politischen Aktivitäten der Frauen ist fatal, weil mächtige Frauen fast ebenso stark zu Machtmissbrauch neigen wie Männer. Macht korrumpiert, Männer wie Frauen, solange durch kindliche Ohnmacht die grundlegende Lebensstimmung der Heranwachsenden im Patriarchat organisiert wird. Wäre Machtansammlung das höchste Ziel im Geschlechterkampf, dann wären die meisten Männer auf dem rechten Weg. Sie wären »erfolgreicher«, Frauen gegenüber »siegreich«. Männer hätten die unvermeidbare Konsequenz gezogen, aus der Grundbefindlichkeit »Ohnmacht« zu entkommen.

Machtansammlung ist der Ausweg der Ohnmächtigen. Wir streben deshalb die Aufhebung der Arbeitsteilung »Macht bei Männern – Liebesfähigkeit bei Frauen« an. Wenn Frauen mehr Macht ansammeln, müssen Männer mehr Liebesfähigkeit erwerben, um eine gerechte soziale Aufgabenteilung zwischen den Geschlechtern zu schaffen. Die feministische Zielrichtung »Frauen an die Macht« bedürfte, um auf Dauer humane Entwicklungen zu bewirken, der männlichen Ergänzung »Männer an die Liebesfähigkeit«. Letzteres wird von vielen Männern mit Abscheu zurückgewiesen.

Machtorientierte Männer kritisieren häufig unsere Männerarbeit, behaupten, sie wäre nicht politisch. Wir antworten, dass im Gegenteil ihre Arbeit nicht privat ist, da sie an sich persönlich nichts verändern wollen. Die Gesellschaft verändern wollen, ohne dem einzelnen Menschen die Möglichkeit persönlicher Entwicklung zu geben, heißt, Macht ausüben wollen auf Kosten der Ohnmächtigeren und Schwächeren.

In Parteien, Gewerkschaften, Regierungen und in allen anderen Gruppen, in denen Männer und Frauen zusammenarbeiten, muss Macht gleich verteilt werden, solange Menschen die Erziehung der Heranwachsenden autoritär und verwöhnend organisieren.

Liebesfähigkeit sollte auch gleich verteilt werden. Vor Machtmissbrauch, Ausübung von Herrschaft und Unterdrückung anderer Menschen sind wir allein durch Machtquotierungen nicht sicher. Organisierte Frauen, die Macht ausüben, sind ebenfalls in Gefahr, diese zu missbrauchen, wenn sie mit Männern auf der Basis der formalen Teilung der Macht zusammenarbeiten. Sie werden sich dem Stil und den Gefühlen der Männer anpassen, das heißt, ihre Liebesfähigkeit vernachlässigen. Ein Indiz dafür ist, dass Frauen sich, wie Männer auf entsprechenden Posten, überarbeiten. Sie sind nicht von Natur aus vernünftiger oder humaner als Männer. Es geht also nicht nur um eine »gerechte« Aufteilung der Macht. Wir müssen an den subjektiven Faktoren, den Persönlichkeitsanteilen arbeiten, die Männer wie Frauen zu Machtmissbrauch verleiten: Minderwertigkeitsgefühl, Eifersucht, Neid, Herrschsucht und Sadismus. Wir Männerforscher weisen auf die Möglichkeit des Aufbaus von Liebesfähigkeit vor allem bei Männern hin: Je liebesfähiger ein Mensch ist, desto weniger auf Macht versessen ist er.

Noch ein Wort zur Polarität von Macht und Liebe: Liebe als Möglichkeit und Kraft, anderen dabei zu helfen, ihre Werte zu verwirklichen, setzt stets die Kraft voraus, die eigenen Werte von Leben, Freiheit, Frieden und Entwicklung nicht zu vernachlässigen. Liebe ist unteilbar, Selbstliebe gehört unabdingbar dazu. Wer andere unterstützen will und sich selbst dabei verleugnet oder schädigen lässt, ist Masochist, selbstzerstörerisch, kein liebender Mensch.

Machtausübung als Möglichkeit und Kraft, anderen die eigenen Werte aufzunötigen oder aufzuzwingen, durch Kraft, Autorität oder Gewalt, ist nicht immer destruktiv, asozial oder lieblos. Wenn andere Menschen Werte anstreben, die Leben, Freiheit, Frieden und Entwicklung der Gemeinschaft bedrohen, sollte man sich verteidigen. Dann ist Machtausübung berechtigte Gegenwehr, also Notwehr.

Wehre ich mich stärker beziehungsweise länger, als zu meiner Verteidigung nötig ist, dann übe ich Rache, nicht Liebe.

Um von Fall zu Fall entscheiden zu können, was Machtausübung und was Liebe ist, muss ich konkret fragen: Welche Werte streben wir an? Welche Werte streben die anderen an? Welche Werte stehen für Leben, Freiheit, Frieden und Weiterentwicklung in der Gemeinschaft? Welche stehen diesen entgegen?

Für den Machtmenschen, den »nur« politischen Menschen, im Patriarchat überwiegend den Mann, ist es oft der größte Wert, anderen seine Werte aufzuzwingen. Er vernachlässigt weibliche Werte. Für den liebenden Menschen, den »nur« privaten Menschen, im Patriarchat überwiegend die Frau, ist es oft der größte Wert, anderen zu helfen. Leider vernachlässigt die Frau dabei oft den Wert der Selbstliebe.

Deshalb bleibt es im Patriarchat unerlässlich, nach weiblichen Werten zu suchen und zu streben, während viele männliche Werte der Umwertung bedürfen (vgl. Hülsemann/Wieck »Die geheimen Verbote«, Kapitel 4 und 5). Erst die Auffindung und Erhaltung weiblicher Werte durch Männer und männlicher Werte durch Frauen lässt die Polarität von Macht und Liebe in einem lebens- und gemeinschaftsfreundlichen Zusammenhang wachsen.

Berti: »Missbrauch und Maulkorb – Erlebnisse eines Sohnes aus gutem Hause«

Ich hatte mir in der Männergruppe jahrelang meine Situation unbewusst so eingerichtet, dass sie zu meinen Kindheitsgefühlen passte: Ich fühlte mich ungeliebt und unverstanden, glaubte, an Konflikten immer allein schuldig zu sein. Das Ergebnis war, dass ich die anderen Männer aus der Distanz erlebte, sie misstrauisch beäugte und dafür sorgte, dass sie mir auch nicht zu nahe kamen. ... Ich erlebte die anderen Menschen so, wie ich es bei meiner Mutter gelernt hatte: Ich musste mich bei ihr anstrengen, etwas für sie tun ..., um von ihr nicht weggeschickt zu werden!

Ich meinte, mich in der Männergruppe ebenso »angepasst« verhalten zu müssen, und verharrte in dem Trotz, genau dies nicht zu wollen: Ich wollte ICH sein, wusste aber nicht, wer ich bin. Ich war zugeschüttet mit den alten »Wegweisern«, die meiner Mutter wohl nützlich waren oder schienen, die aber alle von mir wegführten. Ich hatte keine Selbstachtung und konnte deshalb auch keinen Respekt von anderen Menschen erwarten oder einfordern, wenn sie mit mir respektlos umgingen.

In gewisser Weise trachteten mir meine Eltern, schon bevor ich geboren wurde, nach dem Leben, und sie ließen mir in meiner Kindheit und Jugend keinen Raum für meine eigene Wahrheit und meinen eigenen Willen. Ich habe dieses Leitmotiv meines Lebens dann über Jahrzehnte mit Selbsttötungsphantasien und einigen mehr oder weniger ernsthaften Suizidversuchen fortgelebt.

Diesen andressierten zerstörerischen Selbsthass zu erkennen und schrittweise durch Eigenliebe zu ersetzen, ist meine wichtigste Leistung in der Männergruppe. Und insofern war die Unterstützung, die ich dabei von den Männern erhielt, lebensrettend!

Ich möchte den Versuch machen, anhand der Schilderung einiger Kindheitserlebnisse und des Klimas in meiner Familie die unheilvolle Verquickung von emotionaler und sexueller Ausbeutung mit häuslicher Gewalt aufzuzeigen. ... Grundlage sind natürlich meine Erinnerungen. Ich besitze außerdem einige Seiten vom Tagebuch meiner Mutter, die die Zeit vor meiner Geburt beschreiben. Nach ihrem Tod habe ich noch Briefe meines Vaters an sie geerbt, in denen er auf 175 Seiten die vierzigjährige Liebesgeschichte meiner Eltern nacherzählt. *Viele für mich sehr schmerzliche Ereignisse wurden mir auch immer wieder berichtet. Diese Berichte waren für mein Erleben sehr problematisch, weil sie einerseits nur die Perspektive meiner Eltern beinhalteten und andererseits in sehr unernster Manier ausgedrückt wurden. Sie ignorierten nicht nur mein Leid, sondern machten mein Elend lächerlich. Die Quälereien, die meine Eltern an mir verbrochen hatten, wurden in Notwehrhandlungen umgewertet. Ich wurde zum Täter gemacht, der sie »zwang«, mit mir so hart umzugehen. ... Diesen Standpunkt meiner Eltern hatte ich weit gehend verinnerlicht ...*

Meine Mutter wurde 1923 geboren. Sie bekam mit vier Jahren so schwer Kinderlähmung, dass sie nicht mehr laufen konnte und hat ihre halbe Schulzeit im Krankenhaus verbracht. Es wurden ihr im rechten Bein mit dreizehn Operationen Muskeln und Sehnen so eingepflanzt, dass sie den Rest ihres Lebens notdürftig gehen konnte. Sie hat neben ihrer Lehre die Abendschule besucht und im Krieg den Abschluss als Chemotechnikerin gemacht. Diese große Energieleistung war sicher auch durch die Lebensgefahr motiviert, welche die Euthanasie-Politik für Behinderte bedeutete. Meine Mutter wollte leben und wollte auch aus den ärmlichen Verhältnissen heraus, in die sie hineingeboren worden war. Sie hat nach dem Krieg an der PH studiert, wurde Berufsschullehrerin und studierte noch an der Universität weiter, musste aber ihre Hoffnung, einen akademischen Grad zu erreichen, aus gesundheitlichen Gründen aufgeben. Über ihre Krankheit hat sie nie richtig gesprochen. Wenn ich sie fragte, wie es ihr ginge, antwortete sie meist »Beschissen wäre geprahlt«, und wechselte damit das Thema. Sie wehrte damit meine Versuche, mich einzufühlen, ab, warf mich mit meinen Sorgen um sie auf mich selbst zurück und vermittelte mir, dass sie mein Mitgefühl nicht wollte, was für mich sehr schmerzlich war. Sie hatte zu ihrer Krankheit ein ambi-

valentes Verhältnis: Einerseits bemühte sie sich, ihre Behinderung zu verstecken und vor anderen unsichtbar zu machen, obwohl die Einschränkungen offensichtlich waren, andererseits schimpfte sie auf die Umstände, die ihren Aktionsradius einschränkten, und wütete gegen alle Menschen, weil sie sich zu wenig unterstützt fühlte. Der Beruf und die Arbeit waren die Bereiche, in denen sie sich Anerkennung erwarb, indem sie mit den Gesunden konkurrierte und besser sein wollte. ... In Konflikten und schon bei leiser Kritik hat sie ihr ganzes Renommee, ihre ganze Person in Frage gestellt gesehen und ihre Kontrahenten gnadenlos bekämpft. ... Sie duldete in ihrer Umgebung nur Menschen, die sich gegen ihre Aggressionen nicht wehrten und ihre sadistischen Ausbrüche widerspruchslos ertrugen. An diesen hilfsbereiten und wohlwollenden Unterstützern hat sie aber immer wieder etwas auszusetzen gehabt. ... Es gab nur einen Menschen, an dem sie nichts auszusetzen hatte, meinen Vater. Er war die Lichtgestalt in ihrem Leben. Ihn erlebte sie so unrealistisch überhöht, wie sie alle anderen Menschen abwertete. Er war zweiundzwanzig Jahre älter und hatte sich den Männermangel während des Krieges zunutze gemacht, indem er mit möglichst vielen Frauen sexuelle Beziehungen einging. Meine Mutter setzte all ihren Ehrgeiz darein, in seinem Harem die wichtigste Rolle zu spielen. Mein Vater war verheiratet und gab diese Ehe nie auf. Sie musste ihn immer mit vielen anderen Frauen teilen. Aber sie wollte diese Beziehung um jeden Preis und war bis zu seinem Tode seine wichtigste Liebhaberin und Geliebte. Von Anfang an war Geheimhaltung ein wichtiger Bestandteil ihrer symbiotischen Beziehung. ... Nach Kriegsende bis 1952 betrieb er mit ihr ein Labor in seinem Wohnhaus, wo meine Mutter meist auch übernachtete, weil es außerhalb von Berlin lag. Meine ersten vier Lebensjahre lebte ich dadurch mit meinem Vater, seiner Ehefrau und meiner Mutter meist unter einem

Dach in dieser Wohn-, Arbeits- und Sexualgemeinschaft. Als wir Westberliner nicht mehr in die DDR durften, besuchte er sie an drei Nachmittagen unter der Woche, und nach dem Bau der Mauer fuhr sie einmal wöchentlich zu ihm nach Ostberlin. Er schrieb ihr täglich einen Brief, den er beim Brötchenholen einsteckte, damit seine Ehefrau es nicht merkte.

Mein Vater hatte keine Kinder und wollte auch keine. Meine Mutter wollte ein Kind von diesem Mann, wie sie mir später oft sagte, um seine Gene zu verewigen. Ich vermute, dass sie mit einem Kind die Beziehung zu ihm stabilisieren wollte, weil klar war, er würde sich nicht scheiden lassen. Sie hat mir immer wieder gesagt, ich sei ein Wunschkind. Ihre Wünsche scheinen mir aber weniger mit meiner gedeihlichen Entwicklung zu tun gehabt zu haben als mit ihrem Lebensplan, der stets einerseits auf Karriere und gesellschaftliches Ansehen und andererseits auf die möglichst enge Beziehung zu meinem Vater ausgerichtet war. Nachdem sie beschlossen hatte, mich auszutragen, nahm sie nur wenig Rücksicht auf mich. Sie arbeitete zum Beispiel in Vaters Labor ohne Abzug mit großen Mengen hochgiftiger Blausäureverbindungen. Selbst nachdem sie Vergiftungssymptome hatte, gab sie seinem Druck nach und setzte diese gefährlichen Arbeiten während der Schwangerschaft fort. Die Sexualität mit ihm war ihr so wichtig, dass sie, bevor sie zur Entbindung ins Krankenhaus fuhr, mit ihm noch schlief. ... Ich kam mit einer Gelbsucht zur Welt, weil ich einen anderen Rhesusfaktor hatte als meine Mutter. Überhaupt war ich oft in meinem ersten Lebensjahr krank. Einmal holte mich mein Vater im Krankenhaus ab, steckte mich in einen Rucksack, ließ meinen Kopf herausgucken und fuhr so zum Entsetzen der Krankenschwestern mit mir auf dem Fahrrad nach Hause.

Damit ich mit meinem Schreien als Säugling nicht beim Arbeiten störte, wurde mein Bett in ein leeres Zimmer geschoben, wo mich keiner zu hören »brauchte«. Später wurde ich im Laufgitter aufbewahrt. Ich soll glücklich gewesen sein, wenn jemand vorbeikam und mir eine trockene Schrippe gab oder Vaters Dackel zur Gesellschaft hinein gesetzt wurde.

Sobald es möglich war, wurde ich in die Kinderkrippe abgeschoben. Damit begann das erste Drama, an das ich mich erinnern kann. Ich wollte nicht dort bleiben und habe meiner Mutter immer wieder nachgeweint, wenn sie ging. Sie ließ sich nicht erweichen, mich wieder mitzunehmen. Denn sie wollte arbeiten und mich tagsüber nicht bei sich haben. Ich bin im Kindergarten nie glücklich gewesen. Später habe ich bei Auseinandersetzungen andere Kinder gebissen. Meine Eltern haben mit »Gut-Zureden und mit Schlägen« mir das Beißen abzugewöhnen versucht. Darauf habe ich angeblich nicht »gehört«. Und die Leitung des Kindergartens wollte mich rauswerfen. Das hätte meine Mutter vor große Probleme gestellt. In dieser Situation kam sie oder mein Vater auf eine üble Idee. Sie besorgte sich den ledernen Maulkorb eines Schäferhundes, desinfizierte ihn und schnallte ihn mir um. So schleppte sie mich in den Kindergarten. Ich erinnere mich noch, wie ich weinend von ihr durch die Straßen gezerrt wurde und sie sich nicht erweichen ließ, ihn mir wieder abzunehmen. Das war entwürdigend. Ich habe mich damals sehr gedemütigt gefühlt und öffentlich vorgeführt. Ich war zum Sündenbock gemacht worden. Denn ich war nicht das einzige Kind, das biss. Die Tanten im Kindergarten legten den Maulkorb sichtbar auf einen Schrank und freuten sich über den bleibenden Eindruck, den das Exempel an mir bei allen hinterließ. Ich war damals noch keine vier Jahre alt.

Den Satz: »Sie besorgte sich den ledernen Maulkorb eines Schäferhundes, desinfizierte ihn und schnallte ihn mir um«, habe ich so aufgeschrieben, weil er dem entspricht, was meine Mutter oft anderen Menschen in meiner Gegenwart davon erzählte. Beim Durchlesen stutzte ich bei dem Einschub »desinfizierte ihn« und wollte ihn schon streichen. Inzwischen macht mich dieser Hinweis von ihr unheimlich sauer, weil sie damit suggerierte, sie hätte sich große Mühe gegeben, mich vor Bakterien zu schützen, und so tat, als wäre sie pfleglich mit mir umgegangen, während sie meine Kinderseele sadistisch demolierte und meinen Willen brach. Als wenn ich ihr auch noch dankbar sein müsste, was sie mir Gutes tat, dabei hat sie äußerst rücksichtslos nur ihre Interessen durchgesetzt. Diese Verdrehung war heimtückisch und wirkte lange nach. Ich fürchte, dass sich in meinem Erleben noch mehr solche Verdrehungen eingeschlichen haben, die mir bisher noch nicht deutlich geworden sind.

Spätestens diese Maulkorb-Erfahrung bewirkte bei mir, dass ich mich nicht mehr offen gegen meine Mutter aufzulehnen wagte und dass ich in Auseinandersetzungen immer bald verstummte. Ich habe meine Bedürfnisse in engen, ungefährlichen Grenzen gehalten und meine verbleibenden Aggressionen gegen mich selbst gerichtet oder nur verdeckt zeigen können. Ich lernte, nur Wünsche zu äußern, von denen ich annehmen konnte, dass Mutter sie mir auch erfüllen würde. Ich fand mich damit ab, härter bestraft, beschämt und bloßgestellt zu werden als andere, die die gleichen Regeln übertraten. Mir war nur noch passiver Widerstand möglich und der auch nur halbherzig, da sie mir mit dem Hinweis auf ihre Krankheit immer wieder Rücksicht abverlangte und Schuldgefühle machte.

Als wir nicht mehr bei meinem Vater wohnen durften, war ich viel mit meiner Oma zusammen. Sie war eine liebe Frau, die nicht viel von der Welt verstand. Meine Mutter blickte auf sie herunter und schimpfte auf ihre Heimlichkeiten. Denn Oma war ihr in offenen Auseinandersetzungen nicht gewachsen. Wenn mein Vater zu Besuch kam, wurde ich zu ihr geschickt. Oma hat mir viel von der Liebe und Zuwendung gegeben, die mir bei meiner Mutter so fehlte. Allerdings hatte sie auch große Angst vor meiner Mutter. Wenn ich mich einmal bei ihr über meine Mutter beschweren wollte in meiner Wut, dann erzählte sie mir öfter die Geschichte, dass Kindern, die die Hand gegen ihre Eltern erheben, diese Hand aus dem Grabe wachsen würde. Ich glaubte ihr diese Horrorstory. Ich habe dann auf dem Friedhof oft nach solchen Händen Ausschau gehalten. Ich dachte damals, ich wäre das einzige Kind mit Aggressionen gegen die Eltern. Darüber hinaus habe ich mir diese Hände nie als Faust vorstellen können, eher als offene, gleichsam bittende Hände.

Nach der Grundschulzeit erhöhten sich die Spannungen zwischen Mutter und mir. Ich erinnere mich an viele ihrer Wutausbrüche, die ich nur schweigend aussitzen konnte, um Schlimmeres zu vermeiden. Sie schien mir unberechenbar. Ich sehe heute, dass ich für viel Stress, den sie sich beruflich und anderswo einrichtete, als Blitzableiter herhalten musste. Ich habe in dieser Zeit oft Magenbeschwerden gehabt und wurde auch mit Medikamenten behandelt. Meine Hilflosigkeit, Einsamkeit und die Abhängigkeit von meiner Mutter in meiner Kindheit hängt auch damit zusammen, wie hermetisch sie mich von wichtigen Informationen abgeschnitten hat. Dass mein Vater mein Vater ist, habe ich erfahren, als ich etwa zehn Jahre alt war. Da hat er die Vaterschaft offiziell anerkannt. Bis dahin war er für mich Onkel Echi. Ich habe ihn zwar oft gesehen, war aber weit gehend ausgeschlossen von dem, was zwischen meinen Eltern passierte oder besprochen wurde. Es war mir bis dahin nicht einmal klar, dass ich aus biologischen Gründen einen Vater haben müsste. ... Die Ahnung, dass ich wichtige Zusammenhänge nicht kenne, ist wahrscheinlich ein wichtiger Grund, warum ich mich in Gemeinschaften immer isoliert, unsicher und ausgeschlossen fühlte. Ich traute mich nicht zu sprechen, weil ich mich damit bloßgestellt, meine Unwissenheit offen gelegt und mich dem Gelächter über meine Dummheit preisgegeben hätte. Damit schloss sich der Teufelskreis. Ich hing vollständig von meiner Mutter als Informationsquelle ab und war dadurch all ihren Manipulationen ohne Alternative ausgeliefert. Ich traute meiner eigenen Beurteilung von Zusammenhängen nicht, hatte das Gefühl, nichts sei sicher so, wie es aussah, vermutete immer einen doppelten Boden, der an Informationen geknüpft war, die ich nicht hatte.

Als der Schulwechsel aufs Gymnasium anstand, konfrontierte sie mich mit dem Vorschlag, in Berlin aufs Internat zu gehen. Angesichts des eskalierenden häuslichen Drucks schien es mir das kleinere Übel, und ich war einverstanden. Dort bekam ich großes Heimweh und wollte nach Hause. Ich habe ihr stundenlang am Telefon mein Leid geklagt und geweint. Nach den Heimfahrt-Wochenenden wollte ich nicht losfahren und habe ebenfalls viel geweint. Sie war aber nicht zu erweichen, hat mich immer wieder losgeschickt und mir monatelang mein Unglück ausgeredet: »Reiß dich zusammen. Es ist doch schön dort. Du hast es doch selbst gewollt.« Ich habe danach Jahrzehnte gar nicht weinen können, und es ist mir auch jetzt nur selten möglich.

Das häusliche Klima meiner Kindheit war von extremen Stimmungsschwankungen geprägt. In Gesellschaft war meine Mutter aktiv, sprühend und euphorisch, bemüht, keine Schwäche zu zeigen. Sie war stark und durchsetzungsfähig und immer bemüht, die Führung zu übernehmen. Sie unterhielt große Runden und behielt im Streit häufig die Oberhand. Wenn sie allein war, klappte sie zusammen, war ausgelaugt und depressiv. Ich durfte sie dann nicht stören, wenn ich keinen Wutausbruch provozieren wollte. Am besten war es, ihr aus dem Weg zu gehen und mich in meinem Zimmer still zu verhalten.

Daneben hatte meine Mutter auch eine andere, scheinbar

weiche Seite. Ich hielt es lange für Liebe. Sie hat sehr viel mit mir geschmust. Schon als Kleinkind war ich oft in ihrem Bett. Sie erzählte mir, sie hätte morgens früh oft mit mir sehr intensiv geschmust, als ich noch ganz klein war. Mit dem Aufstehen war diese enge Beziehung zwischen uns schlagartig verändert. Ich wurde nur noch versorgt, mit Essen und Trinken, und mit meinen Zuwendungsbedürfnissen eher abgewiesen, wenn nicht gar lächerlich gemacht. Wir behielten dieses Schmuseritual bei, bis ich 21 Jahre alt war. Meistens sonntagmorgens, wenn ich erwachte und Mutter noch nicht aufgestanden war, besuchte ich sie in ihrem Bett. Das war bei ihr unter dem Federbett immer angenehm warm. Ich erinnere mich auch an angenehme, friedliche Gemeinsamkeit. Wenn es zu warm wurde, riet sie mir, ein Bein rauszustrekken, das täte mein Vater in diesem Fall auch immer. Sie war meist unbekleidet, und ich spielte oft die Rolle des Säuglings, der gestillt wurde. Das machte uns beiden Spaß. Wir hatten damit beide ein Geheimnis. ...

Wenn Mutter nach dem Waschen aus dem Bad kam, lief sie regelmäßig nackt durch die ganze Wohnung bis in ihr Schlafzimmer. Wenn ich in der Badewanne saß und sie musste auf die Toilette, war das kein Hinderungsgrund. Es gab da keine Schamgrenze. Und sie verrichtete unbefangen ihr Geschäft. Dass sie in der Badewanne saß, hinderte mich auch nicht an intimen Verrichtungen. Und häufig bin ich dann zu ihr in die Badewanne gestiegen. Es war darin sehr eng für zwei. Und als ich älter wurde, mussten wir uns geschickt sortieren, um einigermaßen Platz zu finden.

Es waren viele erotisch aufgeladene Situationen, die aber unausgesprochen blieben. Diese Stimmung hat mich fasziniert und angezogen, und unbewusst ahnte ich, dass sie nur so lange möglich waren, wie wir sie nicht zum Thema machten.

Bis ich Abitur machte, hatten unsere erotischen Intimitäten immer noch einen scheinbar unschuldigen Charakter *von normalen Mutter-Sohn-Zärtlichkeiten. Ich hatte bis dahin schon mehrere Freundinnen gehabt. Mit ihnen waren die Zärtlichkeiten aber kaum über Zungenküsse hinausgegangen. Als ich dann wieder ganz zu Hause wohnte, wurden die Berührungen mit meiner Mutter offensichtlich sexuell. Ich spürte deutlich ihre sexuelle Erregung und entwickelte Ehrgeiz, sie so zu stimulieren, dass sie sich immer später dagegen abgrenzte. Ich wollte sie durch Streicheln zum Orgasmus bringen. Eines Abends lag sie scheinbar schlafend beim Fernsehen auf dem Sofa. Sie hatte offensichtlich keinen Slip an. Das provozierte mich so stark, dass ich mich nach einigem Zögern auf sie legte und in sie eindrang. Sie reagierte nicht und tat so, als wäre sie unbeteiligt. Sie reagierte erst später und dann indirekt. Sie schloss ihr Zimmer nachts ab und wollte, dass ich ausziehe. Wir haben nie richtig darüber gesprochen. Sie machte nur Jahre später einmal die Bemerkung, ich müsse doch sehr glücklich sein damit, dass ich bekommen hätte, wovon alle Männer träumen: mit ihrer Mutter zu schlafen. Ich war damals so überrumpelt, dass ich nicht darauf antworten konnte. Erst Jahre nach ihrem Tode habe ich in meiner Männergruppe angefangen, über meine Gefühle bei diesem Koitus zu sprechen. Es war für mich sehr überraschend, dass Wilfried von sexuellem Missbrauch sprach und einer langen Vorgeschichte, die von Gewalt und Ausbeutung gekennzeichnet sei. Ich hatte bis dahin starke Schuldgefühle und die Angst, allein für diese Entwicklung verantwortlich gewesen zu sein. ... Es ist für mich immer wieder schmerzlich, mich damit auseinander zu setzen. Ich habe große Widerstände, meine Kindheit realistischer zu sehen und meine Erinnerungen neu zu bewerten. Es ist, als wenn ich immer wieder Binden von meinen Augen abwikkele und dennoch wie durch Milchglas gucke.*

Ich habe mit meiner Mutter in einer für mich als Kind unerträglichen Distanz gelebt. Um leben zu können, hätte ich aber ihre Nähe gebraucht. Bei meinen Versuchen, diese Distanz zu verringern, musste ich all die vorher erlittenen Zurücksetzungen und Verletzungen verdrängen. Bei meinen Annäherungen musste ich auch ihre Abwehr ignorieren oder umgehen. In meiner Not und Einsamkeit habe ich mich gefühlsmäßig gepanzert und wie im Kriege taktieren und strategisch vorgehen müssen. Voraussetzung war, dass sie weder mit Arbeit noch mit anderen Menschen beschäftigt war. Sie durfte auch nicht sehr erholungsbedürftig sein. Am besten waren die Zeitpunkte, wenn sie gerade ausgeschlafen hatte, sowohl morgens als auch nach dem Mittagsschlaf, nicht zu starke Schmerzen hatte und weder für die Schule noch sonst dringende Aufgaben zu erledigen hatte. In diesen Momenten war es möglich, ihr wenigstens körperlich näher zu kommen. Um diese Momente auszudehnen, musste ich sehr darauf achten, dass sie sich wohl fühlte, und durfte mein eigenes Unwohlsein nicht wahrnehmen. Wenn ich zu spontan war und mein Bedürfnis zu deutlich und ungebärdig zeigte, wurde sie leicht unwillig und ärgerlich, dann war die Chance, bei ihr zu sein, vertan. Sie hat mich auch oft herangezogen. Um diese Augenblicke nicht zu verpassen, musste ich auch all meine störenden Befindlichkeiten vergessen. Heute denke ich, dass dabei selten Nähe entstand. Es fehlte die Zartheit einer langsamen Annäherung, und es ging vorwiegend um die Linderung des vorherrschenden gefühlsmäßigen Mangels. Ich war dabei angespannt, wie wenn ich über dünnes Eis ginge, und ständig in Gefahr einzubrechen. Unter dieser Eisschicht lauerten all die Unzufriedenheiten, wie Einsamkeit, Schwäche, Aggression, Trauer, erlittene Gewalt und Schmerz. Jeden Augenblick konnte davon etwas an die Oberfläche dringen und musste mit hektischer Aktivität verdrängt werden.

Der tatsächlich vollzogene Koitus mit meiner Mutter ist für mich der Schlüssel, um das Erleben meiner Kindheit zu überprüfen. Der Inzest war die eindeutige Grenzüberschrei-

tung, die sie nicht durch beschönigende Sprüche relativieren konnte. Die Verantwortung dafür liegt eindeutig bei ihr, auch wenn ich aktiv war. Ich war das aktive Opfer. Sie war die Täterin, die mich durch jahrzehntelange brutale Dressur und unernste Verdrehung der Wirklichkeitswahrnehmung manipuliert hatte. Sie hatte mich in Einsamkeit gepresst, mir gefühlsmäßige Zuwendung verweigert und meinen emotionalen Mangel benutzt, um mich zur Befriedigung ihrer erotischen Bedürfnisse zu erziehen.

Die Folgen ihrer Quälereien prägten mein ganzes bisheriges Leben. Ich konnte nie glücklich und zufrieden sein, weil ich immer erwartete: Gleich gibt es wieder Ohrfeigen. Bei allen Menschen und besonders, wenn sie mir näher standen, rechnete ich mit dem unvermittelten Gefühlsumschwung, den ich von meiner Mutter nur zu gut kannte. Ich war dadurch ständig auf der Hut und allen Menschen gegenüber misstrauisch. Die Gesellschaft von Freunden bereitete mir Unruhe aus dem Gefühl heraus, sie blieben nur, solange ich für sie da bin und meine eigenen Bedürfnisse ignoriere. Mir Hilfe zu holen, war so lange unmöglich, wie ich es auch alleine schaffen könnte. Und erst in unerträglicher Not konnte ich mich an andere um Unterstützung wenden, und dann auch schon in aggressiver Stimmung, weil ich Ablehnung und Demütigungen befürchtete. Ich war dadurch oft in depressiver Stimmung und sah immer wieder Selbstmord als einzigen Ausweg aus meinem verpfuschten Leben.

Es ist für mich erschreckend festzustellen, wie stark diese alte Dressur nachwirkt, wie stark ich die Wahrheitsverdrehung verinnerlicht habe, wie haltbar das Verbot von Gefühlen wie Wut und Trauer nachwirkt, wie stark mich die Zensur in meinem Kopf noch hindert, meine Wahrheit zu erleben und auszudrücken. Ich identifiziere mich noch sehr stark mit meiner aggressiven Mutter und ihrer brutalen Darstellung meiner Kindheiterlebnisse. Es ist ein langer *schmerzlicher Prozess, mir die abgespaltenen Gefühle und Wahrnehmungen zurückzuerobern. Und ich stecke noch mitten in dieser Arbeit …*

Unüberwindlich? Der Einfluss der Eltern

Die Kindheit prägt unser Leben. Eltern und Bezugspersonen können uns fast alles geben und uns ebenso zerstören. Wir wollen uns hier nicht mit anklagendem Zeigefinger auf die Erziehergeneration stürzen. Das mündet nur in Fatalismus und Resignation. Doch das befreit uns nicht von der Reise in die Kindheit. Erst das Bewusstmachen des Unbewussten, das Erinnern an unangenehme und deshalb verdrängte Kindheitserlebnisse erklärt Reaktionen und Gefühle, die aus heutiger Sicht unverständlich und absurd erscheinen. Dem Betroffenen sind meist nicht einmal seine heutigen Verhaltensweisen bewusst. Die Männergruppe bildet den Spiegel, der ihm zeigt, wer er ist. Und sie bietet den Übungsraum, neue Verhaltensweisen auszuprobieren.

Eine wesentliche Grundlage unserer Männergruppenarbeit ist die Psychoanalyse. Trotz meiner Kritik an gewissen chauvinistischen Auffassungen Sigmund Freuds habe ich mich in der Tradition der Psychoanalyse angesiedelt. Gewisse psychoanalytische Grundbegriffe sind mir unerlässlich, zum Beispiel das Unbewusste.

Die psychophobischen Männerbezichtigerinnen Schlaffer und Benard zum Beispiel behaupten, nicht die Erziehung, sondern der *bewusste* Plan, die Frau auszubeuten und klein zu machen, bestimme den Lebensstil des derzeitigen patriarchalischen Mannes. Das ist eine männerfeindliche kindische, sexistisch motivierte Theorie.

Die meisten Gefühle, Stimmungen, Gedanken, Haltungen und Werte sind uns Männern unbewusst. Weil sie unbewusst sind, wissen wir nichts und auch nicht, wie wir auf andere Menschen wirken. Wir müssen uns in der Männergruppe gegenseitig darauf aufmerksam machen. Mindestens neun Zehntel davon – darin hatte Freud Recht – sind uns unbewusst.

Ohne die Analyse des Widerstandes und der Übertragung kommen wir ebenfalls nicht aus. In der Männergruppe sind die verschiedensten Übertragungen und Projektionen wirksam. Jemand erlebt während des Gruppengeschehens in dem anderen Mann seinen Vater, Bruder, seine Mutter, Schwester und so weiter. Oder wir ziehen uns auf den Intellekt zurück (Rationalisierung) und proben viele weitere Mechanismen, um verdrängte Angst und schmerzverursachende Erinnerungen gedanklicher oder emotionaler Beschaffenheit zu unterdrücken.

Ich habe festgestellt, dass die Theorien der Psychoanalyse Fehler enthalten:

Freud und seine Schüler hatten kein Interesse daran, die Unterschiede zwischen Mann und Frau zu berücksichtigen und herauszuarbeiten. Sie taten so, als ob alle Menschen gleich strukturiert sind. Seit es feministische Forschung gibt, kennen wir diesen Fehler der Psychoanalyse.

Ein anderes schweres Handicap für die Männerarbeit ist das Schweigen in der Psychoanalyse. Der Psychoanalytiker pflegt sich in seinen Sessel zu setzen und den Analysanden auf der Couch erzählen zu lassen. Der Analysand soll frei assoziieren, Träume erzählen und so weiter. Der Analytiker hält sich sehr zurück, sagt fast gar nichts. Ich habe mit vielen Männern gesprochen, die Hunderte von Stunden Analyse hinter sich hatten, und sie gefragt: »Was hast du über dich herausgefunden? Welche Einsichten hast du gewonnen? Wie hast du dich verändert?« Auf diese Fragen bekam ich nur unzulängliche Antworten. Entweder hatte der Analytiker nichts gesagt oder der Analysand hatte es inzwischen vergessen. Die Psychoanalytiker von heute beherzigen offenbar Freuds Regel »Erinnern, Wiederholen, Durcharbeiten« nur noch halbherzig.

Orthodoxie verlangt von Psychoanalytikern, non-direktiv zu sein, nicht eingreifend. Ich halte das in seiner Verallgemeinerung für falsch, weil ich in der Arbeit mit Männern selten non-direktiv sein kann. Ich muss mich klar äußern, auch klar fordern. Darum habe ich beschlossen, die orthodoxe »Bescheidenheit« und vornehme Zurückhaltung aufzugeben und von mir aus die Entwicklung des Gesprächs, der Beziehungen, der Situationen und allen Geschehens in der Gruppe zu steuern beziehungsweise das zu versuchen, wenn es nötig ist.

Wir erforschen die männliche Kindheit nicht so unlebendig und abstinent wie orthodoxe Psychoanalytiker oder Individualpsychologen. Erstere tun dies mit Methoden und Deutungen der freien Assoziation, der Träume, der Übertragungen und der Widerstände. Letztere arbeiten Lebensgeschichten auf, untersuchen Geschwisterkonstellationen, Beziehungen zu Vätern, Müttern und zu anderen bedeutsamen früheren Bezugspersonen und spüren fiktive Lebensziele auf. Psychologen beider Schulen aber beziehen sich selbst in der Regel nicht als Personen in den Verstehensprozess ein.

Wir haben auf unseren Pisselberg-Reisen direktere Zugänge zur Kindheit der Männer gefunden: Wir geben jedem Mann die Gelegenheit, in die Gruppe »hineinzugehen«, sich auf deren Gefühlserlebnisse und -strukturen einzulassen. Dabei erleben wir, dass jeder Mann in dieser für ihn zunächst neuen Situation mit altbewährten Problemlösungs- und Konfliktstrategien versucht, seinen Standort in der Gruppe in dieser Zeit zu finden.

Jeder macht auf diese Weise eine sehr spannende »Reise in

die Kindheit« hinein. Wir erleben jeden in der Auseinandersetzung mit uns so, als ginge er mit seinem Vater, seiner Mutter, seinen Geschwistern oder anderen Bezugspersonen aus seiner Kindheit um. Andererseits entwickelt sich fast jeder Mann, der seine »Reise« antritt, allmählich von der Kindheit in die Gegenwart hinein. Er geht von der kindlichen zur erwachseneren Lösung über. Er wächst langsam in der Arbeit mit den anderen Männern, wird selbstständiger. Beispielsweise dadurch, dass er sich vor seiner Angst nicht drückt, sondern sie annimmt und durcharbeitet. Dass er vor einem Konflikt nicht die Flucht antritt, sondern sich der Auseinandersetzung stellt: in der Männergruppe und in anderen Beziehungen, im Umfeld von Rivalitäten und von Freundschaften. Er setzt sich zu uns, lebt mit uns und spricht jeden Tag über die Gefühle, die er währenddessen entwickelt.

Die Männergruppe hat kaum Vorbilder. Allenfalls aus der feministischen Therapie können wir etwas lernen. Manchmal erfahren wir den gleichen Widerstand wie die Psychoanalyse selbst in ihren Anfängen: »Was? Du machst eine Männergruppe mit? Dann hast du also eine Macke.«

Es ist unsere Aufgabe, diese Pionierarbeit zu leisten, einen neuen Weg zu gehen. Das Patriarchat ignoriert uns. Wir werden uns immer wieder fragen müssen, ob wir das Richtige tun und unsere Prämissen, Heilungsfaktoren und therapeutischen Arrangements neu überdenken.

In Gesprächen, an denen alle am Pisselberg-Aufenthalt beteiligten Männer, soweit sie Lust und Kraft haben, dabei sind, erzählen einzelne von ihrer aktuellen Situation. Um den Zusammenhang zur Entstehungsgeschichte der Gefühle des Mannes zu verstehen, erfragen wir die Kindheit. Spätestens dann, oft aber auch schon von der ersten Stunde in der neuen Umgebung an, werden Kindheitsgefühle wach (Wiederholung). Plötzlich entdeckt der Mann auch die entsprechenden Personen (Übertragung) und entwickelt ihnen gegenüber die gleichen Abwehrmechanismen (Widerstand). Auf einmal scheint alles so, wie es früher war. Der Mann fühlt und reagiert nach seinem unbewussten Lebensplan. Dieser wird ihm nun aber durch das begleitende, deutende und entlastende Gespräch immer verständlicher.

Die »Reise in die Kindheit« wird freilich unseren Lebensplan nicht entscheidend verändern. Die Aufgabe, unseren Lebensplan verstehen zu lernen und zu verändern, ist eine Lebensaufgabe. Dieses Leben ist unsere Aufgabe. Wenn wir uns auf den Weg machen, unseren Lebensplan zu verstehen und unsere Gangart zu ändern, können wir erst Rast machen, wenn unser Leben zu Ende ist. Bis dahin kann Entwicklung stattfinden. Oder eben nicht. Besonders in schwierigen Lebensabschnitten fallen wir zurück: Regressionen sind Wiederholungen kindlicherer, einfacherer, lustvollerer Aufgabenlösungen. Sie sind manchmal kurzfristig wichtig, auf die Dauer sind sie kindisch. Jeder Mann jeden Alters kann sich auf diese »Reise in die Kindheit« begeben und dabei »sehen«, wie er als Kind oder Jugendlicher reagiert hat.

Prinzipiell gelten alle bisherigen Ausführungen gleichermaßen auf Mutter und Vater bezogen. Sie bilden in der Regel die wichtigsten Bezugspersonen für das Kind. Fällt eine Bezugsperson aus – und meist ist es der Vater – verschärft sich das Problem für den Jungen. Die Mutter wird zum einzigen Maß der Dinge. Er hat keine Möglichkeit, sich zu wehren, und keine Chance, alternative Verhaltensmuster zu wählen.

Ich möchte an dieser Stelle vier Männer zu Wort kommen lassen. Ihre Aussagen und Erlebnisse sprechen für sich. Der Leser (und natürlich auch die Leserin) erlebt damit ansatzweise die Situation in der Gruppe: Indem er »hört«, was andere erzählen, regt sich bei ihm vielleicht Betroffenheit, Mitleid, Widerstand oder Ärger. Mitleid für den anderen kann ein versteckter Hinweis darauf sein, dass vielleicht Selbstmitleid und Trauer angebracht wären. Ärger und Wut entstehen aus der Unfähigkeit, den anderen Mann mit seinem Problem anzunehmen. Das ist ein ziemlich sicherer Hinweis darauf, dass man selbst im geschilderten Umfeld unbewusste Altlasten mit sich herumträgt. Die Fragen am Ende des Kapitels können auf der eigenen Reise in die Kindheit weiterhelfen.

Reisen in die Kindheit

Joachim: »Meine Mutter verfolgt mich«

In Pisselberg habe ich vor meinem inneren Auge immer meine Mutter gesehen, die ständig da herumlief. Ich bekam das Gefühl, sie kommt mit einer Hundertschaft Polizei, umstellt Pisselberg und fordert die Herausgabe ihres Sohnes, nämlich mich. In einem Gespräch hatte ich mir einen Versprecher geleistet: »Meine Mutter hat sich in Lust aufgelöst.« Das hatte etwas damit zu tun, dass keine Frauen dabei waren, auf die ich hätte achten können oder aufpassen müssen. Wenn Frauen da waren, dann hatte das bei mir immer eine gewisse Reaktion zur Folge: Einerseits war ich etwas gehemmt. Andererseits musste ich auf bestimmte Frauen sehr achten, mir um diese Sorgen machen und mich um sie bemühen, da ich vor allem mit Frauen aufgewachsen bin. Ich habe mit der ständigen Frage gelebt, wie es denen geht, und habe das in Pisselberg auf der Männerreise wiederholt.

Meine Mutter nun, sehend, dass ich nur unter Männern bin, anstatt für Frauen zu sorgen und zuständig zu sein, will mich da herausholen, quasi mit Polizeigewalt, gegen meinen Willen. Sie tut dies, um zu verhindern, dass ich mit Männern Kontakt habe. Ich soll weiterhin nur für die Frauen zustän-

dig sein. Ich soll mich Männern nicht nähern, wahrscheinlich auch deshalb nicht, weil ich ihnen etwas mitteilen könnte, was meine Mutter geheim halten wollte, was ein Geheimnis zwischen meiner Mutter und mir bleiben sollte.

Carsten: »Wie in der Familie«

In Pisselberg entstehen viele Situationen, die in der Familie auch vorgekommen sind: Man isst zum Beispiel zusammen, man begrüßt sich morgens oder man begrüßt sich nicht. Das setzt man automatisch in Beziehung zu der Familie, was man hier auf der Männerreise erlebt. Man traut sich zum Beispiel nicht, beim Essen etwa zu sagen: »Darf ich die Butter einmal haben?« Genauso wie zu Hause, da musste erst der andere kriegen, der Jüngere, bevor man selber fragen durfte. ... Bei mir ist es so, dass ich in Berlin völlig anders lebe als früher in meiner Familie. Wir waren eine sehr große Familie, und in Pisselberg sind dann wieder ganz viele Menschen da, sitzen mit am Tisch. Da entstehen auch gute Gefühle bei mir. Ich fühle mich immer sehr wohl in einem so großen Zusammenhang, wo ganz viele Menschen sind. Aber daneben erlebe ich auch etwas anderes. Wir haben zu Hause sehr viel gesprochen, aber über bestimmte Dinge nicht. Es gab Tabus, und diese Tabus fallen mir inzwischen sehr stark auf. Ich erinnere mich, wenn hier gesprochen wird, dass darüber zu Hause nicht gesprochen worden ist. Da entsteht bei mir auch eine rückwärts gerichtete Sehnsucht, und ich merke, ich habe früher etwas vermisst, was ich eigentlich gerne haben wollte. Ich merkte aber erst in Pisselberg, dass das zu Hause so war. Hier erst fiel mir das ein. Durch das intensive Miteinander-Leben wird eine Erkenntnis der Familienstruktur, der alten Familiensituation hergestellt.

Gespräche über Sexualität gab es zum Beispiel bei uns zu

Hause nie, auch keine Gespräche darüber, wie man sich miteinander fühlt. Konflikte wurden kaum besprochen oder gar nicht, und wenn, dann in einer ganz anderen Form.

Oliver: »Das hätte ich mir als Kind nie erlaubt«

Auf der Männerreise ist es ja nicht nur die alte Situation, die wir miteinander erleben, sondern es ist ja auch die Zeit da, um sich damit ruhig auseinander zu setzen, die Gefühle zuzulassen. Auch andere Männer sprechen Gefühle an, die mit Alltagssituationen von früher zu tun haben. Sie erinnern mich an entsprechende Situationen bei mir zu Hause. Bei meinen Eltern zu Hause wurde gesagt: »Deine Probleme möchte ich haben. Dann ginge es mir besser.« In höhnischer Weise wurden also meine Probleme heruntergespielt. In Pisselberg werden sie ernst genommen und die Hintergründe werden erfragt.

Auf den ersten Reisen war es so, dass ich einige Male gesagt habe: »Ich fühle mich so groß.« – Zeigt mit seiner Hand in Brusthöhe. – Ich hatte das Gefühl, ich passe überhaupt nicht mit meiner Größe in meinen Körper hinein. Ich bin sehr spät gewachsen, und Hartmut war für mich dann immer wie einer meiner älteren Brüder. Er schien mir größer, ich kam mir wesentlich kleiner vor. Ich kam mir vor wie 1,55 m, mit sechzehn Jahren war ich 1,55 m. Ich war mit dem Wachstum nicht so nachgekommen. Und in Pisselberg habe ich das Gefühl gespürt, dass ich noch so klein bin. Ich habe mich richtig körperlich wie 1,55 m gefühlt, obwohl ich 1,80 m war, weil ich in meiner Familie offenbar nicht habe größer werden dürfen.

In einer Situation am frühen Morgen hatte ich eine ganz starke Vater-Übertragung zu dir, Wilfried. Ich war morgens beim Laufen und du warst an diesem Tage nicht da. Da kam bei mir die Erinnerung auf, dass mein Vater, als ich drei

Jahre alt war, zu einem Ausflug, den er mir zugesagt hatte, nicht erschien, sondern total betrunken sehr viel später nach Hause kam. Im Gespräch später an diesem Tage habe ich dich gebeten, dich auf das Sofa neben mich zu setzen, und dann habe ich mich an dich gelehnt. Das waren für mich Gefühle von Zuwendung, wie ich sie noch nie bekommen habe, dass ein Vater da ist und mich hält. Deine Partnerin Irmgard nahm Stellung dazu, sinngemäß: »Es ist gut, wenn du es schaffst, dir als erwachsener Mann Anlehnung und Zuspruch zu holen, und nicht nur, indem du klein wirst.« Das habe ich dann so empfunden, als ob ich jetzt endlich einmal mit meinem Vater zusammen bin und mich wohl fühle, und schon ist wieder die Mutter da, die dieses Zusammensein verhindern will. Ich habe zu Hause nämlich immer erlebt, dass die Mutter mich für sich haben wollte und jeglichen Kontakt mit meinem Vater zu unterbinden versucht hat.

Das waren dann Momente auf der Reise, die nicht nur sehr viel Kraft gekostet haben, sondern es mussten auch die Ruhe und die Zeit dafür da sein, das zuzulassen und zu wissen: Ich kann mich jetzt darin aufhalten. Wir haben noch mehrere Tage Zeit. Dadurch kann ich aus dem Gefühl auch wieder herauskommen. Ich bin gut versorgt. Wenn ich morgens wach werde, weiß ich, hier sind ganz viele Männer. Und wenn es mich arg ängstigt, es sind immer Männer da, mit denen ich sprechen kann. Das hat mir viel Mut und viel Kraft gegeben, in diese Gefühle tatsächlich hineinzugehen.

Lothar: »Die Finger meines Vaters waren immer eine Spur zu grob«

Meine erste Erinnerung ist der starke Griff einer großen Hand. Die Hände meines Vaters, lange, gut geformte Finger, die mich nie so hielten, wie es angenehm gewesen wäre. Sie waren immer eine Spur zu grob, fühllos für das kleine Bündel in seinem Arm. Die Stimme zu laut, ein scharfer Geruch, so war der erste Eindruck von Männlichkeit – kratzender, unangenehm zupackender Männlichkeit. Mein Vater war ein Trinker. Schon zu meiner Geburt war er gefangen in einem immer enger sich wickelnden Kokon von Selbstmitleid, fehlendem Eigenwert und Sadismus, der das Gefühl für andere Menschen ausschloss. Meine Mutter und wir Kinder waren in der allabendlichen Inszenierung Stichwortgeber für seine Wutausbrüche und Melancholieanfälle.

So sah der erste Mann in meiner Welt aus, die ansonsten hauptsächlich aus Frauen bestand. Versteckenspielen und Gummitwist lagen mir näher als Fußball oder Räuber und Gendarm. Von Mädchen wurde ich akzeptiert, ich konnte mich ohne all zu große Reibung in ihre Gesellschaft einfügen. Auf dem großen Heuhaufen liegen, in den Himmel schauen und träumen, gemeinsam singen oder vor dem Einschlafen so lange über Gott und die Welt reden, bis die Augen endgültig zufielen – in dieser Welt war ich aufgenommen. Jungen betrachteten mich argwöhnisch. Ein Weichling, der weiter nicht zu beachten war, das schwächste Glied in der Kinderhierarchie.

Das Gymnasium ließ die Fronten sich weiter verhärten. Jungensgymnasium, Raufereien, Fußballhierarchie – dort galt die schnelle große Klappe, die mir fehlte. Ich passte wenig in die Schwerkraftverhältnisse des Schulhofes.

Jungen machten mir Angst und zogen mich an, der Schlag in die Eier in der Pause und das höhnische Gelächter, wenn man gut getroffen hatte. In der sechsten Klasse hörte ich dann zum ersten Mal das Wort »Schwuli« – »du Schwuli« – »Schwule Sau«. Das galt für jeden, aber bei mir verursachte es einen roten Kopf. Aufhorchend, beunruhigt und mit schlechtem Gewissen zog ich mich zurück. Für alle anderen war dies ein deutliches Eingeständnis. In dieser Zeit tat ich mich mit Olli zusammen. *Er stand genau wie ich außerhalb der strengen Fußballhackordnung. Er war zu dick, zu langsam, und der Willen zum Kampf ging ihm völlig ab. Gemeinsam ließ sich das Ausgeschlossensein besser ertragen, und man hatte besseren Schutz davor geschlagen zu werden. Auch im Schwimmverein ergab sich bald ein ähnliches Muster: Die Mädchen kamen zu mir, beteiligten mich an ihren Gesprächen, bei den Jungen verursachte ich dagegen einen mir damals unverständlichen Hass. Mit mir konnte man sich nicht messen, häufig spürte ich auch die Eifersucht auf die Sympathie, die mir die Frauen entgegenbrachten. Ihre Antwort auf meine Nachgiebigkeit war zur Schau gestellte Härte. Mann war sich einig: Der ist widerlich, kein Gegner, bedrohlich, eben anders. Die so genannten heterosexuellen Männer wurden für mich zu einer Kaste der Unberührbaren. Sie hatten einen großen Radius um sich, den man besser nicht betrat. Auf einen bloßen Nacken würden sie nie küssen, eher schlagen. Ich zog ihren Abscheu, ein Achselzucken oder ihre Befangenheit auf mich. Immer wieder begegnete mir dieses alte Bild von den Händen meines Vaters, die fühllos waren, kräftig, aber fühllos. Und mein Vater wurde auch zu einem Symbol für meine Erfahrungen: Man konnte Männern nicht trauen, sie waren unberechenbar und wenig liebevoll. Ein altes Dilemma: Männer zu lieben und gleichzeitig einem Teil von ihnen aus dem Weg gehen zu müssen. Die Berührungen mit schwulen Jungs ließen immer ein Gefühl des Ungenügens zurück und einen Stich im Magen: DU BIST KEIN RICHTIGER MANN, daneben aber gab es immer das Wissen, dass es die anderen irgendwo genauso wenig sind.*

Nach wenigen Monaten in Berlin zu Beginn meines Studiums spürte ich eine große Angst, gedanklich in die Nähe meines Vaters zu kommen. Wenn ich an ihn dachte, war ich wie gelähmt, und gleichzeitig spürte ich einen starken Hass. Zum ersten Mal hatte ich eine eigene Wohnung, war also nicht mehr direkt mit ihm konfrontiert, und nun suchte ich jemanden, der mit mir den Weg zurückgeht, und dieser jemand war Wilfried.

Neun Jahre liegen zwischen meinem ersten Eindruck und heute, doch das Bild unserer ersten Begegnung ist mir noch sehr deutlich. Der erste Gedanke: Hat dieser Mensch große Füße, genau wie mein Vater. Die folgenden Blicke förderten noch etliche Ähnlichkeiten zutage. Genau wie mein Vater war Wilfried groß, die Haarfarbe stimmte bis in die Nuance und dann die Hände, große, kräftige Hände. Diese äußeren Ähnlichkeiten erinnerten mich stark an früher, verbanden sich aber mit neuen Eigenschaften. Bleiben wir bei den Händen. Ich entdeckte ihre dünne Haut. Tastend, manchmal fest zupackend, aber ohne Würgegriff, manchmal wund an den Kuppen von Daumen und Zeigefinger. Nach kurzer Zeit hatte ich das Gefühl, dass Wilfried mich begleitet und mir genügend Raum zum Sprechen gibt. Ich konnte selber bestimmen, wie weit ich gehen wollte, und vor allem hatte ich Zeit. Zudem fühlte ich mich recht bald gemocht und hatte von Anfang an das Vertrauen, dass Wilfried mich notfalls auch schützen würde. Spott oder Gelächter fürchtete ich bald nicht mehr. Auch musste ich mich erstmals nicht anstrengen, mehr zu sein, als ich bin. Sich um andere zu bemühen, Anteil zu nehmen, Nachdenklichkeit und Selbstkritik waren nicht verpönt, sondern akzeptiert.

Aber es gab ganz tief dieses Männermuster – Vatermuster. Wenn ich offen über mich spreche, ohne wachsam zu sein, dann droht Gefahr. Er wird sich über dich ärgern, dich dann verfolgen und versuchen, dich unterwürfig und lächerlich zu machen. Nichts geschah, aber das Misstrauen blieb. Vorbeugen ist besser als bohren, das hieß für mich: Misstrauen bekämpfen durch Fürsorge. In Pisselberg saß ich zu Wilfrieds Füßen und fragte angeblich teilnahmsvoll: »Wie geht es dir

*eigentlich?« Es sollte beiläufig klingen, hatte aber einen auf-
gesetzten fürsorglichen Ton, den Wilfried bemerkte und zu-
rückwies. Hier wurde zum ersten Mal eine Verkettung von
Empfindungen deutlich, die mein Leben prägt: Bleibe bloß
immer in der Nähe des anderen, dann spürst du auch schneller, wenn Gefahr im Verzuge ist. Fürsorge war mein Mittel,
die Angst vor Ablehnung zu bekämpfen – Lothar der Puls-
fühler. Eigenständigkeit und Selbstbewusstsein bringen mich
dagegen in Entfernung, und dort lauert die Gefahr. An diesem Punkt begann meine Therapie.*

*Ich kam in die Männergruppe, nachdem ich schon vier
Jahre in einer anderen Gruppe war, deren Atmosphäre
hauptsächlich von den Frauen bestimmt wurde. Was erwartete ich eigentlich, als ich die Gruppe betrat? Freundschaften
mit Männern waren mir begreiflicherweise nicht unbekannt,
und ich besaß einen Freundeskreis, der über Jahre konstant
war und auf den ich mich verlassen konnte. Mein wichtigster
Wunsch war der nach mehr Deutlichkeit. Ich wünschte mir
eine direktere Ansprache, sichtbare Konflikte, und außerdem
wollte ich wissen, ob ich in solch einer Männergemeinschaft,
wie bisher erfahren, zwangsläufig außenstehend bleiben
würde. Werden sie mich aufnehmen oder eher pflichtbewusst
dulden, was gab es eigentlich an Gemeinsamem? Wie weit
werde ich meine Unsicherheit überwinden können und –
konnte ich mit einem heterosexuellen Mann überhaupt
Freundschaft aufbauen? Offene Fragen. Als ich das erste
Mal an der Gruppe teilnahm, rutschte mir gleich das Herz in
die Hose. Eigentlich begann das gleiche Ritual, wie ich es
schon kannte. Es wurde geklärt, wer sprechen will – aber
diesmal gab es kein zähes Schweigen oder einfach das zö-
gernde »Ja, vielleicht könnte ich ...«. Gleich drei Männer
standen auf der Matte und meldeten ihren Wunsch an. Das
war schon ein neuer Wind. Seltsam kam mir vor, wie sich die
Männer körperlich zueinander verhielten. Bei der Begrü-*

ßung gab es zwar die eine oder andere Umarmung, mitunter hatte ich aber den Eindruck, dass Körperlichkeit hier nicht etwas Angenehmes war, sondern eher etwas Peinliches. Ich war und bin nach wie vor unsicher, wie weit ich mich bei einem Mann ungezwungen verhalten kann. Ich würde nie über das in der Gruppe vorgegebene Maß an Körperlichkeit hinausgehen und umarme selber nur, wenn ich hundertprozentig weiß, dass der andere das auch will. Bei Frauen würde zwischen meinem Instinkt und der Umarmung kein solcher Filter sitzen. Mit ihnen gehe ich untergehakt, ohne nach hundert Metern unruhig zu werden, sie kann ich massieren und anderes ohne diese starke Angst, missverstanden zu werden. Die Schwulen wollen doch jeden und immer – wem diese Art zu leben fremd ist, neigt oft zu solchen Zerrbildern, und sie haben sich in mir eingebrannt. Meine Distanz den Männern gegenüber hat sicher viel damit zu tun, dass ich mich mehr oder weniger kontrolliert verhalte. Es soll doch bloß keiner auf die Idee kommen, dass ich vielleicht etwas von ihm will! Außer der Männergruppe habe ich keinen freundschaftlichen Kontakt zu Heteromännern. Meine Freunde sind entweder selber schwul oder Frauen. Dies nun war für mich einmal eine Chance, mich in einem Kreis zu bewegen, der mir unvertraut war und nun nach einigen Jahren nicht mehr ist.

Wie lernt man Konflikte zu führen, und wie kann man vernünftig mit Aggressionen umgehen? Diese Fragen gingen mir dauernd durch den Kopf. Ich war immer so verflucht lieb, so unendlich, zum Ersticken nett. Na klar, sogar die Aggressionen sollten vernünftig sein. Wenn ich heute überlege, wie viele Konflikte ich in der Gruppe ausgetragen habe, so kommen leider nicht allzuviele zusammen. Ich wurde eher außerhalb mutiger. Dazu ein Beispiel: Vor einigen Jahren arbeitete ich neben meinem Studium in einer Kneipe, um von meinen Eltern unabhängig zu sein. Dort hatte ich einen durch und durch autoritären Franzosen als Chef, der mich sehr argwöhnisch betrachtete. Nach einiger Zeit kam es zu einem Streit über die Stunden, die er mir bezahlen wollte, und ich fühlte mich betrogen. In diesem Fall probierte ich einmal aus, was passieren würde, wenn ich meiner Empörung freien Lauf lassen würde. Ein heftiger Streit entbrannte, bei dem ich im Endeffekt gewann. Aber statt Stolz spürte ich nur Niedergeschlagenheit. Vor mir tauchte das verzerrte Gesicht meines Vaters auf und seine in künstliche Höhen geschraubte Wut. Da war wieder das erbärmliche Funkeln des Hasses in seinen Augen, die die Lust am Verlieren jeglicher Kontrolle zeigten. So wollte ich niemals sein! Nicht einmal in die Nähe dieses Bildes wollte ich kommen. Natürlich waren Wutgefühle bei mir ehrlich, aber sie hinterließen einen schalen Nachgeschmack. So bekam ich keine Selbstachtung. Zu einem Angriff zu schweigen war auch keine Alternative, denn Anpassung war und ist der Weg, von dem ich weg wollte und will. Wie gut, solch einen unangenehmen Chef zu haben: Bald kam es wieder zum Streit über eine Rechnung, bei der ich einen Fehler gemacht haben sollte. Sofort wies ich die Unterstellung zurück und ließ mich auch sonst nicht einschüchtern. Kein schnelles Einlenken, kein Vertuschen der Wut, aber auch keine große Szene. Anschließend gab es weder die Scham der Unterordnung noch den Ekel des unkontrollierten Hasses. Das war für mich ein großer Fortschritt.

Außerhalb der Männergruppe wurde ich mutiger, innerhalb der Gruppe änderte sich mein Verhalten wenig. Ich war mitfühlend, konnte die Männer begleiten und unterstützen – Konflikte waren für mich aber weiter ein Unwert. Streit anzuzetteln passte nicht in mein Selbstbild. Alle Werte standen dagegen. Irgendwann habe ich damit begonnen, eine Art Gegenwelt aufzubauen, eine Gegenwelt zu all dem, was mein Vater für mich verkörperte. Seine war eine missgünstige Welt, voll mit gegenseitigem Belauern, ohne wirkliches Interesse an einer anderen Person. Dort stritt man statt zu verstehen, ließ sich gehen, verkroch sich im Suff und in der Dumpfheit. Meine Welt war gut, solidarisch, ich konnte wie die Helden in meinen Kinderbüchern das Steuer herumreißen und Menschen vom Dunkel in das Licht führen. Überhaupt hell sollte es um mich sein, Schönheit wollte ich um mich verbreiten, alles sollte schön und harmonisch sein. ... Wenn ich im wahren Leben mit einem ungeheuren Kraftaufwand wirklich einmal alles so hinbekam wie gewünscht, dann bekam ich ein tiefes Glücksgefühl im Bauch, dann glaubte ich zu wissen, was sich hinter diesem Wort »Identität« verbirgt. Was für ein Umweg! Aber da gab es noch die Aggressionen. Sie kamen herangekrochen wie eine unaufhaltsame, klebrige Masse, sie drohten mich zu überschwemmen, mir den Sinn zu vernebeln, sie konnten mich aus meiner Traumwelt in die Grauzone der Hässlichkeit bringen. Also baute ich eine Art Alarmsystem auf, um meine Traumwelt zu beschützen. Spürte ich Vorwürfe oder drohende Konflikte, dann versuchte ich sie sofort zu entkräften oder ihnen vorzubauen. Und dieses System funktioniert nach wie vor gut. Es bestimmt, wie nah ich Menschen an mich heranlasse. Da heterosexuelle Männer für mich am konfliktträchtigsten sind, sind sie auch am bedrohlichsten. Traurig macht mich, dass viele Beziehungen dadurch verhindert oder erschwert wurden. Als Beispiel möchte ich meine Beziehung zu Christian beschreiben. Schon nach kurzer Gruppenzugehörigkeit gefiel mir vieles an ihm. Er war belesen, ein nachdenklicher Mann und dabei sportlich und aktiv. Aber meine Sensoren gingen recht schnell auf Empfang. Christian hatte fast immer Recht, er erschien mir als ziemlicher Einzelgänger, und er schien immer zu wissen, was er will. »Mit dem gehst du baden, mit dem ist nicht gut Kirschen essen«, morsten meine Sensoren. Da schien es nur die

Alternative zwischen Anpassung oder Streit zu geben, denn eine gleichwertige Beziehung bot er von vornherein nicht an, die müsste man sich erarbeiten. ... Anders war die Sache bei Berti. Er fragte mich einmal, ob wir nicht näheren Kontakt haben wollten, und ich lehnte ab. Mir schien zu wenig Gemeinsames zu bestehen, im Grunde aber hatte ich Angst vor seiner Direktheit, seiner Wut und Selbstvergessenheit. So blieb der Radius unseres Kontaktes sehr weit gespannt. ...

Wenn ich heute im Beruf mit diesen breitbeinigen Individuen auf Cowboystiefeln zu tun habe, Marke »Schlecht Gelaunt«, »Wahnsinnig Cool« oder »Poltergeist«, dann schüchtern sie mich zwar nach wie vor ein, mir hilft das Wissen aber enorm, dass es eine Gruppe von Männern gibt, die anders sind, die an sich arbeiten und, ohne ihre Männlichkeit zu verlieren, anders miteinander umgehen. Wenn Mann ohne Gefühlsregung und immer selbstbewusst seinen Weg geht, immer den Durchblick hat und alles besser weiß, dann ist das mittlerweile sein Problem und nicht mehr meins.

Sven: »Meine Freundin will heiraten und Kinder haben. Ich will das nicht.«

Es ist ein weit verbreiteter und vor allem von Frauen gepflegter Irrtum, nur Männer würden Macht ausüben, um patriarchale Strukturen aufrechtzuerhalten. Auch Frauen lernen in der Kindheit, wie Beziehungen in unserer Gesellschaft zu funktionieren haben. Und viele Männer passen sich dieser Erwartung an. Sven jedoch will lernen, die Beziehung zu seiner Freundin besser zu gestalten.

Sven ist sechsundvierzig Jahre alt, hat seit zweieinhalb Jahren eine Beziehung zu Maria. Beide sind anfangs vorsichtig miteinander umgegangen und kamen sich langsam näher. Sie verstehen sich gut, Sven mag Maria, fühlt sich bei ihr gut aufgehoben, gesehen und geliebt: *Aber seit ungefähr einem Jahr stellt Maria Forderungen. Sie hat mir gesagt, dass sie mich jetzt mittlerweile anderthalb Jahre kennt und dass sie möchte, dass wir zusammenziehen. Sie hat auch Vorstellungen, dass wir dann Kinder haben könnten. Heiraten hat sie zwar noch nicht gesagt, aber ich befürchte, das kommt dann auch noch dazu.*

Anfangs hat Sven diese Forderung als Zeichen ihrer Zuneigung empfunden. Er war bereits einmal verheiratet, sieben Jahre lang, und hat mit seiner Frau Renate dreizehn Jahre in einer Wohnung zusammen gelebt. Jetzt wohnt er allein.

Maria hat aber ziemlich schnell Druck gemacht. Sie fragte immer wieder, was denn nun los sei, wie ich mich denn nun einstellen würde in der Beziehung. Es entstand auch schlechte Stimmung. Ich musste irgendwie reagieren und sagte ihr, dass ich in den nächsten zwei Jahren auf ihre Forderung nicht eingehen könne, dass wir danach noch einmal darüber reden sollten. Ich bin noch nicht so lange geschieden und wohne auch noch nicht so lange in meiner Wohnung, das gefällt mir sehr gut da und unsere Beziehung ist noch nicht gefestigt genug.

Es kam immer wieder zu schwierigen Situationen zwischen beiden. Eines Mittwochabends kam er aus der Männergruppe nach Hause, nach einem langen Arbeitstag, Supervisionsgruppe, Männergruppe, war völlig kaputt. Sie rief ihn gegen zehn Uhr an und schimpfte sofort los. »Du bist nie zu erreichen. Wenn es mir einmal schlecht geht, kann ich dich nicht erreichen. Wir sind zu selten zusammen.« *Wir waren aber Freitag, Samstag und Sonntag zusammen gewesen, nur Montag nicht, Dienstag war ich eine Stunde bei ihr, und dann kam dieser Mittwoch. Maria meinte, sie müsse mich unbedingt sprechen. Ich fühlte mich in die Enge gedrängt, terrorisiert, wusste nicht, worum es gehen sollte, sagte ihr dann, dass ich mit ihr darüber weder Mittwoch-abend noch am Donnerstag sprechen wolle. Ich war zu ver-ärgert. Wir hatten verabredet, am Wochenende zu verreisen. Ich fuhr dann alleine.*

Diesen Abgrenzungserfolg stellt Sven in seinem Gespräch in den Mittelpunkt. Er hat wenig solche Erfolge. Wenn dann einmal einer gelungen ist, nimmt er breiten Raum ein in Svens Schilderung. Er will ablenken von den Situationen, in denen er sich nicht richtig zur Wehr setzen kann. Er fühlt sich nämlich weiterhin von Maria sehr eingeengt. Sie vertritt ihren Standpunkt stark, besteht darauf, dass sie mit ihm zu-sammenziehen und Kinder kriegen will. Aber wenn sie dazu keine Chance sähe, fügte Maria bei einer Gelegenheit hinzu, dann würde sie sich von ihm trennen: »Ich bin zu jung, mich so hinhalten zu lassen.«

Ich habe ihr mehrfach gesagt, dass ich mich von ihr nicht ernst genommen fühle, dass ich diese Situationen schon öfter erlebt habe und sie nicht mehr erleben will. Ich fühle mich von Maria in Besitz genommen. Sie verfügt irgendwie über mich.

Aber er hat im Gefühl, dass er ihr das noch nicht deutlich genug gesagt hat. Sie aber sagt ganz deutlich: »Wenn man zusammenzieht und dann wirklich Kinder kriegt, dann ist Schluss mit der Freiheit.« Natürlich hat Maria Recht.

Sven macht das Angst. Er fühlt, dass Maria total egoi-stisch ihre Bedürfnisse vertritt und dabei seine nicht im Ge-fühl hat. Dass sie nur ihre Ideen durchsetzen möchte, nämlich unbedingt mit ihm zusammenzuziehen. *Maria hat mich im Griff.*

Wenn sie in Gesellschaft sind, zum Beispiel mit Männern aus der Männergruppe, sitzt sie dauernd neben Sven. Küss-chen hier und Küsschen dort, sie himmelt ihn an. Genau das ist es auch, was Sven so an ihr mag, ihre Anschmiegsamkeit: *Sie hat mir auch eine ganze Menge zu sagen. Wir können*

sehr viel miteinander anfangen, haben viele gemeinsame In-
teressen, Kino, Sport, und so weiter. Ich kann mit ihr gut zu-
sammen sein, es ist sehr angenehm. Ich fühle mich wirklich
von ihr geliebt.

Das mit dem *nie wieder heiraten* hat er zwar einmal gesagt, aber er sieht das nicht so streng. Er meint, dass man
auch heiraten kann, indem man einen Ehevertrag macht.
Zwar möchte er nicht mehr dieses finanzielle Desaster, das
er mit seiner ersten Frau erlebt hat, diese jahrelangen, ge-
richtlichen Auseinandersetzungen, die ihn gequält haben,
aber er meint jetzt, Ehe könne er auch anders gestalten. Es
würde nicht mehr so stressig sein.

Seine frühere Frau hatte ihn so weit gebracht, dass er seine
Freunde verleugnete und die Freundschaften nicht mehr
richtig pflegte. Er hatte mit seinen Freunden sogar seiner
Partnerin wegen Streitigkeiten angefangen, offenbar, um
eine Aggression zu verschieben.

Außerdem hat Sven in der Beziehung zu Maria das Gefühl, dass er ihr immer einen halben Schritt hinterherhinkt.
Sie agiert und er reagiert. Sie ist immer initiativ, versetzt ihn
in Unruhe, und dann muss er reagieren, ist aber aufgeregt
dabei.

Warum heiraten Männer?
Warum sind manche ehescheu?

Svens Fall zeigt eine typische Beziehungskonstellation. Ich
stehe auf dem Standpunkt und sage das den Männern in meinen Männergruppen auch, dass Heiraten ein großer Fehler
ist, eigentlich der größte, den ein Mann überhaupt machen
kann. Ich rate jedem entschieden ab.

Der zweitgrößte Fehler ist, mit einer Frau zusammenzuziehen, da rate ich auch jedem ab. Natürlich folgen die Männer meinen Ratschlägen nicht und ziehen mit der Frau zusammen. Es dauert etwa ein Dutzend Jahre, bis sie merken, dass ich Recht hatte.

Um eine Beziehung zu stiften, zu pflegen und aufrechtzuerhalten, darf man nicht heiraten und nicht zusammenziehen. Dann hat man am ehesten eine Chance, die Beziehung zu gestalten und zu erhalten. Auf diese Weise einander freilassend, schaffen wir die Möglichkeit, ein bisschen von der Liebe übrig zu behalten, ansonsten geht sie kaputt.

Simone de Beauvoir sagte: »Die Ehe ist der Tod der Liebe.« Dies war ein Ansatz zu einer guten Erkenntnis. Aber auch das Zusammenleben, das dauernde Zusammenwohnen ist der Tod der Liebe.

Durch diese klare Einstellung, die ich häufig äußere, entstehen bei Frauen bisweilen Ressentiments gegenüber der Männergruppe. Viele Frauen stehen der Männerarbeit dann skeptisch gegenüber. Sie wissen oder ahnen, was bei uns vertreten wird. Wir sind ein Männerkreis, und die Frauen haben Angst, dass wir, die wir in dieser Arbeit verwurzelt sind, alle die gleiche Meinung haben. Maria zum Beispiel sagt, dass sie diese psychologische Arbeit nicht braucht und dass sie sie nicht will.

Im Falle von Sven und Maria stehen sich zwei total verschiedene Welten gegenüber. Er hat eine Ehe gelebt, wahnsinnig gelitten, lange Jahre gebraucht, um sich von seiner Ehefrau zu trennen. Maria ist eine junge Frau, die überhaupt nicht versteht, warum er nicht heiraten will, nicht mit ihr zusammenwohnen will, warum er in die Männergruppe geht. Sie lebt in einer bürgerlichen Welt mit traditionellen Vorstellungen, er in einer liberalen mit voluntaristischen Vorstellungen. Maria fordert massiv ein, was sie glaubt, rechtmäßig beanspruchen dürfen.

Ich habe in diesem Fall vorgeschlagen, dass er ihr sagt: »Weil ich dir nicht so viel Wert bin wie die Institution Ehe, bin ich nicht der richtige Mann für dich. Du willst verheiratet sein und Kinder haben. Du siehst mich als Person nicht, fragst nicht nach meinen Bedürfnissen.«

Aus Marias Sicht ist die Forderung, mit Sven zusammenzuziehen, zu heiraten, Kinder zu haben, selbstverständlich. Ich fürchte, dass das so immer weitergeht: Wenn er die drei Forderungen »Zusammenziehen, Heirat, Kinder« erfüllt hat, wird sie weitere ihn einengende und freiheitsberaubende Forderungen stellen. Bis Sven so klein ist, dass er nur noch gehandhabt, genommen und »weggeworfen« wird, weil er überhaupt keinen eigenen Willen mehr haben darf. Die kommenden Forderungen Marias, so fürchte ich, werden immer unangenehmer und immer weniger einfühlsam, wenn er den ersten nachgibt. Er darf dann vielleicht nach neun Uhr das Haus nicht mehr verlassen, nicht alleine Bier trinken gehen. Vor allem darf er keine männlichen Freunde haben, er muss aus der Männergruppe raus.

Ich vertrete das auch deshalb hier so entschieden, weil Maria sich beharrlich geweigert hat, Sven bei einem seiner Termine zu mir zu begleiten. Er hat keinen Einfluss auf sie.

Dabei geht es nicht nur um diese einzelne Frau, Maria, die so handelt. Sie hat eine typisch patriarchale Charakterstruktur: Sie wird nicht Ruhe geben, bis »ihr« Mann handhabbar, klein und eingesperrt ist, absolut ohnmächtig und abhängig. Sie wird wie ihre Vorgängerin versuchen, dass er seine Freunde aufgibt oder verleugnet. Er wird wieder mit seinen Freunden ihretwegen zu streiten anfangen. So oder ähnlich handelt nicht nur diese Frau. Die Frauen unserer Kultur werden allemal noch so erzogen. Ihnen ist Sicherheit wichtiger als Freiheit. Es ist vielleicht nicht unmöglich, eine wirklich »freie« Beziehung zu leben, eine Beziehung, in der man sich gegenseitig freilässt und nicht einengt. Aber wenn der Mann nicht aufpasst, werden die Einengungen weitergehen.

Nur wenige Männer haben die Fähigkeiten, sich Freiheiten zu erhalten und die Partnerin ihrerseits frei zu lassen. Dieses andere, freiheitlichere Leben erfordert ungeheure Kraft und Einsatz an jedem einzelnen Tag. Jeden einzelnen Lebenstag muss ich darauf achten, wo ich eingeengt werde, und muss mich wehren. Ich muss andererseits darauf achten, wo ich die Frau einenge, und dass sie sich wehrt. Es ist ein lebenslanges Ringen um Freiheit. Da darf keiner einschlafen. Wenn Sven zwei Wochen lang abdankt, ist er schon wieder in eine distanzlose Enge verstrickt. So sind unsere Lebenserfahrungen.

Es bedarf also einer enormen Wachsamkeit. Der Mann muss sich immer neu bewusst machen, wo der Grad der Freiheit ist, den er braucht und den er leben will. Den muss er sich erobern. Sonst kommt es dauernd zu Vorwürfen. Und zu Unglück.

Sven hat einmal gut reagiert, als er die Vorwürfe hörte: Er ist allein in die Ferien gefahren. Solch eine Reaktion bringt Frauen zum Verstehen und Einlenken. Frauen wie Maria brauchen ein Gegenüber. Wenn Mann dagegen immer nachgibt, um seine Ruhe zu haben und keinen Streit zu kriegen, wird die Frau weiter in diese Richtung arbeiten, um ihn doch noch irgendwie zu verkleinern.

Maria will Sven glücklich machen. Aber was heißt Glück? Wer ist glücklich? Offenbar ist Sven mit einer Frau liiert, die verschrobene Vorstellungen vom Glück hat, die auf ein Gefängnis hinauslaufen. Manche Leute sind tatsächlich im Gefängnis glücklich. Sie bleiben lieber drin, wenn einer sie herauslassen will: »Lieber ein bekanntes Unglück, als ein unbekanntes Glück.«

Männer müssen sich die Frage stellen, was sie brauchen, um glücklich zu sein. Diese bisher total unmännliche Frage beantwortet meist die Frau für ihn. Aber zu dieser Frage haben wir nicht nur die Berechtigung, sie ist lebenswichtig für uns. Sonst werden wir von der Partnerin klein gemacht, eingeengt und eingesperrt. Dann können wir auch sie nicht mehr glücklich machen. Dabei ist sie nicht etwa böse. Sie hat nur eine völlig falsche Vorstellung vom Glück. In der patriarchalischen Kultur lernen wir Menschen nicht, was Glück ist.

Die Erfahrung der Ehe kann man offenbar niemandem vermitteln. Die muss jeder Mann selbst erleben. Er will sie probieren. Wir können ihn nur warnen. Ihm zum Beispiel raten, auf gar keinen Fall seine eigene Wohnung aufzugeben. Um jederzeit sagen zu können: »Das ist mir jetzt zu viel, es wird mir zu anstrengend. Jetzt gehe ich in meine Wohnung.«

Viele Männer haben bei solchen Gelegenheiten das Gefühl, nicht mehr genau zu wissen, ob sie mit der Weltanschauung, die sie vertreten, richtig liegen. Freiheit oder Gefängnis? Die Frau hat bestimmte Vorstellungen, wie sie leben und Kinder haben will. Das ist die gesellschaftliche Norm. Der Mann weiß nicht, ob er mit dem, was er will, falsch liegt. Er braucht andere Männer, Freunde, die Männergruppe, mit denen er seine Angelegenheiten besprechen kann, von denen er Unterstützung bekommt. Allein ist er noch zu instabil mit seiner Ansicht.

Seine Frau ist wirklich eine liebenswerte Frau. Er will sie nicht verlieren. Sie ist ihm sympathisch. Er möchte mit ihr zusammen bleiben. Gegen ihn steht die christlich-abendländische, zweitausend Jahre alte Kultur. Die Frau hat diese Kultur auf ihrer Seite. Der Mann fühlt sich klein, wenn sie ihn dauernd mit ihren bürgerlichen Ansprüchen nervt. Er fühlt sich sogar mies, weil er dem bürgerlich-gesellschaftlichen Ideal nicht folgt. Sie hat ihn irgendwie in der Hand: »Du bist ein Egoist, wenn du mich nicht heiratest und keine Kinder mit mir kriegst.« Wir Männer müssten vor allem eins tun: Uns die Beziehung unserer Eltern ansehen. Was war da los? Waren die glücklich? Oder waren sie nicht glücklich, haben sich gegenseitig zerstört?

Ein Problem des Mannes ist, dass er in seiner Lebensstimmung immer wieder das Gefühl vorfindet, nicht richtig zu sein, wenn er gegen den gesellschaftlichen Strom schwimmt. Er denkt dann: »Vielleicht bin ich schief? Vielleicht bin ich verrückt?« Das Gefühl, nicht richtig zu sein, haben uns meist unsere Mütter mitgegeben. Sie haben uns eingeredet, dass wir immer falsch sind mit unseren Bedürfnissen. Die Mutter hat immer Recht gehabt, die wusste ganz genau, was für uns gut ist. Sie hat das durchgesetzt. Sie hatte die Macht dazu. Deshalb leben wir Männer häufig mit dem Gefühl, etwas falsch zu machen, im Grunde überhaupt falsch zu sein. Das war in der Kindheit schon so.

Das genau ist der Grund, weshalb wir männliche Freunde brauchen. Wir müssen uns gegenseitig unterstützen in dem Freiheitsbestreben, dem bisschen Anstand, den man sich im Patriarchat bewahren kann, wenn man eine Beziehung zu einer Frau hat.

In Deutschland führen vierzig Prozent der Menschen ein Single-Dasein, der Trend geht weg von der Familie. Aber auch dieser Trend wird sich umkehren. Jede freiheitliche Bestrebung wird bedroht von alten Werten, die wiederkommen, Staat und Kirche nehmen wieder mehr Raum ein. Deshalb und ihrer dementsprechenden Erziehung wegen geraten Männer in symbiotische Zweierbeziehungen hinein. Monogamie wird im Zeitalter der Aids-Gefahr wieder propagiert. Jetzt ist wieder Treue angesagt und enge Beziehung.

Doch das ist alles keine Liebe. Jemanden zu lieben bedeutet, dessen Bedürfnisse und Werte zu unterstützen. Zwischen Sven und Maria geschieht das Gegenteil und das wird dann als Liebe empfunden. Sie sind noch nicht dabei, wechselseitig die Bedürfnisse des anderen herausfinden zu wollen und zu unterstützen. Eine liebende Maria würde Svens Bedürfnisse nach Freiheit unterstützen, nicht hintertreiben. Ein liebender Sven würde Marias Forderungen nicht einfach nachkommen, sondern mutig das permanente Gespräch über Lebensalternativen gestalten. Und keiner weiß die endgültige beste Lösung.

Wie stehe ich zu Kindheit, Familie und Ehe?

Zum Umgang mit den nachfolgenden Fragen lies bitte die einleitenden Sätze zum Fragenblock am Ende des ersten Kapitels.

Was macht mich aggressiv? Es ist wichtig, Aggressionen auslösende Situationen genau anzuschauen: Machen mich manche Männer regelmäßig aggressiv, wenn sie etwas sagen? Liegt es an dem, was sie sagen, oder wie sie es sagen? Könnte es sein, dass ich dasselbe Problem habe/verdränge, das mich am anderen aggressiv macht?

Rufen bestimmte Personen Aggressionen hervor? Männer oder Frauen? Machen mich eher nahe stehende Personen aggressiv oder fremde? Fühle ich mich bedrängt, bevor ich aggressiv werden? Ist meine Aggression Notwehr?

Werde ich laut, heftig, gewalttätig, wenn ich aggressiv bin? Oder ziehe ich mich sofort zurück, wenn ich den Keim der Aggression spüre? Befreit mich meine Aggression? Oder macht sie mir Angst, beklemmt/hemmt sie mich? Schäme ich mich nach einem Streit?

Wie gehe ich mit Konflikten um? Werde ich aggressiv? Suche ich das Gespräch? Gehe ich Konfliktsituation (vorsorglich) aus dem Weg? Kann ich Konflikte besser mit fremden oder mit vertrauten Personen austragen? Bin ich in Freundschaften/in der Familie konfliktfähig? Laufen Konflikte im Beruf anders als im privaten Umfeld?

Wie reagiere ich auf Aggression? Gehe ich sofort zum Gegenangriff über? Bin ich eingeschüchtert, zurückgedrängt? Gehe ich Aggression aus dem Weg? Kann ich Aggression ertragen und finde die geeigneten Worte, sie abzufangen?

Mit wem kann ich über Aggression und Gewalt reden? Habe ich überhaupt Aggressionen? Kenne ich Streit? Wenn nein: Kann es sein, dass ich mir Konflikte und Aggressionen nicht zugestehe?

Was war in meiner Kindheit schön? Was war unangenehm? Was möchte ich nie wieder erleben? Habe ich darüber mit Eltern/Geschwistern/Freunden schon mal gesprochen? Hatte/habe ich Schuldgefühle? Gab es »Geheimnisse«? Dinge, über die man nicht reden durfte? Wer bestimmte die Gesprächsthemen? Was erzählen Familienangehörige über mich? Deckt sich das mit meinen Erinnerungen?

Habe ich in der Kindheit Gewalt erlebt? Durch Worte, Einschränkungen, harte Strafen, körperliche Gewalt, sexuelle Übergriffe? Wie habe ich reagiert? Brav, lieb, leistungsbetont, trotzig, zurückgezogen, verweigernd, aggressiv, angepasst? Mit wem kann ich über diese Gewalt sprechen?

Haben meine Eltern gestritten? Wie haben sie Konflikte ausgetragen? Wie gingen wir Geschwister miteinander um?

Wie habe ich meinen Vater erlebt? Gewaltbereit oder kooperativ, ansprechbar oder abwe(i)send? War mein Vater mir ein Vorbild? Wollte ich werden wie er? Bin ich so geworden? Gab/gibt es Zärtlichkeit mit meinem Vater? Was hat er von mir erwartet/gefordert?

Wie habe ich meine Mutter erlebt? War sie zärtlich, einfühlsam, konnte Geborgenheit geben? Was hat meine Mutter von mir gefordert/erwartet? Verhalte ich mich auch heute noch so?

Erinnern mich manche heutigen Situationen an zuhause? Manche Menschen an meine Eltern? Wie fühle ich mich dann?

Kann ich mich durchsetzen? Setze ich mich oft/meistens durch? Gibt es Unterschiede im beruflichen und privaten Bereich? Kann ich auch Kompromisse eingehen? Mache ich mir in Auseinandersetzungen Gedanken über die Gefühle und Ziele anderer? Bin ich eher bereit, Argumente von Frauen oder von Männern gelten zu lassen? Gebe ich Aussagen von Erwachsen mehr oder weniger Gewicht als denen von Kindern?

Fühle ich mich wohl in der Beziehung zu meiner Partnerin? Was gibt sie mir? Was gebe ich ihr? Bin ich glücklich? Bin ich frei? Was brauche ich um glücklich zu sein?

Entwickelt sich unsere Partnerschaft? Oder leben wir seit Jahren in derselben Art und Weise? Warum verändert sich nichts? Habe ich Angst vor Veränderung? Vor mehr Nähe oder mehr Distanz? Was verbiete ich meiner Partnerin? Was verbietet sie mir? Was würde unsere Partnerschaft zerstören? Warum?

Was fehlt mir, wenn wir uns längere Zeit nicht sehen? Was gewinne ich, wenn ich allein bin? Kann ich diese Bedürfnisse auch innerhalb der Beziehung äußern? Sind wir immer zusammen oder unternehmen wir auch getrennt etwas? Gibt es getrennte Urlaube? Sind unsere Freundeskreise deckungsgleich? Wie steht meine Partnerin zu meinen Freunden?

Kann ich mir vorstellen, mit meiner Partnerin (auf Dauer) nicht in einer Wohnung zusammenzuleben? Wenn nein: Warum nicht? Warum brauche ich die enge Partnerschaft?

Dritter Teil: Können Männer sich ändern?

Thomas: »Meine Freundin ist schwanger. Sie will das Kind unbedingt, aber ich nicht.«

Ich bin in einer schwierigen Lebenssituation. Meine Freundin ist schwanger. Es sieht jedenfalls so aus. Schwierig ist die Situation deswegen, weil sie das Kind unbedingt will und ich spüre, dass ich das Kind nicht will. ... Wir sind anderthalb Jahre zusammen gewesen, bis zum Frühjahr 1994. Die Beziehung war 1993 sehr symbiotisch zwischen uns. Als Carolas Mutter im Sterben lag, bat sie mich um Unterstützung und fragte, ob sie bei mir wohnen könne. Ich sagte zu, wollte sie unterstützen. Es begann dann eine sehr schwierige Zeit. Die große Nähe zwischen uns war für mich sehr schwer auszuhalten, ich habe mich in dieser Zeit total überfordert. Ich hatte viel auf meiner Arbeitsstelle zu tun und dort auch größere Probleme, musste oft Überstunden machen. Wenn ich nach Hause kam, wollte Carola sofort mit mir sprechen. Dabei ging es nie um mich, sondern immer um sie. Ich hatte meine Beziehungen zu Freunden in dieser Zeit sehr vernachlässigt und somit überhaupt kaum Möglichkeiten, über mich zu sprechen.

In dieser Zeit sagte sie zum ersten Mal, dass sie sich in den nächsten drei Jahren ein Kind von mir wünsche, und dass sie jetzt eine deutliche Stellungnahme dazu von mir wolle. Ich habe ihr damals geantwortet, dass ich nicht wisse, wie ich in zwei oder drei Jahren dazu stehen würde. Ich könne nur sagen, dass ich jetzt kein Kind wolle. Sie war darüber sehr enttäuscht und sagte mir, wenn ich mir nicht vorstellen könne, in den nächsten drei Jahren ein Kind mit ihr zu haben, dann würde sie sich von mir trennen.

Mir wurde allmählich deutlich, dass mich die Beziehung zu Carola überforderte und sogar krank machte, dass ich sie eigentlich nicht weiterführen konnte, dass ich außerdem die Beziehungen zu meinen Freunden nicht dermaßen vernachlässigen kann ... Ich fühlte mich sehr vereinsamt und im Stich gelassen. Meine Versuche, ihr deutlich zu machen, dass ich in dieser Enge nicht weiter mit ihr zusammen sein kann und dass ... ich mich wieder um die Beziehungen zu meinen Freunden bemühen werde, wurden von ihr nicht ernst genommen. Dann starb ihre Mutter. Ich entwickelte Angst, dass ich nicht genug Kräfte haben könnte, mich um meine verzweifelte Partnerin zu kümmern. In den gemeinsamen Gesprächen würde ja dann für meine Probleme überhaupt kein Platz mehr sein. Und sie hätte ihrerseits keine Kraft mehr für mich.

Ich schrieb ihr einen Brief, dass ich etwas Distanz bräuchte. Auf diesen reagierte sie sehr sauer. Als wir uns zufällig trafen, ging sie einfach an mir vorbei, ohne mich zu grüßen. Sie ging, ohne mich zu fragen, später in meine Wohnung, las mein Tagebuch, fand einige Stellen, über die sie sich ärgerte, und verfasste einen Brief, aus dem mir klar wurde, dass sie mich überhaupt nicht verstanden hatte. Immerhin trennte sie sich mit dem Brief von mir.

Ich spürte eine enorme Entlastung und merkte, wie sehr ich mich in der Beziehung eingeschränkt hatte. Ich spürte, wie sehr ich mich zurückgenommen und meine Freunde vernachlässigt hatte. Ich bin erschrocken gewesen, worauf ich mich so lange eingelassen hatte. Diese Gefühle kamen umso mehr auf, je mehr meine Erleichterung über die Trennung zunahm. Die Trennung hielt aber nicht an. Wir trafen uns einige Monate später bei einem Konzert. Sie fragte, ob wir uns nicht treffen könnten. Ich rief sie an, lud sie zum Essen ein, sprach einige alte Verletzungen an, mit denen sie recht sensibel umging. Es war ein schöner Abend.

Vorher hatte ich mir vorgenommen, nicht ihre Wohnung zu betreten. Ich wollte mich nicht auf allzu viel Nähe einlassen. Es kam anders. Ich fuhr mit zu ihr, wir verbrachten die Nacht zusammen und haben auch miteinander geschlafen. Ich war sehr verwirrt hinterher. Die Schwierigkeiten in unserer Beziehung, die zur Trennung geführt hatten, hatte ich nicht mehr so deutlich im Gefühl. Wir trafen uns öfter. Ich warb deutlich um sie, zumal sie inzwischen mit einem anderen Mann eine Beziehung aufgenommen hatte. Ich schrieb ihr Liebesbriefe, sie trennte sich von dem anderen Mann. Das war der Zeitpunkt, an dem ich ihr gegenüber sogar anfing, über das Thema Kinderwunsch zu sprechen. Ich erzählte ihr, dass ich mich in dem letzten halben Jahr auch mit dem Gedanken befasst hätte, einmal Kinder zu haben, und dass ich mir dies jetzt, im Gegensatz zu meiner früheren Aussage, durchaus vorstellen könne. Ich hatte es mir nicht genau überlegt, hatte aber im Gefühl, wie wichtig diese Aussage für sie war und dass ich sie gewinnen könnte, wenn ich auf diese Wünsche einging.

Zwei, drei Wochen später wollte Carola die Pille absetzen. Ich stimmte zu, wollte aber, dass wir Kondome benutzen. Kondome aber gefielen ihr überhaupt nicht, sie wollte sich bei ihrem Gynäkologen wegen eines Diaphragmas erkundigen. Das tat sie nicht. Ich besorgte Kondome. Meist aber haben wir die nicht benutzt.

Nachdem wir einmal miteinander geschlafen hatten, träumte ich, dass Carola ein Kind bekommen würde. Ich entwickelte in diesem Traum wahnsinnige Angst, erzählte ihr davon am nächsten Morgen, aber nur, dass ich geträumt hätte, dass sie ein Kind bekäme. Sie reagierte sehr glücklich und freudig. Ich traute mich dann nicht mehr, ihr auch noch zu erzählen, dass dieser Traum für mich mit sehr großen Ängsten besetzt war.

In den nächsten Wochen verdrängte ich meine Ängste vor einem Kind. Ich traute mich auch nicht, mit meinen Männern darüber zu sprechen. Einige Wochen später spürte ich, dass ich nicht mehr mit Carola schlafen konnte. Mein Gefühl von Angst wurde immer stärker, ich musste einfach mit jemandem reden. Ich traf mich mit Sven. Erst in dem Augenblick, als ich ihm alles erzählte, wurde mir deutlich, dass Carola und ich uns eigentlich die ganze Zeit schon so verhalten hatten, dass sie ja schon schwanger sein konnte. Im Gespräch mit Sven wurde mir klar, dass ich kein Kind wollte, dass ich enorm und immer Angst hatte und mir Sorgen machte um das, was auf mich in unserer Beziehung zukommen würde. In der Nacht nach dem Gespräch konnte ich kaum schlafen. Am nächsten Tag begann ich, mit Carola über meine Gefühle zu sprechen. Ich war ziemlich verstört und sagte ihr, dass ich ohne Kondome nicht mehr mit ihr schlafen wolle. Was unseren Kinderwunsch anging, sagte ich ihr, dass ich mir enorme Sorgen machen würde und Angst davor hätte, dass vor allem in unserer jetzigen Situation unserer Beziehung ein Kind ja gar nicht anstehen würde, dass wir uns etwas vorgemacht hätten in den letzten Wochen. Carola reagierte darauf sehr sauer, aber auch sehr verwundert. Sie sagte, sie verstünde überhaupt nicht, was das jetzt solle, wir würden ja doch die ganze Zeit schon darüber reden und jetzt würde ich auf einmal sagen, ich will nicht mehr, und das zu einem Zeitpunkt, wo sie ja schon schwanger sein könnte.

Ich sprach dann in der Männergruppe über meine Situation. Auch in diesem Gespräch war ich noch sehr unentschieden, äußerte Ängste, Befürchtungen und Sorgen, konnte aber noch nicht deutlich sagen, was ich wollte. Die Männer

machten Einwendungen: Ich müsste doch dazu ganz deut-
lich Stellung beziehen, vor allem gegenüber Carola. Ich
merkte aber nur, dass ich es nicht konnte. Am Ende des Ge-
spräches habe ich versucht zu sagen, dass ich kein Kind will,
merkte aber, im Gespräch mit Carola konnte ich das gar
nicht deutlich sagen.

In dieser Zeit wussten wir nicht, ob Carola schwanger ist
oder nicht. Eines Tages stand sie plötzlich in meinem Büro
und weinte. Ich wusste sofort, dass sie schwanger ist. Sie er-
zählte das dann auch. Ich versuchte, in diesem Augenblick
deutlich zu sagen, dass ich das nicht mittragen könne. Ich
versuchte, ihr zu sagen, dass ich dafür bin, dass sie die
Schwangerschaft abbricht. Sie reagierte sehr entschieden und
sagte, ich bräuchte gar keinen Gedanken darauf zu ver-
schwenden, einen Schwangerschaftsabbruch würde sie auf
gar keinen Fall machen. In der Zeit danach gab es dann
überhaupt gar keine Gespräche mehr über die Frage des
Schwangerschaftsabbruchs. Und ich begann, mir jetzt sogar
Gedanken darüber zu machen, ob es denn mit dem Kind ei-
nen Weg für uns beide geben könnte. Mir war ja deutlich,
dass sie dieses Kind wollte und dass sie keinen Schwanger-
schaftsabbruch machen würde.

Als wir dann in den nächsten Tagen beim sozialmedizini-
schen Dienst waren und Fragen klärten über finanzielle
Aspekte unserer Situation, dachte ich, dass wir ja noch Zeit
hätten, uns in der Frage eines Schwangerschaftsabbruchs zu
entscheiden. Wir hatten aber nur noch etwa drei Wochen
Zeit. Finanziell würden wir es hinbekommen.

Ich versuchte, Carola zu einem Gespräch mit meinem
Therapeuten einzuladen, und wollte versuchen, in diesem
Gespräch eine klare Position zu beziehen. Ich hatte aber zu
diesem Zeitpunkt noch das Gefühl, dass es ja vielleicht doch
mit dem Kind gehen könne. Ich wünschte mir die Beziehung
zu Carola. Im Therapeutengespräch sagte ich, dass ich mir

eine Zukunft in unserer Beziehung nur vorstellen könnte, wenn Carola auch in eine Frauengruppe ginge. Wir brauchten beide Unterstützung, die anstehenden Aufgaben und Konflikte zu lösen und im Gespräch zu bleiben. Sie sagte, sie würde sich das überlegen, machte allerdings noch einmal klar, dass ein Schwangerschaftsabbruch für sie nicht in Frage käme. Sie würde gegebenenfalls auch alleine das Kind zur Welt bringen und aufziehen.

In der Männergruppe sagte ich, dass ich mir grundsätzlich schon vorstellen könne, einmal Kinder zu haben, nur in der Beziehung zu Carola sei dies jetzt nicht der richtige Zeitpunkt. Ein Kind würde zu diesem Zeitpunkt nicht in unsere Pläne passen. Ich wollte im nächsten Jahr anfangen zu studieren, und Carola musste ja ihr Studium auch noch zwei Jahre weiterführen. Am deutlichsten wurde mir meine Position, als mir die Phantasie kam, Carola könne ja auch eine Fehlgeburt haben, und ich spürte, dass mich diese Vorstellung sehr erleichterte.

Danach sagte ich Carola, dass ich für einen Abbruch der Schwangerschaft sei. Sie bekam daraufhin einen Wutausbruch und sagte mir, sie wolle mich nie mehr wieder sehen und ich würde nur noch über ihren Rechtsanwalt von ihr hören. Dann warf sie mich aus ihrer Wohnung. Ein letzter Gesprächsversuch brachte keine neuen Ergebnisse.

Zu diesem Zeitpunkt kam Thomas nach Pisselberg. Wir Männer hatten Verständnis für Carolas Standpunkt. Thomas hatte dem Kinderwunsch zugestimmt und falls er hinter dieser Entscheidung gestanden hätte, wären Gespräche über einen eventuellen Schwangerschaftsabbruch nicht nötig gewesen.

In dem Gespräch haben wir Thomas noch einmal eindringlich gesagt, dass er unbedingt damit aufhören müsse, Fakten zu schaffen, ohne mit uns im Gespräch darüber gewesen zu sein. Er müsse unbedingt mit uns intensiver ins Gespräch eintreten, wenn er eine Chance haben wolle, die Beziehung zu Carola oder zu einer anderen Frau für sich auch zufriedenstellend zu gestalten.

Im weiteren Verlauf des Gespräches kamen wir auf Thomas sexuelle Bedürfnisse. Er hatte immer Mühe, eine klare Position zu entwickeln, wenn Carola auf ihn zukam und mit ihm schlafen wollte. Damit war es ihm oft nicht gut gegangen, danach und manchmal auch während der Sexualität nicht: *Da ist mir klar geworden, dass ich einen enormen Wunsch nach Zärtlichkeit habe und den eigentlich Carola auch so mitgeteilt habe, ... und dass ich mich in der Sexualität zurückgenommen habe, dass ich meinen Zärtlichkeitswunsch gar nicht mehr so äußern konnte. Ich hätte ihr sagen sollen, dass ich es gern hätte, dass sie mich nur im Arm hält oder streichelt, und ich zum Koitus gar keine Lust hatte. Dass ich ihr das nicht sagen konnte, hat mich traurig gemacht. Und ich habe die Angst entwickelt, ihr meine Bedürfnisse überhaupt nicht mitteilen zu können.*

Thomas erzählte uns, dass er in gewissen Perioden sehr viel Zeit mit Carola verbracht hat und dass sie immer noch sehr viel mehr Zeit mit ihm hatte verbringen wollen. Er habe aber gemerkt, dass ihm viel verloren ginge, wenn er sich darauf einließe, vor allem die Beziehungen zu den anderen Männern. *Mir fällt es total schwer, ihr gegenüber Nein zu sagen, zum Beispiel: Ich will diesen Tag nicht mit dir verbringen. Oder: Ich will auf diesen oder jenen Vortrag gehen. Ich will etwas mit anderen zusammen unternehmen. Lass uns rausgehen, lass uns mit anderen Leuten zusammen sein.*

Es war immer klar, dass sie diese Impulse nicht hatte, dass sie mit ihm alleine zusammen sein wollte.

Ich habe das Gefühl, sie will mich für sich haben. Ich habe mich in den letzten zwei Jahren unserer Beziehung phasen-

weise Stück für Stück aufgegeben. Dann gab es Momente, in denen ich aufgetaucht bin, begonnen habe, mit ihr zu sprechen, vielleicht auch einen Konflikt zu riskieren, aber dann bin ich wieder in das andere Verhalten hineingefallen, zu eng mit ihr zusammen zu leben und mich zu vergessen.

Das Extrembeispiel war für mich, dass ich ihren Kinderwunsch übernommen und sogar an sie zurückgetragen habe. Es ist schon so, dass ich mir auch Kinder wünsche, aber noch nicht jetzt. Ich habe mich nicht getraut, ihr das zu zeigen. Und dann habe ich das erste Mal, als wir ohne Kondom zusammen geschlafen haben, in der Nacht geträumt, dass sie schwanger wird und ich nicht mehr allein damit fertig werde, ich euch dann brauche. Ich freute mich enorm über das Gefühl, euch Männer zu brauchen und nicht mehr immer mit dem Gefühl herumzulaufen: Ich schaffe das schon allein.

Mein Gesprächsangebot an sie würde im Grunde doch nur ein Minimum an Kooperationsbereitschaft von ihrer Seite erfordern. Aber sie will gar kein Gespräch, weder in der Beratungsstelle noch hier im Kreis. Sie will mit niemandem sprechen. Und ich hatte die Kraft noch nicht, ihr dann zu sagen, dass ich mit ihr auch nicht weiter die Partnerschaft führen will, wenn sie dieses Minimum an Kooperation nicht bringt.

Wir haben Thomas wiederholt gesagt, dass ein Kind, das zur Welt kommt oder schon auf der Welt ist, nicht der Grund sein kann dafür, dass die Eltern zusammen bleiben. Dazu haben wir zu viele bestehende schwierige Partnerschaften und Eltern erlebt, unter denen die Kinder gelitten haben.

Aber warum hat er so an Carola gehangen? *Sie ist die erste Frau, die mir deutlich zu verstehen gab, dass sie mich mag, die auf mich zukam, mir sagte, dass ich attraktiv bin und mich begehrt. Das fand ich unheimlich wichtig, das einmal zu hören. Das hat mich auch sehr bewegt. Deshalb bin ich*

*ihr wahrscheinlich immer hinterhergelaufen und wollte un-
ter allen Umständen bei ihr bleiben. Wenn Carola so etwas
zu mir sagte, dann habe ich mich enorm gefreut, wurde auch
traurig, weil ich gemerkt habe, dass mir das bisher enorm gefehlt hat. Das Dumme ist nur: Wenn mir Männer das sagen,
dann passiert es öfter, dass ich das dann schwer hören kann.*

Aus Thomas Erzählung tritt eine typische Struktur der
Beziehung zwischen Frau und Mann im Patriarchat zutage.
Thomas hat vor allem die Aufgabe, Carola deutlich Nein zu
sagen, wenn sie mit einem Kinderwunsch an ihn herantritt
oder mit anderen Wünschen, die er (noch) nicht zu erfüllen
bereit ist. Das Nein-Sagen fiel ihm sehr schwer. Einen Beleg
dafür liefert die Situation, als Carolas Mutter im Sterben lag.
Er hätte Nein zum Zusammenwohnen sagen müssen. Unterstützung wäre auch in getrennten Wohnungen möglich
gewesen.

Die zweite immer wiederkehrende Thematik in Thomas‹
Problemen ist, dass er sich zu sehr von seinen männlichen
Freunden entfernt und in Symbiose mit Carola lebt. Es gefällt ihm ganz gut, von ihr verwöhnt zu werden, mit ihr Sexualität zu haben, ohne verbindlich zu werden und der Frau
eine dauerhafte Sicherheit zu geben. Neu in Thomas‹ Verhalten ist, dass er sich auch um Carola bemüht und merkt,
dass er sich nicht in die Lage bringen will, sich um eine völlig
erschöpfte Partnerin kümmern zu müssen, die so unsicher
und so kraftlos ist, dass sie sich seinen Problemen überhaupt
nicht mehr zuwenden kann. Der »neue Mann« ist in der
Lage, der Frau Unterstützung zukommen zu lassen, aber
jetzt muss er seinerseits aufpassen, dass er nicht alle Kraft in
ihre Probleme hineingibt.

Thomas kann nicht Nein sagen. Das heißt auch, dass er
sich nicht gegen Übergriffe wehren kann, etwa, als sie in
seine Wohnung ging und sein Tagebuch las, ohne ihn zu fragen.

Die Verwöhnungstendenz bei jungen Männern oder überhaupt bei Männern ist stark. Die Frau wirbt, wenn sie bei Kräften ist oder einfach Lust dazu hat, um den Mann. Er kann nicht Nein sagen, weil er auf die Verwöhnung nicht verzichten kann. Selbst wenn er sich vornimmt, abzuwarten, sich nicht auf zu viel Nähe einzulassen, kommt es anders. Sie lädt ihn zu sich ein, die beiden verbringen eine Nacht miteinander, haben Sexualität. Der Mann kann nicht Nein sagen. Das ist eine der wirksamsten Möglichkeiten, Männer zu korrumpieren. Frauen wissen das. Das muss aber nicht so bleiben. Männer sollten sich bemühen, von der Sexualität ein Stück weit unabhängig zu werden.

Eine weitere Kalamität des Mannes ist, dass er die Probleme vergisst. Er fühlt sich »auf einmal« wieder hingezogen zu ihr, verliebt sich wieder und die Schwierigkeiten, die vorher zur Trennung geführt hatten, kommen ihm überhaupt nicht mehr ins Gefühl. Erinnern ist eine weitere Aufgabe für Männer: Was ist passiert? Was wird demnächst wieder passieren?

Typisch auch die Situation, in der Carola Thomas eröffnete, dass sie nun die Pille absetzen wolle. Er stimmte zu. Sie hatte dann zwar noch gesagt, dass sie zum Gynäkologen gehen wolle, hatte dies aber nicht mehr gemacht.

Die nächste typische Männerreaktion war Thomas' Angsttraum, ein Kind käme zur Welt. Anstatt den Traum ernst zu nehmen, als Botschaft aus dem Unbewussten, darüber mit Freunden zu sprechen, hat er ihn verdrängt.

Die nächste Möglichkeit, deutlich zu reagieren, hat Thomas verpasst, als Carola plötzlich in seinem Arbeitsbüro stand und weinte. Er blieb zu vage, konnte sich nicht vertreten, gab ihr Gelegenheit, ihn nicht ernst zu nehmen und auf seine Wünsche nicht zu reagieren. Er hat sich sogar selber verraten, als er das Thema Schwangerschaftsabbruch fallen ließ und mit ihr Möglichkeiten diskutierte, mit dem Kind

gemeinsam zu leben. »Vielleicht könnte es ja doch gehen.«
Wir sehen die alte Träumerei, die Thomas aus seiner Kindheit mitbringt. Auch die Erleichterung angesichts der Phantasie, sie könne eine Fehlgeburt haben, hat Thomas nicht ernst genommen. Träume und Tagträume sind wichtige Botschaften aus dem Unbewussten. Wir müssen sie nur entschlüsseln.

Des weiteren sind Männer total unfähig, mit Wutausbrüchen von Frauen umzugehen. Traditionell haben Frauen keine Wutausbrüche. Sie sind im Patriarchat hierarchisch tiefer angesiedelt als der Mann. Der Mann durfte wütend sein, die Frau nicht. Wir haben es heute mitunter mit Frauen zu tun, die wütend, auch übergriffig werden, unverschämt sogar. Dann weiß der Mann überhaupt nicht mehr, wie er damit umgehen soll. Er reagiert dann nur noch gehorsam, genauso wie bisher die Frauen. Das können wir Männer uns nicht erlauben. Es kommt darauf an, Konflikte auszutragen, kämpferische Stimmungen durchzustehen. Carola hat sich sehr kämpferisch geäußert, z.B. gesagt, dass sie sich einen anderen Mann suchen würde.

Eine letzte Gesprächssituation soll erwähnt werden, die typisch ist für das, was sich heutzutage zwischen Frauen und Männern abspielt. Thomas hat einige zaghafte Versuche gemacht, mit Carola ins Gespräch zu kommen, woraufhin sie ihm den Vorwurf machte, er würde ihre Gefühle zerreden. Thomas wusste aus der Erfahrung in der Männergruppe, dass man über offen zu Tage liegende Gefühle sprechen muss, um zu anderen, tiefer verborgenen Gefühlen zu gelangen. Dennoch schaffte er es nicht, auf Gesprächen zu bestehen, zum Beispiel über seine Trauergefühle und über bestimmte Bedürfnisse in der Sexualität, die sie noch gar nicht kannte. Carola ist psychologisch ungebildet, sie weiß nicht, wovon er spricht. Er weiß, wovon er sprechen müsste. Aber die Attraktivität, die sie dadurch gewonnen

123

hat, dass sie ihm ab und zu ein Kompliment machte und ihn bestätigte, hält sein Schweigen aufrecht, obwohl sie sich gesprächsunfreundlich zeigt, mit ihm weder über Sexualität noch über Zärtlichkeit sprechen wollte – mit dem unsinnigen Argument, dann würden Gefühle zerredet: Kooperationsunfähigkeit und Kooperationsunwilligkeit auf Seiten der Frau.

Thomas hat im Laufe der Arbeit in der Männergruppe deutlich gemerkt, dass ein starker Zusammenhang besteht zwischen seiner Beziehung zu Carola und seiner Beziehung zu seiner Mutter. Die Nähe zur Frau und die Entfernung von den Freunden hängt auch mit der traditionellen Abwesenheit des Vaters zusammen: Die Jungen sind in der Regel näher an der Mutter und entfernter vom Vater.

Thomas ist in der Beziehung zu seiner Freundin immer wieder in alte Verhaltensmuster zurückgefallen, die modellhaft in der Kindheit in der Beziehung zur Mutter entstanden sind. Er sagt selber, dass er um Menschen, mit denen er eigentlich sprechen müsste, einen großen Bogen macht. Um mich sei er auch »herumgeeiert«, ähnlich wie früher in der Kindheit um den Vater.

Wenn es in unserer Männergruppe um das Thema Mutter geht, fühlt Thomas manchmal große Angst, Verzweiflung und starke Trauer. Einmal aber spürt er zum ersten Mal in der Männergruppe deutlich auch die Wut auf seine Mutter, den Ärger darüber, was sie mit ihm alles angestellt hat.

Die Beziehung zwischen den Eltern war keine gute, den Ärger über ihren Ehemann hat die Mutter immer bei Thomas abgelassen. Er saß dann stumm da: *Meine Mutter war permanent unglücklich mit meinem Vater, aber sie hat sich nicht von ihm getrennt. Sie hatte Angst, keinen anderen Mann zu finden. So blieb sie lieber da und ertrug alles, mit dem sattsam bekannten, als Rationalisierung erkannten Hinweis, dass sie dieses den Kindern zuliebe machen würde.*

Zwischen Thomas und seiner Mutter gab es angeblich kaum Berührungen, keine direkten Zärtlichkeiten. Er erinnert sich nur an seinen Widerwillen. Seit seinem sechsten Lebensjahr wollte er von seiner Mutter nicht mehr angefasst werden. Er hat auch zwischen den beiden Eltern keine Berührungen, keine Zärtlichkeiten, keine Umarmung gesehen. Er weiß aber noch genau, dass die Mutter sich kompensatorisch an ihm, ihrem Sohn, fest halten wollte. Er war viel alleine. Zur Schwester und zum Vater bestand ein ziemlich großer Abstand. Er hatte wenig andere Kontaktpersonen: *Von klein auf vertraute Mutter mir nichts im Haushalt an, keine Arbeiten, manchmal etwas Müll wegbringen, abwaschen, aber sonst nichts. Einkaufen ging sie, ich ging nur mit. Sie leitete mich nicht an ... und wenn ich nichts machen wollte, wurde es für mich gemacht. Mein Zimmer wurde für mich aufgeräumt, ich hatte keine Lust. Hinterher machte sie mir Vorwürfe: »Immer muss ich für dich dein Zimmer sauber machen.« Ich hatte eine Schildkröte und ein Meerschweinchen. Anfangs kümmerte ich mich um diese Tiere, dann ließ ich es sein. Meine Mutter übernahm die Pflege. Ich hatte allenfalls ein schlechtes Gewissen. Meine Methode war, einfach nichts mehr zu machen, dann machte sie es. Ihre Vorwürfe ignorierte ich. Manches wollte ich auch gerne mitmachen, zum Beispiel Rasenmähen, aber das durfte ich nicht, dann wurde gesagt: »Du bist noch zu klein.« ... Wenn ich etwas wirklich wollte, dann musste ich es heimlich machen.*

Mein Vater kritisierte mich mehr als meine Mutter. Die Beziehungen zu meinen Freunden wurden von meiner Mutter zuweilen verboten. Sie sagte mir nicht korrekt, warum: »Ich möchte das eben nicht.«

In der Schulzeit fielen mir schriftliche Hausarbeiten sehr schwer. Wenn ich meine Mutter fragte, dann schrieb sie alles für mich oder diktierte. Das war sehr bequem für mich, aber ich lernte es auf diese Weise nicht selber zu machen. Das sind sehr unangenehme Erinnerungen für mich. Meine Mutter lässt mich einfach nicht los. Meine Mutter hat sogar Sachen für mich gemacht, ohne dass ich sie überhaupt darum gebeten hatte. Ich habe mich darüber nicht einmal gefreut. In meiner Erinnerung ist meine Mutter vor allem eine Versorgerin der gesamten Familie. Sie kochte, machte sauber, sorgte dafür, dass wir etwas anzuziehen hatten. Körperkontakt und Zärtlichkeit fand zwischen uns nicht statt. Bis zu meinem 22. Lebensjahr hat kein zärtlicher Körperkontakt stattgefunden. Einerseits war meine Mutter meine wichtigste Gesprächspartnerin, der ich mich anvertraute. Andererseits habe ich sie wegen ihrer harten Verurteilungen und Vorschriften gefürchtet. Sie schimpfte mit mir, weil ich angeblich zu weich war und mich von meinen Freunden ausnutzen ließ. Aus meiner Sicht stimmte das gar nicht. Heute scheint es mir, als hätte mir meine Mutter nahe gelegt, allen Menschen gegenüber, mit denen ich näher zu tun hatte, misstrauisch und kritisch zu sein, um von meiner Kritik an ihr abzulenken.

In Streitigkeiten zwischen Vater und Mutter ging es meistens um Geld. Durch mein Leben zieht sich wie ein roter Faden, dass ich morgens durch einen lauten Streit zwischen den beiden aufwachte und angstvoll lauschend im Bett lag. Wenn mein Vater weggegangen war, ging ich zu meiner Mutter hinunter, um zu hören, worüber sie sich gestritten hatten. Sie mutete mir dauernd ihre Wut, ihre Angst und ihre Verzweiflung über die Beziehung zu. Ich hatte große Angst vor meinem Vater, auch noch als Erwachsener, dass er mir zum Beispiel den Unterhalt streicht und wütend wird. Ich habe sehr vieles lange mit mir herumgetragen. Es dauerte lange, bis ich etwas sagte, bis ich sagte, wie ich mich fühle und was ich will, und das kostet mich sehr viel Kraft. ... Mein Vater war sehr selten zu Hause und ist mir bis heute sehr fremd geblieben. Er hat unheimlich viel gearbeitet. Ich er-

lebte ihn nur morgens, wenn er mit meiner Mutter stritt, und abends, wenn er müde nach Hause kam und sich vor den Fernseher setzte und einschlief.

Ich habe sehr selten mit meinem Vater gesprochen. Meistens führte er das große Wort über Politik und unsere Nachbarn oder stritt mit meiner Mutter. Die von mir meist gefürchtete Frage war, wie es in der Schule ginge. Wenn ich dann erzählte, dass ich eine Zwei geschrieben hatte, kam von ihm als Antwort: »Warum keine Eins? Wenn du dich auf den Hosenboden setzen würdest, hättest du eine Eins geschrieben. Dir fällt das alles viel zu leicht.«

Wenn ich von meinen Freunden erzählen wollte, interessierte ihn das nicht. Wenn er mich fragte, wie es mir ginge, habe ich meistens »gut« geantwortet, das war nicht die Wahrheit, denn ich fühlte mich bei ihm nicht aufgehoben. Hätte ich ihm denn sagen sollen, dass ich mich sehr einsam fühle, warum ich meine Zeit größtenteils außerhalb des Hauses verbringe? Dass ich heimlich auf der Suche nach einem besseren und anderen Vater war, weil ich zu viel Angst vor meinem Vater hatte, weil er so oft wütend wurde und meine Mutter schlug?

Von meinem Vater habe ich sehr wenig erfahren. ... Als ich sechs Jahre alt war, fragte ich ihn, was er denn arbeiten würde. Seine knappe Antwort war, er sei Werkzeugmacher. Ich dachte, er stellt Hammer und Zangen her. Natürlich hat er ganz andere Dinge verrichtet in seinem Beruf, er war ein ziemlich hohes Tier in einer Unternehmung.

Zu meinem neunten Geburtstag hatte ich mir ein Modellschiff gewünscht und meinen Vater gebeten, es mit mir zusammen zu bauen. Ich bekam das Schiff, doch mein Vater hatte keine Zeit. Erst auf mein Bitten und Drängen meiner Mutter setzten wir uns zusammen. Ich wollte, dass er dabei ist, wenn ich baue, dass er mir bei schwierigen Sachen hilft. Aber nach kurzer Zeit riss mir mein Vater die Teile aus der

Hand und beschimpfte mich, wie ungeschickt ich sei, machte selber weiter, und ich musste zugucken. Er verlor dann allerdings bald endgültig die Geduld, sagte, das sei ihm zu blöde, und ging weg. Ich habe mich alleine weiter an dem Boot versucht, habe es aber nie fertig bekommen. Mein Vater hat sich immer einen »richtigen« Jungen gewünscht, einen, der sich für Fußball interessiert, zur Bundeswehr geht, um Ordnung zu lernen. Ich habe mich dann immer mehr von ihm zurückgezogen. Dafür hat meine sechs Jahre ältere Schwester die von ihm gewünschte Rolle übernommen. Sie interessierte sich für Fußball und ging mit fünfzehn in einen Fußballverein, meiner Meinung nach ihm zuliebe. Aber die Rollen waren schon vorher verteilt, ich war Mutters Kind und meine Schwester war Vaters Kind.

Wie Männer ihren Lebensplan erforschen – und verändern

Eine psychologische Theorie stiftet innerhalb der zugänglichen Realität einen Strukturzusammenhang, in dem Personen und ihre Motivationen, Fakten, Ideen und Ziele in einen Zusammenhang gebracht werden. Als Grundbestandteile der Männerforschung und Männerpraxis werden in diesem Kapitel folgende Punkte erläutert:

1. Die Basiseinheit Mann
2. Das Arbeitsfeld: Bewusstsein und das Unterbewusstsein des Mannes im psychoanalytischen Sinn
3. Untersuchungstechniken und methodische Verfahrensweisen: die Praxis
4. Erkenntnisse über den männlichen Lebensplan
5. Zielorientierungen für den Mann im Patriarchat

1. Die Basiseinheit

Im Zentrum der Männerforschung steht als Basiseinheit der Mann. Die Person des Mannes wird in unserer Art Männerforschung nicht zerlegt, zum Beispiel in Ich, Es und Überich, sondern sie wird als Ganzheit gesehen. Diese Ganzheit wird nicht isoliert von anderen Männern und Frauen, sondern in ihren psychischen und sozialen Zusammenhängen, Lebensaufgaben und Konflikten betrachtet.

2. Das Arbeitsfeld

Das Arbeitsfeld der Männerforschung ist die Welt des Mannes. Dazu gehört seine gegenwärtige soziale und psychische Situation, unterschieden in drei männliche Hauptaufgaben, die Arbeit, die Liebe und die Gemeinschaft. Für die Reaktionen des Mannes sind seine Gefühle, Stimmungen, Affekte, Haltungen, Gesinnungen, Einstellungen, Wahrnehmungen und Werte bestimmend. Die Männerforschung und -praxis untersucht alle Ereignisse im sozialen Umfeld und in der gesamten Lebenssituation des Mannes: seine Interaktionen mit der sozialen Umwelt.

Dem Mann sind nicht alle Vorgänge innerhalb seiner Person oder im Austausch mit seiner sozialen Umwelt bewusst. Das Unbewusste spielt in der Männerforschung eine wichtige Rolle. Unbewusst sind Gefühle, Stimmungen, Affekte, Verhalten und Werte. Es ist das Hauptanliegen der Männerforschung und -praxis, dem Mann dabei zu helfen, sein Unbewusstes aufzudecken.

Allein aus der gegenwärtigen Situation des Mannes ist sein Unbewusstes, vor allem sein unbewusster Lebensplan, nicht zu erschließen. Wir müssen das bisherige Leben des Mannes, seine Lebenserfahrungen berücksichtigen und dabei vor allem die Kindheit erforschen. Sein Lebensplan (Persönlichkeit, Charakter) ist in wichtigen Teilen bereits in der Kindheit entstanden.

Der Mann hat in seiner Kindheit Gewalt erfahren und erlitten, häufig mehr durch den Vater als durch die Mutter. Er hat außerdem Verwöhnung erlitten, oft mehr durch die Mutter als durch den Vater.

Es geht in der Männerforschung weniger um sexuelle Traumata, sondern mehr um traumatische soziale Beziehungskonstellationen und Entwicklungen von zwischenmenschlichen Beziehungen. Zu den Beziehungen gehören die zur Mutter und zum Vater, aber auch die zu anderen Jungen, zu anderen Mädchen (Geschlechterkonstellationen), zuallererst zu den Geschwistern (Geschwisterkonstellationen), dann aber auch in der Schule und anderen Ausbildungsstätten zu Mitschülern und zu Autoritäten wie Pfarrern, Lehrern, Polizisten, Vorgesetzten, Politikern und so weiter.

Männerforscher versuchen zwischen der aktuellen Situation, den unbewussten Strukturen in ihr, und der Vergangenheit, der Kindheit des Mannes, Strukturähnlichkeiten zu finden und den so genannten Lebensplan, die personale Dimension des Mannes zu erforschen. Dabei handelt es sich um eine durchgehende Leitlinie für männliches Verhalten und Gefühle, die wir auch Lebensstil des Mannes nennen.

Die Männerforschung und -praxis erforscht die Psyche des Mannes und das männliche Verhalten. Wir grenzen unsere Forschung auf den Mann ein, der gegen Ende des zwanzigsten Jahrhunderts lebt und von seiner sozialen Umwelt in entscheidendem Maße beeinflusst wurde. Diese soziale Umwelt des Mannes ist die autoritäre Gesellschaft mit kurzfristig aufkommenden antiautoritären Bewegungen und Phasen, zum Beispiel angeregt durch die Studentenbewegung oder die feministische Bewegung.

Dieser Mann lebt in einem psychosozialen Klima zwischen dem Anspruch so genannter intellektueller Wissenschaftlichkeit und den emotionalen Erscheinungen der

Neo-Romantik. Der geschichtliche Standort dieses Mannes ist Präfaschismus mit gelegentlichen antifaschistischen Unterbrechungen.

Wir Männerforscher kommen wie die Männer, mit denen wir zusammenarbeiten, aus einer patriarchalischen Gesellschaft, die zudem religiös, das heißt meist katholisch oder protestantisch, ausgerichtet ist und in der die Erziehung in Bezug auf Sexualität und Expansion häufig moralisch rigide vonstatten ging. Dazu kommt für den Mann, der im Zentrum der Männerforschung und -praxis steht, häufig die Abwesenheit seines Vaters. Der Vater war für Frau und Kinder meist psychisch nicht anwesend, er schwieg häufig. Die Mutter war zwar da, für ihren Sohn zuständig, doch, durch den Ehepartner emotional ausgehungert, lebte sie häufig in einer Symbiose mit ihrem Sohn, die mit seiner Verwöhnung verbunden war (vgl. dazu »Männer lassen lieben« und »Söhne wollen Väter«).

In der Lebensrealität, in der dieser Mann aufgewachsen ist, wurden drei Dinge tabuisiert: die Sucht nach der Frau, die Sehnsucht nach dem Vater und die menschliche Entwicklung im emotionalen, sozialen Raum, das heißt, die persönliche Entwicklung des Mannes.

Diese drei Haupttabus verankern sich im Lebensplan und führen zu drei charakteristischen Konflikten: Seine Abhängigkeit von der Frau ist zu groß. Seine Rivalität und sein Schweigen anderen Männern gegenüber ist bemerkenswert und störend. Der Mann funktioniert als Arbeiter, als Soldat oder irgendwo dienend innerhalb der gesellschaftlichen Hierarchie, stagniert aber als Person.

In der Männerforschung geht es um das Erkennen des Lebensplans des Mannes. Bereits im Erkennen sollte der Mann einen Lernprozess beginnen, seine Ziele und seinen Lebensplan ändern. Er beginnt eine menschliche Entwicklung, wächst menschlich.

Zwei Hauptziele bestimmen männliche Lebenspläne: »Mit *Gewalt* erreichen, dass ich als Mann *verwöhnt* werde.« Die Veränderung dieser Hauptziele bedeutet: Abbau von Gewalt und von Verwöhnung. Statt Gewalt gegen andere Männer, gegen Frauen und gegen Kinder auszuüben, können Männer Liebesfähigkeit als Mittel gegen Einsamkeit und Unbeholfenheit aufbauen. Weniger Verwöhnung heißt selbstständiger und von der Frau unabhängiger zu werden, Verantwortung in Arbeit, Liebe und Gemeinschaft zu übernehmen.

Ziel ist mithin der Abbau aggressiver, harter, brutaler, kämpferischer und kriegerischer Emotionen und Verhaltensweisen des Mannes, die entwickelt werden, um kindlich abhängig und verantwortungslos leben zu können.

3. Die Praxis

In gewissen Theoriebildungen wird an dieser Stelle von Arbeitstechnik gesprochen oder von Untersuchungsmethoden. Ich ziehe es vor, von einem Entwicklungsweg des Mannes zu sprechen.

Es gibt in der Männerarbeit keinen Unterschied zwischen: 1. der Arbeit mit dem Mann (früher wurde diese »Behandlung des Patienten« genannt), 2. der Forschung zur Gewinnung von Erkenntnissen über den Mann, und 3. der Interaktionen zwischen Analysand und Therapeut, das heißt, den Männern in der Männergruppe und ihrem Leiter. Die Untersuchungsmethoden der Männerforschung sind gleichzeitig die Entwicklungsmöglichkeiten des einzelnen Mannes und aller Beteiligten in der Männergruppe.

Wir sprechen deshalb in der Männerarbeit kaum von Techniken oder Untersuchungsmethoden, sondern von Kooperation und Zusammenarbeit. Ziel ist die Gewaltlosigkeit des Mannes und gewaltlose Lösungen der Lebensaufgaben und der Konflikte zwischen Menschen anzubahnen. Die schon in der Kindheit entstandene Verwöhnung des Mannes kann abgebaut, seine Verantwortungsfähigkeit aufgebaut werden.

Bisher war die Erhaltung des Lebens und des Friedens überwiegend an die Frau delegiert. Wir können deshalb das Ziel der Entwicklung des Mannes als *Aneignung weiblicher Werte* bezeichnen (vgl. »Männer lassen lieben« und »Die geheimen Verbote«), ohne die männlichen Werte zu vergessen (vgl. »Söhne wollen Väter«). Ziel ist nicht der androgyne Mensch, und auch nicht der Mann, der überwiegend weibliche Werte verkörpert: Vierzig Prozent männliche Werte und sechzig Prozent weibliche Werte ergeben einen Mann, der human zu reagieren in der Lage wäre, um es einmal so unbeholfen in Zahlen auszudrücken: der 2/5 Mann.

Nachfolgend beschreibe ich die Techniken zur Erforschung des Lebensplans. Es sind die gleichen, die auch zur Veränderung der männlichen Persönlichkeit führen können.

Das Gespräch zu zweit führen zwei Männer ohne therapeutische Hilfe von Frauen. Es baut Offenheit und Interesse des Mannes für seine eigene Entwicklung auf. Den Einstieg bildet die Beschäftigung mit den drei Lebensbereichen Arbeit, Liebe und Gemeinschaft, bezogen auf die gegenwärtige Situation des Mannes.

Einen ersten Ansatz zur Lebensplan-Analyse bietet die Symptom-Analyse. Wir gehen von der gegenwärtigen Situation des Mannes aus, wie er sich fühlt, psychisch und gesundheitlich, und versuchen, eine Diagnose zu formulieren. Mögliche Symptome können sein: Hemmungen, Arbeitsstörungen, Kontaktschwierigkeiten, Aggressivität oder psychosomatische Erscheinungen wie Rückenbeschwerden, Magenkrankheiten oder Herzneurosen.

Die nächste Stufe der Männerpraxis ist die anamnestische Aufarbeitung der Kindheit und der Lebensgeschichte des Mannes: Welche charakteristischen Merkmale hatten die ersten Beziehungen des Mannes in seiner frühen und späteren Kindheit? Was geschah in der Beziehung zur Mutter, zum Vater, zu den Großeltern, zu Geschwistern, anderen Familienangehörigen, Mitschülern und Lehrern in der Schule usw.

Der dritte Schritt der Männerpraxis ist nur durch einen Rückgriff auf die Psychoanalyse zu leisten. Es werden auch Träume und Fehlleistungen gedeutet, vor allem aber Widerstand und Übertragung in der Beziehung zum männlichen Psychotherapeuten und zu den anderen Männern in der Männergruppe.

Neu in der Männerpraxis gegenüber der herkömmlichen Psychoanalyse ist die Bedeutung und Verkörperung weiblicher Werte, zunächst auf Seiten des Männertherapeuten: Einfühlen, Mitfühlen, Geborgenheit vermitteln. Wir können unbesorgt von Mitleid sprechen, einer konkreten Hilfe für den Mann, dem Aufbau von Heimatgefühl, Geborgenheit, Gemeinschaftsgefühl, Kooperation und Solidarität.

Die Hilfe geschieht auch ganz konkret. Da dies für die Männergruppenarbeit unerlässlich ist, ist für Männertherapeuten und Männergruppentherapeuten wichtig, zunächst selbst weibliche Werte anzustreben, bevor sie versuchen, diese an den Hilfe suchenden Mann weiterzugeben.

Im *Gespräch in der Männergruppe* streben wir die Erweiterung der »Arzt-Patient-Beziehung« zum Aufbau eines sozialen Netzes, beziehungsweise einer sozialen Gemeinschaft von Männern an. Wir beginnen mit der Analyse der Situation, die für den neuen Mann in der Gruppe entsteht. Er wird Übertragungserlebnisse haben, wird meinen, bestimmten Personen aus seiner frühen Kindheit zu begegnen.

Alle Aspekte der Gruppendynamik sind auch in der Männergruppe von Bedeutung: Die Möglichkeiten der Kooperation, der gegenseitigen Hilfe, der Eifersucht, der Rivalität usw. Diese Aspekte werden in die Situationenanalyse einbezogen, um den Lebensplan des einzelnen Mannes zu erkennen und zu verändern. Auch hier deuten wir die Wechselwirkungen der Unbewussten des Mannes, des Leiters und der anderen Gruppenmitglieder.

Ein weiterer Aspekt der Arbeit des Mannes in der Männergruppe ist sein *Weg durch die Angst.* Wir versuchen, ihn dabei zu begleiten, in seine Angst hineinzugehen und mit unserer Hilfe aus diesem Gefühl wieder heraus zu gelangen.

Sehr wichtig in diesem Zusammenhang ist das Hineingehen in und Durcharbeiten von Konflikten – allerdings nur von Konflikten, die tatsächlich in der Männergruppe entstanden sind. Fingierte oder theatralisch dargestellte Konflikte, wie zum Beispiel im Psychodrama, benötigen wir nicht, weil die Realität genug Stoff bietet. Ziel dieser Angst- und Konfliktarbeit ist die Einbindung des Mannes in das Gemeinschaftsleben der anderen und die Einsicht in seine charakteristische Gangart während dieser Kooperations- oder Krisenleistung.

Wir stellen bestimmte kindliche Traumata gezielt wieder her, indem wir therapeutische Wirkungen beim Schreiben von Briefen des Mannes an seinen Vater, seine Mutter oder an andere Personen ausnutzen (Grapho-Therapie). Der Mann erbringt in der Arbeit des Briefeschreibens eine bemerkenswerte Erinnerungsleistung, die mit dem Wiederkehren der damalig vorhandenen Gefühle und dem in der Psychoanalyse so genannten Erlebnis der Katharsis verbunden ist. Das Durcharbeiten der Gedanken und Gefühle, die beim Schreiben solcher Briefe entstehen, ist in »Absender: Dein Sohn« (Hrsg. W. Wieck) beschrieben worden.

Wir können uns im Allgemeinen darauf verlassen, dass im Laufe der langjährigen Mitarbeit eines Mannes in der Männergruppe *Freundschaften* entstehen. Deren Aufbau gehört zur Veränderung des Lebensplans des Mannes. Die meisten Männer dieser Kultur hatten bisher zu wenig Freunde. Der Aufbau der Freundschaft vom ersten Kontaktstiften über gelegentliche Treffen bis zur permanenten intensiven gegenseitigen Hilfe, auch in der Mitteilung von Problemen, Gefühlen und Konflikten, gehört zur Arbeit an der Freundschaft.

Die Erlebnisse in der Männergruppe, erinnerte und erneut durchlebte Angst- und Konfliktsituationen, werden auf folgende Weise durchgearbeitet:

a) Einfühlung, Mitfühlen.

b) Deutung, Analyse, aber auch persönliche Reaktion der Männer untereinander.

c) Mitteilung der erlebten bzw. wahrgenommenen Gefühle, Stimmungen und Werte.

d) Neueinübung anderer Konfliktlösungs- und Überlebenstechniken als soziales Training zur Herstellung eines humaneren, gewaltfreieren Verhaltens.

Mitunter versuchen wir, Situationen herzustellen, die diese Arbeit ergänzen. Dazu gibt es vielfältige soziale Aktivitäten in der Gruppe.

Der einzelne Mann kann zum Beispiel seine Gespräche abschreiben und andere Männer einladen, um Tonbänder anzuhören und noch einmal gemeinsam durchzuarbeiten. Auf den Reisen mehrerer Männer nach Pisselberg kommen wir dem tatsächlichen Lebensgeschehen eines Mannes wesentlich näher, als das in der nur wöchentlich stattfindenden Männergruppe möglich ist. Außerdem bewegt sich die Arbeit in soziale, politische und philosophische Aufklärungsaktivitäten hinein: Wir treten an Menschen heran, halten öffentliche Vorträge, veranstalten Lesungen, halten Schulungen ab und veröffentlichen gemeinsam Aufsätze oder Bücher.

4. Erkenntnisse über den Lebensplan des Mannes

Der Charakter des Mannes, seine Persönlichkeit wird

durch unbewusste Eigenschaften, Gefühle, Haltungen und Werte mitbestimmt. Die Gesamtheit dieser psychischen Bereitschaften nennen wir Lebensplan.

Dieser Lebensplan erinnert an den Lebensstil eines Menschen. Wie man den Stil eines Künstlers an seinen Werken wieder erkennt, wenn man sich mit dem Künstler und seinem Werk intensiv befasst hat, erkennen wir den Lebensstil eines Mannes, wenn wir als Menschenkenner mit ihm intensiven Kontakt hatten. Wie der Kenner der bildenden Kunst einen »Picasso«, der Musikkenner ein Musikstück von Mozart erkennt, so erkennt der Menschenkenner generelle Haltungen, Gefühle und Werte, die für diesen Mann charakteristisch und in dieser Kombination nur bei ihm anzutreffen sind – durchaus einzigartig, allerdings nicht immer positiv. Der Mann hat seinen Lebensstil erfunden wie der Künstler seinen Stil. Es handelt sich in allen Fällen um Kreationen, also um Kunstwerke. Der Lebensplan des Mannes ist nicht angeboren und auch nicht nur durch das Milieu in den Mann hineingelangt. Er ist eine Kreation dieses Mannes, die er sich aus den verschiedenen Bestandteilen der Umstände seines Lebens heraussucht und zusammenfügt.

In der Männerarbeit interessieren niemals vorrangig einzelne Ereignisse, auch nicht z.B. einmalig zu beobachtende Angst-, Wut- oder sonstige Gefühle. Wir nehmen nur Reaktionsweisen ernst, die wir immer wieder bei diesem Mann erleben. Wir teilen dem Mann dieses Immer-Wiederkehrende mit – nicht als Kritik, sondern einfach als Lebensplananalyse. Um diese zu bewerkstelligen, brauchen wir Anhaltspunkte, nicht nur im Zweiergespräch, sondern in einem gemeinsam gestalteten Stück Leben, z.B. in der Gruppe oder bei mehrtägigen Therapie-Aufenthalten.

Wenn jemand immer wieder durch ähnliche Gefühle und Haltungen an die Gruppenöffentlichkeit tritt und wir in seiner Kindheit entsprechende Motive finden, wird deutlich, warum dieser Mann immer wieder so reagieren muss, wir diagnostizieren seinen Lebensplan. Schon während der Aufarbeitung der Lebensgeschichte (Anamnese) werden therapeutische Faktoren der Entwicklung des Mannes wirksam.

Der Lebensplan eines Mannes ist meistens unbewusst. Deshalb hat er bestimmte Probleme im Leben immer wieder. Er kann sie nicht umgehen, weil er nicht versteht, wie er geworden ist, und weil er weder weiß, wie er auf andere Männer und andere Menschen wirkt, noch, wie er auf diese reagiert. Fragt man einen Mann, wie er sich empfindet, und vergleicht das damit, wie andere ihn empfinden, so ergeben sich meist außerordentliche Unterschiede. Deshalb sprechen wir vom *unbewussten* Lebensplan.

Der Mann hat kein Interesse, seinen Lebensplan zu erkunden, weil er glaubt, indem er ihn geheim hält, am ehesten ungeschoren davonzukommen, das heißt, ohne Arbeit an sich selbst und ohne Übernahme von Verantwortung. Ich habe noch keinen Mann erlebt, der in die Gruppe kam und von sich aus seinen Lebensplan, den er sich bewusst gemacht hatte, vorlegen konnte.

Ein Lebensplan besteht zum Beispiel darin, dass jemand sich bemüht, alle Menschen seiner Umgebung für sich einzuspannen und arbeiten zu lassen (der homo oeconomicus). Ein anderer Lebensplan könnte sein, alle Menschen, mit denen der Mann zu tun hat, auf Distanz zu halten, ihre Versuche, ihn zu umwerben, scheitern zu lassen, und niemals von sich aus um Menschen zu werben. Wir würden dann von Verwöhnung sprechen.

Gleichgultig, wie der Lebensplan aussieht, jeder Mann hat Interesse daran, ihn geheim zu halten. Wenn er in die Gruppe kommt, gelingt die Geheimhaltung nicht mehr so gut. Wir sehen den Mann, erleben ihn, entwickeln Gefühle. Wir sprechen mit ihm und teilen ihm Aspekte unseres Erlebens mit.

138

Dabei ist nicht nur aufschlussreich, was der Mann sagt, sondern auch wie er guckt, zum Beispiel offen oder froh, wissbegierig oder traurig, abweisend oder aggressiv. Seine Mimik, die Gestik, seine ganze Körperhaltung sagt etwas über seinen Lebensplan. Wenn ein Mann neu in die Gruppe kommt und die ersten Stunden und Tage mit uns verlebt, wissen wir schon etwas über ihn. Männerkenner sind zwar immer in der Lage, sich im Laufe einer längeren Zusammenarbeit ein Bild von einem Lebensplan zu machen, oft können sie aber aus unwichtig scheinenden Details schon Rückschlüsse ziehen.

Alfred Adler zum Beispiel hat in seiner Praxis in Wien dafür gesorgt, dass in der Nähe seines Stuhls einige andere Stühle verteilt standen, einige dicht bei ihm, einige in der Mitte des Raumes und manche ganz hinten. Er bot keinen besonderen Stuhl an, sondern sagte einfach: »Nehmen Sie Platz.« Er zog dann seine Schlüsse daraus, wohin der Betreffende sich setzte: ob er auf Distanz blieb, wenn er sich ganz weit hinten hinsetzte, ob er ihm ganz dicht auf den Leib rückte, Distanzlosigkeit signalisierend, oder ob er sich irgendwo in einer passablen Mitte einrichtete.

Dieselbe Erfahrung machen wir in Pisselberg auch. Wenn einer mal hinten, mal vorne, mal in der Mitte sitzt, merken wir kaum auf. Wenn er aber immer an derselben Stelle sitzt, beispielsweise immer ganz weit hinten in der Ecke, die vom zentralen Geschehen am weitesten entfernt ist, ist das ein Hinweis darauf, dass der betreffende Mann die Gemeinschaft distanziert betrachten wird und sich auf eine enge Kooperation zunächst nicht einlassen will. Manche dagegen setzen sich immer sofort ganz dicht neben mich, berühren mich sogar, entweder mit ihren Füßen oder mit den Händen. Dann muss ich manchmal sagen, dass ich das als distanzlos empfinde. Ich kann allerdings Rückschlüsse auf den Lebensplan ziehen. Die winzigsten Details des zwischenmenschlichen Umgangs bedeuten etwas, und wir Männerkenner können diese Details verwenden, um dem Betreffenden etwas über seine Gangart zu sagen. Ein Mann z.B. kam immer auf den Zeitpunkt genau, im letzten Augenblick, aber gerade noch rechtzeitig zum verabredeten Gesprächstermin in die Männerrunde. Meine Vermutung, er sei sehr zwanghaft, bestätigte sich erst, als er von suizidalen Anwandlungen erzählte. Sehr lange hatte er sich erfolgreich im Hintergrund gehalten.

In der patriarchalischen Gesellschaft hat sich das Vorurteil eingeschlichen: »Mann sein heißt rational sein, verstandesmäßig reagieren.« Im Grunde haben alle dieses Vorurteil verinnerlicht: Frauen reagieren emotionaler als Männer.

Meine Erfahrung ist im Grunde ganz anders: Männer neigen zwar dazu, bestimmte Gefühle stärker zu unterdrücken als Frauen, zum Beispiel Angst, Schwäche und Liebesbedürftigkeit, aber sie haben diese Gefühle genauso wie Frauen. Eine Frau darf Angst haben, schwach sein, Liebe haben wollen, ein Mann nicht.

Ein Mann, der über seine Angst spricht, ist irgendwie kein richtiger Mann, gilt jedenfalls nicht als solcher. Nicht nur Angst wird von Männern unterdrückt, auch Wut wird häufig lange verdrängt, bis der Mann innerlich fast platzt, ein Magengeschwür entwickelt, Herzbeschwerden hat oder Alkohol trinkt. Mit Freude ist es ähnlich. Männer dürfen sich nicht freuen, sie haben Mühe, zur Freude zu stehen und Freude zu erleben.

Wir vermissen ein ganzes Bündel Gefühle bei Männern, Trauer, Wut, Schwäche, Angst, Zuneigung und Freude. Zuneigung hieße, dem anderen Mann zu sagen, dass er mir sympathisch ist, dass ich ihn mag oder dass er meiner Meinung nach etwas sehr gut gemacht hat. Diese Äußerungen fallen Männern sehr schwer, sie werden unterdrückt, obwohl die Gefühle entwickelt werden.

Indem wir solche Gefühle unterdrücken, sind wir Männer ohne gut arbeitenden Verstand. Zu einer produktiven Verstandestätigkeit gehört, dass man seine Gefühle rechtzeitig und realistisch wahrnimmt und während der Wahrnehmung der Gefühle denkt. Wenn man aber bestimmte Gefühle nicht ertragen kann, kann man auch nicht richtig denken. Wir müssen uns eingestehen, dass wir Männer, wenn wir tatsächlich bestimmte Gefühle nicht zulassen, keine rationalen Menschen sind, sondern dumme. Das ist keine provokante Äußerung, sondern eine leider vor allem wahre. Wir Männer haben vieles noch nicht durchdacht. Wir konnten es nicht durchdenken, weil wir uns die dahinter oder daneben liegenden Gefühle, die passenden Gefühle, nicht zugebilligt haben. Ein wirklicher Denkprozess bildet mit dem wirklichen Fühlprozess eine Einheit. Wenn ich mit dem Fühlen Mühe habe, dann auch mit dem Denken. Das Vorurteil, der Mann sei eher in der Lage zu denken als die Frau, ist falsch. Weil es weiter gepflegt wird, sind Männer Frauen in Auseinandersetzungen nicht gewachsen. Sie denken »logisch«, das heißt ohne Gefühl, und verzweifeln, weil Frauen mit Gefühl denken, unlogisch, und gerade diese Unlogik, Denken mit Gefühl, brauchen wir in sozialen Auseinandersetzungen ganz dringend.

In der Männergruppe entstehen viele Gefühle und außerdem viel Mühe, diese auch zu äußern. Männer machen sich allerlei Gedanken, um ihre Gefühle nicht äußern zu müssen. Sie haben Phrasen, Floskeln, Dummheiten und Rationalisierungen auf der Zunge, um Gefühle zu verdrängen. Männer aber, die ganzheitliche Menschen werden, alle entstehenden Gefühle zulassen und durch einen vernünftigen Denkprozess begleiten wollen, brauchen lebendige Gefühlswahrnehmungen.

Wir haben mit unseren Gefühlen so große Mühe, weil wir in unserer Kindheit einen Lebensplan entwickelt haben, die männliche Gangart, die sich bis heute nicht verändert hat, obwohl unsere Lebenssituation inzwischen schon total anders ist. Wir sind älter, haben diesen oder jenen Beruf, mit vielen Menschen Kontakt, aber wir haben immer noch den alten Lebensplan, aus dem dritten oder vierten Lebensjahr, im Gemüt, im Kopf und im Herzen.

Ein solcher Lebensplan könnte zum Beispiel lauten: »Ich muss vorsichtig sein, kann keinem vertrauen, mich niemandem anvertrauen.« Schon als er drei Jahre alt war, hat sich der kleine Mann diesen Lebensplan gemacht. Weil er Angst hatte, bei seiner Mutter, seinem Vater, den Geschwistern keine Geborgenheit empfinden zu können. Sein Lebensplan ist ihm nicht bewusst: »Ich muss vorsichtig sein. Ich darf mich nie spontan äußern, muss immer alles genau kontrollieren, sonst geht es mir schlecht.« Nun läuft der fünfunddreißigjährige Mann mit diesem Lebensplan herum, reagiert immer wieder so.

Boris hat den Lebensplan: »Ich muss Stärke und Überlegenheit demonstrieren, sonst werde ich klein gemacht und nicht ernst genommen. Lieber mache ich anderen Leuten Angst, als dass ich mich auf zu große Nähe einlasse.« Das hat er sich sehr früh vorgenommen. Darum erscheint er uns heute stark und überlegen. Immer wenn ihm irgendetwas nicht gepasst hat, hat er angefangen zu brüllen oder sich auf den Boden geschmissen. Er hat mit den Füßen aufgestampft, um den anderen zu zeigen: »Ihr müsst Angst vor mir haben.« Die anderen waren unklug und unpsychologisch. Sie waren keine Menschenkenner, haben vielleicht gesagt: »Der hat den Teufel im Leib.« Solches Zeug reden die Menschen im Patriarchat: »Du bist ein Biest.« Damit machen sie ihm wieder Angst. So bekommt er auch Angst vor sich selbst, traut sich nichts mehr, außer sich auf Distanz zu halten. Als er merkte, dass er Erfolg hatte, wenn er anfing, wie ein Verrückter zu schreien, dass er dann seinen Willen bekam, entschloss er sich unbewusst zu diesem Lebensplan. Als Vierzigjähriger schreit er anders, nicht mehr ganz so wie früher, aber sein Lebensplan ist derselbe. Verstehen hieße nun, seinen Lebensplan zu fühlen. Die Männergruppe bietet die Gelegenheit dazu.

Es gibt in der Männergruppe viele solche Lebenspläne zu entschlüsseln. Etwa auch: »Ich darf niemandem ernsthaft etwas zumuten, sonst gibt es einen Konflikt, in welchem ich untergehe.« Also mutet dieser Mann niemandem mehr etwas zu, scheint immer kompromissbereit, versteht angeblich immer alles, meldet überhaupt keine Ansprüche an. Eine Zeit lang haben wir diesen Typ Softie genannt.

Solche Lebenspläne können wir durch Denkprozesse allein nicht verändern. Nicht einmal nur durch Gespräche. Es bedarf der gemeinsam durchlebten Situationen, in denen wir denken, fühlen und handeln. Diese Situationen müssen wir schaffen.

5. Zielorientierungen für den Mann im Patriarchat

Der Lebensplan des Mannes im Patriarchat ist zielgerichtet. Der Mann will vor allem verwöhnt werden. Er will selbst keine Verantwortung für sich übernehmen. Weil ihm die Mutter in der Kindheit abgenommen hat, für sich zu denken und zu fühlen, erwartet er es im späteren Leben von anderen Menschen, vor allem von Frauen. Er kommt in die Gruppe und will das von uns anderen Männern. Wir werden es ihm zum Teil geben. Zum anderen Teil werden wir es ihm versagen, damit ihm klar wird, wie sein Lebensplan aussieht.

Der kleine Junge wollte nicht die Verantwortung für seine Mutter übernehmen. Er sollte sie retten. Sie hat gelitten, den Vater entbehrt, der sich meist entfernt hatte, abwesend war, und hat ihren Sohn überfordert. So hat sich der Sohn in seiner Kindheit zu einem Lebensplan der Unselbstständigkeit entschlossen. Die Änderung des Lebensplans hieße, dass er die Verantwortung für sich selbst übernehmen lernt und dass er ein Stück weit auch die Verantwortung für andere Männer übernimmt. Daraus ergibt sich das Entwicklungsziel »Prinzip der gegenseitigen Verantwortung«. Wir nennen es in Anlehnung an Kropotkin auch »Prinzip der gegenseitigen Hilfe«.

Ein weiteres Strukturmerkmal des Lebensplans des Mannes im Patriarchat ist, dass er mit Gewalt die Verwöhnung erzwingen will. Er wendet gegen Menschen Gewalt an, die ihn nicht verwöhnen. Diese Gewalt kann vielerlei Gestalt haben. Sie kann in direkter Brutalität, in Schlagen und in sexuellem oder sozialem Missbrauch bestehen. Sie kann auch als einfacher Trotz in der Kooperation erscheinen, als dauernder Widerspruch, Widerstand gegen Kooperation. Sie kann sich als Härte zeigen, als Isolationstendenz, Rückzug, Schmollen und als Konsum (Drogen, Fernsehen, Frauen).

Allerdings wendet der Mann mit diesem patriarchalischen männlichen Lebensplan Gewalt auch gegenüber sich selbst an. Wir sehen dies an psychosomatischen Krankheiten, Depressionen, Suizidanwandlungen und Sinnlosigkeitsgefühlen.

Die Verwöhnung, die der Mann unbewusst mit seinem Lebensplan anstrebt, bedeutet keinen Lustgewinn, auch keine Freude. Auch der Mannes will im Grunde aktiv sein, etwas tun und bewegen. Sein tief verborgenes Ziel ist die Selbstentwicklung und nicht die Verwöhnung. Dem Manne gemäß wäre ein Wechsel zwischen Bewegung und Ruhe, Aktivität und Passivität, in allen Feldern des Lebens. Er aber wirft sich hektisch in seine berufliche Aktivität und vermeidet zwanghaft jede Aktivität im Bereich der Familie, in der er lebt.

Der Mann will die Situation meistern, in der er gerade steht. Wenn er die Situation nicht produktiv meistern kann, wendet er Gewalt an.

Jürgen: Von der männlichen Macht und Einsamkeit zu mehr Menschlichkeit und Lebensqualität

Wie auch in anderen Beziehungen war mein Gefühl zur Gruppe lange Zeit davon bestimmt, mich stark und autonom zu zeigen. Eine wirkliche Nähe konnte ich zu den anderen Männern kaum herstellen, eine echte Solidarität habe ich nicht spüren können – und ich habe sie wohl auch nicht angeboten. Mein kritisch-skeptisches Verhalten sowie das starke Bedürfnis, auch hier die Führung zu behalten (wo doch Anlehnung und Hingabe gefragt wären), hat zwar anfangs keine nähere Beziehung zur Gruppe möglich gemacht, andererseits konnte ich die wichtige Erfahrung machen, trotzdem von den Männern akzeptiert zu werden. Ich fühlte meinerseits hinreichend Vertrauen, mich mit meinen Problemen an die Gruppe zu wenden.

In diesen Gesprächen, die ich stets erst bei recht großem Leidensdruck für »notwendig« hielt, machte man mich häufig darauf aufmerksam, doch mal die Führung des Gespräches abzugeben, um einfach mal dazusitzen, nicht ständig zu agieren; damit könne ich mir den Weg freimachen, die Hilf- und Ratlosigkeit, die Trauer, den Körper, die wirklichen Bedürfnisse zu spüren ... Mein Rationalisieren, meine Abgespaltenheit von meinen Bedürfnissen, diese ständige Lust am Führen und Beherrschen waren nicht gefragt, zeigten mir, dass sich meine Gesprächspartner in dieser Atmosphäre nicht öffnen konnten und wollten.

Aus diesem Erleben heraus habe ich mir mein Verhalten in anderen Beziehungen angesehen und feststellen müssen, dass ich dieses Muster »perfekt« überall anwende, nicht immer, aber recht häufig. Dass ich mich meinerseits dem Anderen gegenüber öffne und mich seiner Führung anvertraue, konnte ich am ehesten wohl in meiner Partnerschaft wie auch dann in engen Freundschaftsbeziehungen erleben. Das

war für mich ein deutliches Ergebnis aus mehr als drei Jah-
ren Gruppenarbeit.

Meine »Beziehungsgeschichte« zur Gruppe wird auch aus
folgenden Kommentaren deutlich, Auszüge aus einem Ge-
spräch, in dem fast alle Themen berührt wurden, die zu mir
gehören und in meiner Entwicklung besondere Bedeutung
haben. Als Überschriften gehören dahin Anstrengung und
Aktivität, Autonomiestreben, Kraft und Stärke, Suche nach
Bestätigung und Anerkennung, Führungs- und Machtan-
spruch. »Eigentlich« wollte ich über meine Sexualität in der
Partnerschaft reden, über meine Hingabeunfähigkeit, über
meine eigenen Einschränkungen und Unsicherheiten, die ich
erlebe, wenn ich meine Forderungen und Wünsche in der Se-
xualität formulieren soll. Aus meiner Fragestellung, die auch
auf das bisweilen gehemmte Einlassen meiner Partnerin hin-
zielte, stellte Wilfried an die Gruppe die Gegenfrage, wer
von den Männern sozusagen im »Gesprächsakt« mit mir
Höhepunkte erlebt hat (Höhepunkte in dem Sinne, dass man
sich verstanden oder aber sehr berührt fühlt).

Lothar: Einerseits habe ich im Gespräch schon das Gefühl
von Nähe zu dir. Auch wenn wir uns umarmen, fühle ich
diese Nähe zu dir. Wenn du hier sprichst, kann ich mich ein-
fühlen, kriege auch ein warmes Gefühl. Aber du hast einen
relativ großen Radius um dich, der hält mich auf Abstand.
Bei dir habe ich das Gefühl, man kann dir stellenweise mal
recht nahe kommen, aber dann ist dieser Bereich, wo du das
selber in die Hand nehmen willst, wieder sehr kräftig. Du
lässt mal für kurz ganz locker und lässt dich dann auch ge-
hen, danach nimmst du aber gleich alles wieder in die Hand.
Dieser Autonomiebereich, den du um dich hast, ist recht
groß. Und es ist dann manchmal so, dass es nicht reicht, um
sich bei dir noch weiter einzulassen. Man kommt dir dann
nahe, aber man rückt dann auch wieder schnell weg; ich will
das mal als Sicherheitszone bezeichnen. Und ich bleibe dann

in Bezug auf die Nähe wie ein Trabant außerhalb dieser Sicherheitszone.

Oliver: Ich erlebe auch, dass du mal dicht an mich ran-
kommst, so ähnlich wie Lothar sagte. Mir geht es aber so,
dass ich nicht mehr möchte; irgendwann merke ich, es ist gefährlich, sich da mehr einzulassen – also ziehe ich mich zurück. Ich habe dann auch manchmal das Gefühl, dass du
verschwindest, ganz schnell weg bist. Ich weiß immer nicht,
was jetzt als Nächstes verletzt oder nicht. Mir fällt da ein
Beispiel ein: Wir sind zu dritt Rad gefahren und plötzlich rast
du wie ein Verrückter los. Da dachte ich, da fahre ich nicht
hinterher, weil es zu einer komischen Konkurrenzgeschichte
wird. Ich habe mich dann aber auch nicht mehr geschützt
gefühlt bei dir. Zwar lachst du dann noch irgendwie, aber es
ist klar, du stehst oben auf, du krähst am lautesten. So fühle
ich mich dann und denke, nein, so will ich das nicht. Ja, so
ganz nah und plötzlich – passiert was.

Peter: Ich habe ja noch nicht so sehr viele Gespräche von
dir hier mitbekommen – weil ich noch nicht so lange in der
Gruppe bin –, aber ich war durchaus berührt in den Gesprächen von dir. Ich glaube nicht, dass ich dies schon als »Orgasmus« bezeichnen könnte. Was ich aber erlebe in bisher allen
diesen Gesprächen, auch heute, ist eine enorme Anstrengung, die du beim Sprechen auf dich nimmst und die ich auch
spüre, wenn ich mich darauf einzulassen versuche. Und ich
glaube, dass diese große Kraftanstrengung irgendwie nicht
mit Orgasmus zusammen passt, das verträgt sich nicht. Das
eine hat mehr zu tun mit Loslassen und Entspannung und
das andere mit dem Gegenteil.

Wilfried: Eins fällt doch hier in unserem Gespräch vor allem auf, dass sich offensichtlich über lange Zeit hin bei vielen
was angesammelt hat, was du bisher noch nicht gehört hast.
Du hast offenbar mindestens ein Jahr lang konsequent verstanden, uns auf Abstand zu halten. Heute sagen wir dir et-

was, was wir schon seit Jahren oder seit langen Monaten empfinden, und heute hast du dich sozusagen hingegeben. Und da sagen wir auf einmal was und es kommt dabei so massiv, weil wir sonst keine Gelegenheit von dir bekommen haben. Wir hatten heute mal »Orgasmus« in diesem Gespräch, weil du dich hingegeben hast. Und meinen Anteil dabei empfinde ich so, dass ich seit längerer Zeit ganz enorm darum ringe, an dich heranzukommen. Auch nicht immer äußerst geschickt, aber immer sehr bemüht.

Ich: Ich denke, es steht irgendwie einfach so über mir: Ich mache alles, ich schaffe alles, und so weiter, obwohl das doch so widersinnig ist. Ich leide auch nicht, beziehungsweise ich zeige mein Leiden nicht, ich streng' mich an, um alles zu schaffen. Und das habe ich mir eben leider zur Überschrift gemacht, obwohl ich vom Kopf her weiß, dass es so nicht geht. Es steckt eben sehr tief in mir drin. Unbewusst reagiere ich dann nach außen immer noch so, dass ich keine Hilfe brauche. Und schon reagiere ich mit Stärke und sonstigem Autonomiebestreben.

Wilfried: Mit Abwehr reagierst du auch, mit Rechtfertigung, das ist doch ganz unnötig. Wozu brauchst du dich denn hier uns gegenüber zu rechtfertigen? Wir mögen dich doch, wollen dich doch nicht angreifen, wir wollen dir auch keine Fehler nachweisen.

Ich: Ich merke deutlich, wie ich mir so genannte Fehler anrechne, wie ich mit Fehlern umgehe. Wie ich andere dafür verurteile und noch höher verurteile ich mich ja selbst, wenn ich Fehler mache. Und ich spreche schnell davon, dass ich was falsch mache, ich nenne es gleich wieder in Fehlerbegriffen ... Ich bin stets gleich bei der Kategorie Fehler oder bei ähnlichen Begriffen.

Wie Mann Männer verstehen lernt

In der Männergruppe wollen wir verstehen. Jeder Mann sollte wissen, was mit ihm los ist. Ohne sich selbst zu verstehen kann ein Mann nicht den anderen Mann verstehen.

Wir müssen nicht nur fragen »Warum ist er so?«, sondern auch: »Wozu verhält er sich so?«

Die Frage »Warum?« ist in die Vergangenheit gerichtet: Ein Mann verhält sich so und nicht anders, weil er es in seiner Kindheit so erfahren, gelernt und geübt hat. Sein Verhalten und Fühlen ist die eigenschöpferische Antwort auf die Reaktionen der sozialen Umwelt, in die er hineingeboren wurde.

Die Frage »Wozu?« richtet sich auf unsere Zwecke und Ziele, auf den Sinn, den wir unserem Leben geben. Was wollen wir mit unseren Ängsten, Gefühlen, Schwächen und unserer Wut? Was bezwecken wir mit der Ausbildung gerade dieser Gefühle, die wir eigenschöpferisch entwickeln?

Gefühle sind sinnvoll. Wir streben damit bestimmte Ziele an, auch wenn wir Gefühle unterdrücken.

Verstehen ist einer der schwierigsten zwischenmenschlich-kommunikativen Vorgänge. Was heißt »den Mann verstehen«? Den Mann verstehen heißt nicht einfach den Menschen verstehen, denn im Patriarchat darf ein Mann bestimmte Gefühle nicht haben, die einer Frau zugestanden werden. Von einem Mann erwartet man von Geburt an einen anderen Lebensplan als von einer Frau: Er soll das kulturelle Erbe des Männlichen weitertragen. Er soll nicht weiblich sein.

Wenn wir einen Mann verstehen wollen, stützen wir uns auf das, was der einzelne Mann erzählt. Er kann oft nicht einmal präzise und wahrheitsgemäß wiedergeben, was er bisher erlebt und erfahren hat, denn er hat es noch nicht richtig verstanden. Dennoch dürfen wir nicht spekulieren und unsererseits etwas erfinden. Wir fragen den Mann nach seiner Kindheit und seiner aktuellen Situation. Wir hören zu und suchen nach Zusammenhängen, Ähnlichkeiten und strukturellen Übereinstimmungen. Wenn wir diese finden, haben wir schon ein Stück weit verstanden.

Wenn ein Mann aus seiner Kindheit erzählt, ist sein Bericht geprägt davon, was er seinem Gegenüber glaubt zumuten zu können. Er fragt sich: »Wie viel kann ich erzählen, ohne attackiert, verurteilt, abgeschoben zu werden? Wie muss ich es erzählen, damit ich in der Männergruppe einigermaßen gut ankomme?« Ein Mann, der von sich erzählt, erwartet Aufmerksamkeit, möglichst auch Wohlwollen, Anerkennung und Sympathie. Er hofft auf Reaktionen, die ihm gut tun. Er schildert also nicht die kindliche Realität, sondern das, was wir als seine kindliche Realität ansehen sollen. Wir müssen uns deshalb stark auf ihn einlassen und unser »drittes Ohr« öffnen. Das heißt: Wir müssen uns selbst hören beim Hören. Was erleben wir, wenn der Mann spricht? Das nennen wir Einfühlung.

Einfühlung heißt nicht »dasselbe fühlen«. Es heißt das fühlen, was ich fühle, wenn der andere spricht und mich mit seinen Gefühlen beeinflussen und beeindrucken will. Wenn ich zuhöre, kann ich meine dabei entstehenden Gefühle unterdrücken oder zulassen. Nur wenn ich meine Gefühle zulasse, fühle ich mich ein. Wenn ich zum Beispiel Angst entwickle, sobald der andere etwas, das ihn subjektiv beängstigt hat, erzählt, dann fühle ich nicht seine Angst sondern meine. Es ist dennoch ein Stück Einfühlung gewesen. Ich habe mich während seiner Schilderung, mit ihm zusammen, in einer von ihm bestimmten Weise gefühlt. Er hat von seiner Angst erzählt und wollte davon überzeugen. Ich habe mich an meine Angst erinnert und sie gefühlt – das ist Einfühlung. Wenn ich aber ohne Angst bin, während er mir von seiner Angst erzählt und mich auch nicht an früher gefühlte Angst erinnern kann, dann habe ich mich nicht eingefühlt.

Nun geht es aber nicht um mich, wenn ein anderer Mann von seinen Gefühlen erzählt. Es geht um ihn. Er will etwas von uns haben, zum Beispiel Mitgefühl, Anteilnahme oder Trost. Also muss ich mich wieder aus meinen Gefühlen heraus- und zu ihm hinbewegen. In jedem Gespräch ist dieser Zwei-Schritt notwendig: Sich in den anderen *hinein*fühlen und wieder aus ihm herausfühlen. Ziel ist, dass der Mann von meiner Reaktion auf das, was er erzählt, etwas hat. Gut wäre es, wenn er ein wenig Einblick bekäme in seine Persönlichkeit, in seine persönliche Gangart, seinen Lebensplan, die Art, wie er mit seinem Leben, seinen Mitmenschen und sich selbst umgeht. Gut wäre es auch, wenn er ein Stück weit merkt, wie die Welt »sieht«, die Menschen behandelt, seine Aufgaben anpackt. Er ist mit bestimmten Lebensaufgaben noch nicht so recht weitergekommen. Es fehlt ihm im Umgang mit Menschen etwas. Er weiß noch nicht, warum ihm dies und das im Leben zwar gelegentlich gelingt, aber dies und jenes andere immer wieder misslingt. Das gilt für Lebensaufgaben ebenso wie für zwischenmenschliche Beziehungen.

Auch das Erspüren, was einer *nicht* erzählt, gehört zur Einfühlung. Manchmal verrät die Mimik oder Gestik, was er nicht erzählt, was er verbirgt. Dann müssen wir ihn auf das Un-Passende hinweisen: »Du sagst, das hat dir nichts ausgemacht, aber du wirkst ganz aufgeregt.« Wenn einer nicht gerade Schauspieler ist, liegen seine Mimik und Gestik näher an der Realität als sein gesprochenes Wort.

Oder ein Mann erzählt etwas ganz anderes, als er eigentlich auf dem Herzen hat. Das eigentliche kann oder will er (noch) nicht erzählen. Auch dies kann man nur mit Einfühlung erkennen. Wer nur »wissenschaftlich« zuhört, distanziert naturwissenschaftlich gar, der akzeptiert das, was

erzählt wird, und vergisst die neun Zehntel, die im Unterbewusstsein verborgen sind. Und von dem einen Zehntel Bewusstsein verdecken noch einmal neun Zehntel das, was der
Mann anderen nicht erzählen will. Das ist ihm zwar bewusst
oder zumindest vorbewusst, aber er erzählt es nicht, weil er
Ablehnung fürchtet. Das heißt: Er offenbart nur ein Hun-
dertstel des relevanten Stimmungshintergrundes. Niemand
sollte kommen und behaupten: »Ich bin ganz offen. Ich er-
zähle alles.« Keiner sollte sich über den anderen stellen und
denken: »Ich bin offener, der Wahrheit näher.«

Die weitere Frage zur Einfühlung lautet: Wie kann ich
mich in Männer einfühlen? Wie geht das? Wie hört man
mehr als das gesprochene Wort?

Zunächst nehme ich meine eigene sinnliche Wahrnehmung zur Hilfe, »öffne« mich im Gespräch, weiter als es die
Wortsprache erlaubt. Meine Aufmerksamkeit erstreckt sich
auf alle sinnlich wahrnehmbaren Eindrücke. Der Mann
spricht nicht nur, er bewegt sich auch, fühlt sich, ist in cha-
rakteristischer Weise gestimmt, gestikuliert, verzieht sein
Gesicht, sieht abgespannt, ruhig, freundlich oder ängstlich
aus. Ich sehe, höre, fühle. Manchmal rieche ich sogar die
Angst der Männer, am stärksten in den Anfängergruppen.
Meine eigene Angst fühle ich auch, ich bin sie.

Dieses sinnliche Wahrnehmen ist kein rein naturwissen-
schaftliches Beobachten. Bei allzu großer Selbstkontrolle
und Angespanntheit entgehen mir Botschaften, die der andere Mann sendet. Ich schaue nicht wie durch ein Fernrohr
oder Mikroskop, weil mein Blickfeld nicht röhrenförmig
eingegrenzt bleiben darf. Stattdessen öffne ich mich nach *allen* Seiten. Wenn es mir gelingt, mich dabei nicht anzustren-
gen, wird alles heller und reicher. Sigmund Freud sprach von
freischwebender Aufmerksamkeit.

Das gelingt nur, wenn ich ruhig, offen und empfangsbereit bin. Je mehr ungelöste Probleme ich gerade in mir fühle,

desto mehr verhindern diese, dass sich die Lebensstimmung des anderen in mir ausbreiten kann. Wenn ich zum Beispiel mit einem Konflikt in meiner Partnerschaft zu tun habe, kann ich nicht nur nicht die Partnerschaftsprobleme des anderen in mir zulassen, ich kann überhaupt nur Gefühlsfragmente von ihm wahrnehmen. Das heißt, ich muss mit meinem dritten Ohr in den anderen Mann hineinhören und mit einem vierten Ohr in mich: Bin ich einigermaßen empfangsbereit?

Fazit: Einfühlung ist auf drei Stufen erforderlich, sprachlich, sinnlich und »übersinnlich«.

Übersinnlich – dieses Wort löst bei vielen Widerstand und Unwillen aus. Keine Angst: Ich werde hier nicht zum Esoteriker oder Mystiker. Wenn ich von Einfühlung spreche, dann meine ich etwas, das jeder nacherleben kann, der sich ernsthaft damit beschäftigt und es übt.

Das »vierte Ohr« hört meine eigenen Erwartungen und Gefühle, auch all meine kognitiven und emotionalen Erinnerungen, während ich mit dem anderen Mann im Gespräch bin. Dabei charakterisiert das Wort »Gespräch« den komplexen Kommunikationsvorgang meiner Meinung nach nur unzureichend. Die entstehenden Bewusstseinsinhalte sind keine fertigen Produkte, sondern in ständigem Wandel begriffene Kunstwerke; ähnlich wie Erinnerungen, die nicht nur einfach abgespeicherte Informationen sind, sondern ununterbrochen sich verändernde, formbare, plastische psychische Inhalte.

Das Kunstwerk im Gespräch entsteht dauernd neu, kreativ und schöpferisch, es ist nie fertig. Wenn ich ein Gespräch nicht nur als Austausch von Informationen sehe, sondern als gemeinsam erstelltes Kunstwerk interpretiere, lasse ich mich in mein und des anderen Mannes Unbewusstes hineingleiten. Mein Zustand ist dabei nicht der eines Halbschlafes, im Gegenteil: Ich werde hellwach mit allen Sinnen, weil und obwohl ich die bewusste Kontrolle des Gespräches größtenteils aufgebe, keine Zielrichtung mehr vorgebe.

In mir fließen meine und die Wahrnehmungen, Worte, Bilder, Szenen und Erinnerungen des anderen zusammen. Meine Phantasie, Gedanken und Gefühle machen aus allen Eindrücken ein Einfühlungserlebnis, das ich mitteilen kann, wenn ich es geduldig und entspannt in mir entstehen lasse. Die Betrachtung des gemeinsam erschaffenen Kunstwerkes kann sowohl sein als auch mein Bewusstsein erweitern.

Andere mögen von Erleuchtung, Botschaften, Trancezuständen, Spuk, Gespenstern und so weiter sprechen – das zeigt nur, dass sie den komplizierten Vorgang noch nicht richtig erfasst haben. Auch wir Männer können uns die erstaunlichen Produkte der Einfühlung erklären, die angeblich Frauensache sind. Sie erscheinen nur irrational, unbegreiflich und Männern unzugänglich, weil wir uns noch nie um einen Zugang bemüht haben.

Zurück zu dem Mann, der etwas von sich erzählt hat und nun hoffentlich zuhört, was wir ihm antworten.

In einschlägigen Kreisen wird häufig die Formulierung gebraucht, jemand hätte sich im anderen *gespiegelt*. Dieses Wort ist missverständlich. Ein Spiegelbild ist noch kein Kunstwerk. Was wir dem Mann zeigen sollten, ist sein Charakter, das, was er im Allgemeinen in seinem Spiegelbild eben nicht sieht. Jeder Mann ist eine Persönlichkeit, unverwechselbar, unvergleichlich, einmalig auf dieser Welt. Diese einzigartige Persönlichkeit wollen wir sehen, auch wenn sie uns noch nicht so besonders erfreut und beeindruckt. Typen könnte man spiegeln, aber das sind nur Klischees, die nie unverwechselbare Persönlichkeiten darstellen.

Nicht alle Männer, die in Deutschland leben, 35 Jahre als sind und einen technischen Beruf haben, fühlen gleich. Jeder Einzelne empfindet anders und lebt anders. Damit stellt sich uns mit jedem Mann eine ganz neue und andere Aufgabe des

Verstehens. Die Lebensgestaltung ist eine Kunst, nicht Handwerk, nicht Technik. Jeder ist der Künstler seines Lebens, der Schöpfer seiner Person. Deshalb erfordert auch das Verstehen dieses Lebens einen Künstler, ist das Verstehen wiederum ein Kunstwerk. Ich habe mich gefragt, ob ich zwei Männer kenne, die ähnlich empfinden. Zwar fielen mir Ähnlichkeiten auf, aber immer auch gravierende Unterschiede. Wir können demnach nie von einem Mann auf den anderen schließen.

Es gibt in unserer Arbeit keine technischen Regeln und keine psychischen Gesetze, die für alle Männer gelten. Ich gebe zu, dass mich diese Erkenntnis selber auch immer wieder erstaunt. Wir Männer tendieren offenbar stark dazu, komplexes Geschehen auf einfache Formeln zu reduzieren. Das muss mit unserer kindlichen Verwöhnung zu tun haben.

Jeder Mann reagiert auf die Männer in der Gruppe anders, immer gemäß seiner persönlichen Lebensstimmung. Auf die Darstellung einer komplexen Angstsituation zeigt der eine Angst, ist sich seiner Angst bewusst und wartet ab. Der andere ist vielleicht auch ängstlich, ist sich seiner Angst aber nicht bewusst, prescht sofort vor, kompensatorisch, schnell und angreiferisch. Beide haben Angst. Was sie unterscheidet, ist die Art, damit umzugehen. Ein dritter wird sich zurückziehen und sofort sagen: »Also hier werde ich überhaupt nichts erzählen. Das ist hier nicht die richtige Gruppe.« Und ein vierter wird sich im selben Umfeld entschließen: »Hier kann ich mich einlassen, ruhig und vertrauensvoll meine eigene Angstsituation vorlegen.«

Heiner: »Frauen Angst machen, um die eigene Angst nicht zu spüren«

Weil ich Männerforscher und Männerpraktiker bin, halte ich es für wichtig, dass Männer, wenn sie miteinander gearbeitet haben, auch im therapeutischen Rahmen in Gegenwart der TherapeutInnen mit Frauen in Berührung kommen, um zu sehen, wie sie mit Frauen umgehen und Frauen ansprechen. Aus diesem Grunde fahren wir jedes zweite Mal in einer gemischten Gruppe nach Pisselberg, meine Kollegin Roswitha Neumann und ich, jeweils mit einer Gruppe von Frauen, beziehungsweise Männern. Wir sind in einem größeren Kreise acht Tage zusammen und haben die Gelegenheit zu sehen, wie Männer mit Frauen und Frauen mit Männern umgehen. So können wir die Entstehungsbedingungen von Gefühlen in Beziehungen miterleben und kommentieren. Wir lernen dabei sehr viel über Geschlechterfragen.

Heiner wollte in einem Gespräch von sich erzählen: *Ich bin Heiner, 30 Jahre alt, habe mein Diplom in Mathematik gemacht. Das hat mich sehr viel Kraft gekostet. Ich habe eine Stelle bekommen und bin froh, dass ich mir um Geld keine allzu großen Sorgen mehr zu machen brauche. Ich muss allerdings sehr viel arbeiten. Ich bin jetzt hier sehr nervös.*

Heute möchte ich eigentlich über meine Gefühle reden und vor allem über die Beziehung zu meiner Mutter. Ich habe Mühe, an meine Gefühle heranzukommen, mache sehr viel mit mir selber aus und möchte gern mit einem Traum beginnen.

Mein Traum: Da war eine Höhle, möglicherweise im Haus meiner Eltern, einem alten Bauernhaus. Hinten ist eine Scheune, in dieser ist eine Erdhöhle. Und da hat eine Ratte gewohnt, das war eine große fette Ratte. Ich war noch mit einem anderen männlichen Begleiter da, schaute in diese

Höhle hinein und sah diese Ratte. Die Ratte hatte sich Tiere gehalten, und zwar zwei kleine Kätzchen und ein Kaninchen. Sie hat die Tiere verletzt. Eins von den beiden Kätzchen lag verletzt da, konnte nicht mehr gehen und hat sich von dem anderen Kätzchen streicheln und lecken lassen. Aber die beiden Kätzchen haben sehr viel Schmerz gehabt, waren verletzt. Die Seitenflanke des einen war aufgerissen, es war nacktes Fleisch zu sehen. Die große Ratte hat die Tiere verletzt, bei sich behalten, als lebendige Nahrung gehalten, das Kaninchen ebenso. Mein Begleiter hat versucht, vorsichtig die Hand hereinzustecken in die Höhle. Aber die Ratte wich zurück, machte Ansätze zu beißen. Wir konnten also nicht eingreifen.

Auf die Frage nach seiner Mutter fiel es ihm schwer, ein konkretes Ereignis zu erzählen: *Meine Mutter war im Grunde genommen wie eine Krankenschwester. Sie machte formal alles wie einen Job, aber lieblos. Sie war sehr jung, als ich zur Welt kam, und selbst noch unreif. Ich weiß auch gar nicht, warum sie ein Kind bekommen hat. Sie hat im Lauf der Zeit vier Kinder bekommen, aus Pflichterfüllung scheint mir jetzt ...*

Ich muss noch einen Traum erzählen: Da war eine Landschaft, die hat gebrannt. Auf einer Wiese brannte alles. Ein Mann war da und ein Mädchen. Das Mädchen war schon sehr verbrannt. Von dem Mädchen war nur noch ganz wenig übrig. Und dann hat der Mann das Mädchen gequält, hat das Mädchen noch einmal verbrannt mit scharfen, ätzenden Flüssigkeiten, in kleine Schachteln gesperrt. Und das kleine Mädchen hat ...

An dieser Stelle des Gespräches begann eine der beteiligten Frauen laut zu keuchen und zu schluchzen. Sie konnte nicht mehr ertragen, was Heiner erzählte, begann zu hyperventilieren, offenbar in einem Angstanfall.

Die Situation musste sofort verändert werden. Mir selbst war es so gegangen, dass ich schon längere Zeit großes Unbehagen beim Anhören der beiden Träume empfunden hatte. Ich dachte aber, wenn ich jetzt unterbreche und ihm rate, die Träume nicht zu erzählen, würde jemand mir vielleicht Überempfindlichkeit vorwerfen. Doch jetzt konnte ich sagen: »Solche Gespräche dürfen wir nicht in dieser Weise führen. Diese Horrorszenarien gehören nicht in unser Gespräch. So etwas dürfen wir uns nicht erzählen lassen, wir müssen das abstellen, auch in der Männergruppe. Allenfalls geht das in Einzelgesprächen.«

Außerdem müssen wir in unseren Gesprächen zunächst die aktuelle Lebensthematik des Betreffenden kennen lernen. In diesem Gespräch wurden wir geradezu überfallen, haben uns einfach die beiden Träume von Heiner aufdrükken lassen.

Heiner hatte schon jahrelang Psychoanalyse hinter sich und hatte offenbar dort eingeübt, Träume zu erzählen. Nun dachte er, er kommt auch bei uns damit gut an. Tatsächlich stellte er große Distanz her, versetzte uns in Angst und verhinderte jeden Kontakt zu uns.

Einige Frauen reagierten sehr markant: »Mir kommt es so vor, als ob du gar nicht fühlst, was du erzählst.« – »Ich fühle mich durch das, was du erzählst, gequält. Ich begebe mich dann ganz weit weg von dir. Das Ziel des Gespräches wird überhaupt nicht erreicht, nämlich, dass wir miteinander in Kontakt treten. Deine Phantasien schaffen Distanz. Du erreichst dein Ziel der Kontaktaufnahme überhaupt nicht.« – »Wie du da so sprichst, wie du da sitzt, wie du die Schultern hochziehst. Du hältst etwas ganz stark zurück, irgendwie so ganz wie eine Wand, die um dich herum ist. Du sprichst mit einer monotonen Stimme.«

Zu unserem Erstaunen war Heiners erklärtes Ziel für das Gespräch ein ganz anderes. Er sagte: *Ich kenne sehr wenig*

*Leute, so gut wie niemanden. Ich möchte Leute kennen ler-
nen, auch hier. Das ist mein Wunsch.*

Das war nun allerdings gründlich misslungen. Mit der
Nacherzählung seiner Horrorträume verhinderte er, an
Menschen heranzukommen. Wir müssen ihn entschieden
auf diese Gangart aufmerksam machen, die seine Lebensstimmung zum Ausdruck bringt: Menschen unbedingt auf
Abstand halten zu müssen, in die Flucht zu schlagen. Dabei
geht es ihm ja um die Aufnahme einer Beziehung zu einer
Frau. Gerade die Frauen hatte er durch seine Traumschilde-
rung in die Flucht geschlagen. Heiner selber hatte noch andere Ziele: *Ich versuche, mich hier so einzurichten, dass es
mir gut geht. Ich bin im Moment bestrebt, um Kontakte zu
werben, was mir nicht leicht fällt.*

Da hat er Recht. Er macht genau das Gegenteil von dem,
was er bewusst will. Er zwingt die Menschen in die Knie,
durch Angstmache. Wenn er werben will, muss er eine ganz
andere Melodie singen und seine Lebensstimmung ernsthaft
in Frage stellen. Er tut sich selbst nicht gut, wenn er in diese
Stimmung hineingeht, die er verbreitet hat. Er verkrampft
sich.

Am Tag davor hatte Heiner sich darauf gefreut, dass er
heute sprechen kann. Alles schien ihm locker und leicht,
und dann wurde es düster und bedrückend. Heiner versteckte seine fröhlicheren und leichteren Lebensanteile, gerade das also, was bei Frauen als Werbung ankommen
würde.

Wir haben ihm eingeräumt, dass er im letzten Jahr zu viel
gearbeitet hat. Man könnte vielleicht von einer Erschöp-
fungsdepression sprechen. Im letzten Monat hatte er einen
Gehörsturz. Wenn er jetzt hier in Pisselberg durchgängig in
diesen dunklen Unterbewusstseinszonen hängen bleiben
würde und nicht zur Ruhe und Leichtigkeit käme, dann
würden wir ihm auch nicht richtig helfen können.

Heiner: Ich beobachte mich jetzt hier sehr stark, gerade jetzt hier, dass ich so mit dem Kopf durch die Wand laufen will. So kommt mir das vor.

Wir hatten den Eindruck, dass er ein besonders schwieriges Thema vorlegen wollte, um gehorsam, also ernsthaft und intensiv weiter zu arbeiten. Das ist eines seiner Lebensprinzipien. Die bedrückende Stimmung, die er uns übermittelte, ist ein Teil seines Elternhauses. Dort durfte er nicht fröhlich sein und ausgelassen. Er verbietet sich das jetzt noch, mit der Rationalisierung, dass er in der Männergruppe auch immer intensiv arbeiten, eben etwas Schwieriges ansprechen muss. Auch körperliche Reaktionen wie einen Gehörsturz, vom Arzt als Mini-Gehörsturz bezeichnet, nimmt er sehr ernst. Ein Gehörsturz ist immer ein kleiner Herzinfarkt. Das ist in dieser Post-Examens-Depression gut verständlich. Nun muss er mit diesen schwierigen Themen allmählich aufhören.

Seine depressive Charakterstruktur hat viel mit Aggressionen zu tun. Menschen werden auf Distanz gehalten. In der Psychoanalyse benutzt man Traumdeutung, um sich an Dinge zu erinnern und womöglich Traumata und prägende Motive auszugraben. Aber wenn man nur Träume erzählt und deutet, dann ist man als Analysand in Gefahr, Träume überhaupt nur zu entwickeln, um dem Psychoanalytiker zu gefallen.

Wir arbeiten anders. Es geht nicht nur um das Erinnern, sondern auch um das Vergessen. Wenn das Unbewusste aufgedeckt ist, ist es manchmal ebenso wichtig, dass bestimmte schwierige Anteile vergessen werden.

Heiners Beispiel zeigt zugespitzt und drastisch, was viele Männer unbewusst immer wieder planen: »Frauen Angst machen, um die eigene Angst nicht mehr zu spüren.«

Die Ängste der Männer

Unsere Männergruppe ist ein soziales Feld mit einem Gegen-Klima gegen den »Stress« des Patriarchats, auch gegen den, den wir mit Frauen haben. Warum sollen wir es nicht auch einmal so ausdrücken? Wir haben im Jahr 1990 mit 32 Männern zum ersten Mal einen Pisselberg-Aufenthalt ohne Frauen riskiert.

Wir haben inzwischen eine männliche Gemeinschaft aufgebaut, die mehr ist als eine einfache Männerkumpanei: Sie stützt die Solidarität unter Männern, stellt eine neue Form des männlichen Zusammenlebens dar und bewirkt aber auch, dass Frauen humaner behandelt werden.

Es ist schwierig, Menschen, die unsere Arbeit nicht kennen, deutlich zu machen, wie wir mit Angst umgehen. Therapieziel ist die Selbstverantwortung, der Abbau von Herrschaft, Macht und Gewalt gegenüber Schwächeren. Männer haben im Allgemeinen besondere Probleme mit Ängsten, denn Frauen haben Angst vor uns. Frauen wissen, dass Zerstörung und Gewalt meist von Männern ausgeht.

Es kann auch wichtig sein, den Männern, die in die Männergruppe kommen, Angst zu machen, in der Situation, in der sie gerade stehen, in Krisen, Trennungen, Krankheiten. Männer dürfen offiziell keine Angst haben. Wir sind aber Männer mit Angst. Meine Erfahrung war, dass ich mutiger wurde, nachdem ich durch meine Angst hindurchgegangen war. Ich habe mich gefragt: »Wie muss ich mit Männern umgehen? Wann muss ich ihnen Angst nehmen? Wann muss ich ihnen Angst machen?« Diese Fragen stelle ich, obwohl ich mir sehr bewusst bin, dass Männer, die häufig auch Väter sind, Mut brauchen, mutiger werden wollen, sich gegenseitig Trost und Geborgenheit vermitteln müssen.

«Angst macht dumm.« Dieser Spruch ist in manchen Situationen richtig. Aber es gibt auch Situationen, in denen Angstlosigkeit Dummheit ist. Vielleicht sogar Grausamkeit. Meine Angst-Arbeit mit Männern basiert immer auf der Frage: »Wie reagiert dieser Mann auf diese Angstsituation?« Ich bin nicht destruktiv und nicht feindselig Männern gegenüber, allenfalls konfrontativ. Angst vor der eigenen Gewalt ist angebracht. Ich kenne sie und weiß, dass wir sie gemeinsam durcharbeiten können, dass wir es uns nicht leisten können, sie zu verdrängen.

Etwas anderes als Angstmachen ist Trösten, eine wichtige Aufgabe für uns Männer. In der Männergruppe können wir lernen zu trösten, wenn es jemandem schlecht geht, auch, wenn jemand Angst hat. Das Gegenteil aber ist auch vonnöten, jemandem überflüssigen Trost wegnehmen, den vorzeitigen verwöhnenden Trost, der ihm das Nachdenken und Nachfühlen über seinen Lebensplan abnimmt. Es muss nicht immer getröstet werden. Manche Männer wollen sich gar nicht immer trösten lassen.

Ich fordere manchmal Frauen auf, Männern Angst zu machen. Angst ist nicht immer gefährlich. Manchmal ist sie unerlässlich. Das Schlimme ist, dass man Männern häufig gar nicht genug Angst machen kann. Sie machen Krieg, sie gehen gehorsam in den Krieg, ohne sich aufzulehnen, ohne Angst zu entwickeln. Sie zerstören sich gegenseitig.

Der Krieg zwischen Mann und Frau ist in unserem Lebensplan verankert. Den müssen wir erst erkennen und fühlen, bevor wir ihn verändern können. Natürlich erfordert die Möglichkeit, jemandem Angst zu machen, eine enge Beziehung, eine Beziehung, die auch tröstlich und tragend sein kann. Meine These lautet deshalb, dass es manchmal unerlässlich ist, Männern Angst zum Leben zu machen, Angst vor dem Tod. Es ist nicht möglich, aber auch nicht notwendig, immer weich, sanft und zärtlich mit den Männern umzugehen. Ich kann nicht immer Frauensprache sprechen.

Wichtig ist, dass ich in der Lage bin, in bestimmten Situationen fraulich, tröstlich und einfühlsam zu sein. In anderen Situationen werde ich anders reagieren.

Wenn ich davon spreche, jemandem Angst machen zu müssen, dann meine ich keine gewalttätige Angstmache. Ich meine konfrontatives Klima und differenzierte Untersuchung. Angst macht nicht immer dumm. Manchmal müssen Frauen Männern, müssen Männer sich gegenseitig Angst machen. Dabei geht es nicht darum, jemand fertig zu machen, sondern Gespräche zustande zu bringen, die es erlauben, mit der Angst ruhig und produktiv umzugehen, besonnener, klar, deutlich und unmissverständlich. Es ist unter Männern auch unerlässlich, sich manchmal zu verweigern. Die Verweigerung gegenüber dem chauvinistischen und grausamen, patriarchal eingestellten Mann bezahlt die Frau mit Einsamkeit. Das ist gesellschaftliche Realität. Also müssen Männer sich anderen Männern, die zur Gewalttätigkeit auffordern, verweigern. Wir wollen mit anderen Männern Beziehung aufnehmen, ihnen manchmal Angst nehmen, manchmal aber auch die verwöhnende Stütze und Hilfe nehmen, um sie an ihre Angst heranzuführen, um gemeinsam einen neuen Umgang mit Angst und eine neue Gemeinschaft aufzubauen.

Ich sage es noch einmal auf andere Weise und ganz deutlich: Ich kann und will nicht mit jedem in jeder Situation Beziehung aufnehmen, tröstlich und zugewandt sein. In manchen Situationen muss ich mich abgrenzen. Ich kann und will nicht immer nur verstehen. Ich will auch nicht immer nur tolerant sein. Ich werde mich manchmal abwenden, um mit jenen Menschen Beziehung aufzunehmen, mit denen sich Beziehungsaufnahme lohnt, erstens, weil sie bereit sind, humanitäre Gedanken und Bestrebungen aufzunehmen und zu verwirklichen, und zweitens, weil ich merke, dass ich mir in diesen Beziehungen nicht nur Arbeit, sondern auch Heimat, Trost und Geborgenheit holen kann.

Nach diesen Vorbemerkungen zum Thema möchte ich einen Mann aus einer von mir lediglich supervidierten Gruppe zu Worte kommen lassen, der mir einen Brief schrieb:

Lieber Wilfried,

im April schrieb ich dir folgenden Brief:

«Seit Wochen versuche ich, dir einen Brief zu schreiben. Denn seit vergangenem Winter-Pisselberg spüre ich, dass ich etwas von dir möchte. Gleichzeitig merke ich Angst und Unruhe in mir aufsteigen, wenn ich dich sehe, die es mir schwer machen, auf dich zuzugehen.»

Auch dieser Brief fällt mir sehr schwer, aber ich spüre, dass ich ihn schreiben will und muss, um wieder ruhiger und klarer zu sein.

Im vergangenen Winter-Pisselberg (ich beginne hier, obwohl die Vorgeschichte sicher noch weiter zurückreicht.) hast du mir viele zugewandte Angebote gemacht.

Gleich zu Beginn äußerte ich meine Angst vor aggressivem, hartem Vorgehen deinerseits (mir steckte wohl noch so manche Auseinandersetzung, die du mit verschiedenen Männern in den Jahren zuvor hattest, in den Knochen) gegen Männer, die an ihrem Widerstand fest halten.

Du kamst in der nachfolgenden Zeit gleich einige Male auf meine Befürchtungen zurück, gingst ein auf mich, und ich habe deine Bemühungen gesehen, mir deine Art und Arbeit und dein Vorgehen in verschiedenen Situationen zu erklären, um bei mir Angst abzubauen. Da spürte ich deutlich, wie schwer es mir fiel, deine Zuwendung anzunehmen und dir zu vertrauen. Das macht mich traurig.

Es war eine große Kraftanstrengung, deine zugewandten Worte zu hören und zugleich meine kritische Distanz zu dir aufrechtzuerhalten. Auf der einen Seite war die Sehnsucht, mich einzulassen, auf der anderen Seite Angst und Misstrauen (»Komm mir nicht zu nahe!«).

Während des gesamten Pisselberg-Aufenthaltes hielt ich diese Distanz zu den Männern um mich herum aufrecht, was mich sehr viel Kraft gekostet hat. Bezeichnenderweise brachen die Gefühle aus mir heraus, als die Frauen zu Besuch waren und sagten, sie würden uns Männer mit unseren Gefühlen annehmen.

Und zurück in Berlin ging es mir sehr schlecht: Ich fühlte mich klein, verletzt und war tief traurig darüber, dass es mir nicht möglich gewesen war, mich bei den Männern anzulehnen, mir Unterstützung und Geborgenheit zu holen, in tiefen Austausch zu treten.

Ich hatte Angst vor den anderen Männern, die mir nichts getan hatten, und war voller Misstrauen. Wilfried, mit dir ging es mir im Winter-Pisselberg so, dass ich viel deutlicher als ein Jahr zuvor deine liebevollen, zugewandten Seiten in den Gesprächen gesehen und auch gespürt habe. Aber ich konnte nicht über meinen Graben hinweg, konnte mich nicht darauf einlassen, obwohl ich es gerne gewollt hätte.

Ich spüre gerade viel Trauer in mir.

Sehr geschmerzt hat mich unser Abschied. Ich ging auf dich zu und gab dir die Hand; in diesem Augenblick hatte ich den Eindruck, du gingst einen Schritt zurück – auf Distanz zu mir, wie ich vorher auf Distanz zu dir gegangen war. Du sagtest, ich sei ja sehr distanziert gewesen und du hättest schon früher etwas in der Richtung bei mir geahnt (was meinst du damit?). Mein Gefühl in dieser Situation war, dass ich dir weh getan hatte mit meiner Blockade, und nun spürte ich, dass ich mir selbst damit auch weh getan hatte.

Vielleicht war es nötig für mich, in diesem Winter-Pisselberg noch einmal mein ganzes altes Misstrauen in Bezug auf Männer (meinen Vater, meine Mitschüler) und meine Ängste (»Was kann ich von den anderen erwarten?«) zu inszenieren und zu erleben. Und auch die damit verbundenen Gefühle von Einsamkeit und Verzweiflung, weil ich mich nicht in Be-

ziehungen aufgehoben fühlen kann. Lieber Wilfried – du hast mir in Pisselberg viele Angebote gemacht, auf die ich mich nicht einlassen konnte. Schmerz und Traurigkeit darüber kommen immer wieder in mir hoch.

Ich spüre den Wunsch, an deine Angebote anzuknüpfen und aus meiner Distanz herauszukommen und auf dich zuzugehen. Dich direkt anzusprechen, fiel mir schwer, deshalb schreibe ich dir diesen Brief.

Über eine Antwort von dir würde ich mich freuen.

Freundliche Grüße,

dein Matthias ...

Im Mai besprach ich diesen Entwurf in der Männergruppe. Ich wurde stark kritisiert. Der Brief sei »demütig«; ich sei wie ein kleiner Junge, der nicht erwachsen werden will; und ich sagte nicht klar, was ich eigentlich von dir wolle.

Vieles an den kritischen Worten der Männer fand ich berechtigt und die Kritik hat mir – auch – gut getan. Aber mir fehlte in dieser Stunde Anerkennung für diesen Brief, der mir sehr schwer gefallen war und nahe ging. In einer späteren Stunde äußerte sich Carsten positiv zu dem Brief: Ich sei dicht an meinen Gefühlen gewesen; er sei etwas eifersüchtig geworden, denn er habe sich auch sehr um mich bemüht und hätte gerne einen solchen Brief von mir bekommen.

Carstens Intervention hat mich gefreut und berührt und mir Mut gemacht, dir die obigen Zeilen zu geben. Wilfried, ich kann momentan nur so viel sagen, dass ich mir mehr Austausch und Kontakt mit dir wünsche – im kommenden Sommer-Pisselberg sehe ich eine Gelegenheit dafür.

Inzwischen denke ich, dass es auf jeden Fall wichtig ist, dass du meinen April-Brief erhältst, da er wichtige Gefühle enthält, die ich zu dir empfinde und die ich dir nicht vorenthalten möchte.

Dein Matthias«

166

Dieser Brief bringt sehr deutlich und klar zum Ausdruck, was viele Männer in vielerlei Hinsicht fühlen, in der Beziehung zu mir, in den Beziehungen zu den anderen Männern und in den Beziehungen zu Frauen.

Angst und Trauer sind Gefühle, die dicht nebeneinander liegen. Zu meinen persönlichen Erfahrungen in der Männergruppe und Männerarbeit gehört nicht nur, dass ich mich mit Männern immer besser fühle, die Männer in ihren Lebensplänen besser verstanden habe und annehmen konnte, sondern auch, dass ich besser zu meinen eigenen Trauergefühlen stehen kann.

Das erste Mal weinte ich in der Gruppe, als ein Mann über seine Erfahrungen in Polen als Neunjähriger erzählte, über seine Todesangst, in dem Bauernhof eingeschlossen und verbarrikadiert zu werden und in dem Hof mit anderen Deutschen zusammen von Polen verbrannt zu werden. Ich weinte auch, als er erzählte, wie es ihm ging, als er seine Mutter nach zwei- bis dreijähriger Abwesenheit wieder sah, wie ungeheuer er sich vorher im Stich gelassen gefühlt hatte und dann sehr erleichtert war, als seine Mutter wieder auftauchte.

Ich war sehr froh darüber, dass mir Angst und Trauer inzwischen zugänglich waren und dass es mir niemand in der Gruppe übel genommen hat, dass ich als der Therapeut Schwäche zeigte, meine vielleicht von manchen zunächst insgeheim belächelten und abgewerteten Gefühlsregungen der Gruppe zumutete.

Zum Thema Angst und Trauer gehören auch die Erlebnisse mit Männern, die aus der Männergruppe herausgegangen sind, bevor ich damit gerechnet hatte. Es gehört zu meinen persönlichen Haltungen, Männer, mit deren Reaktionen und Verhaltensweisen ich Mühe habe, intensiv und deutlich zu konfrontieren, obwohl ich auch Angst habe, dass sie die Flucht ergreifen. Es ist nicht ausgeblieben, dass manche Männer aus der Gruppe herausgegangen sind, weil sie sich nicht in der Lage fühlten, die Auseinandersetzung weiterzuführen, und offenbar zu starke Ängste entwickelten.

Wolfram zum Beispiel, von dem ich erfuhr, dass er mit Harald eine Schlägerei angezettelt hatte, habe ich sehr deutlich und kräftig angesprochen, auch mit lauter Stimme, was ihn bewog, die Gruppe zu verlassen.

Jürgen hatte immer Mühe damit, sich in die Gruppe einzufügen. Er hatte immer eine Sonderstellung beansprucht und zum Teil mit mir gerangelt, wenn es um irgendwelche Probleme in der Gruppe ging. Er hat mir zum Beispiel erzählen wollen, wie ich eigentlich mit Kindern umgehen müsste und was ich alles so versäume. Ich habe relativ deutlich eingeräumt, dass er hier und da Recht hat. Andererseits habe ich ihn auch sehr deutlich mit seinen eigenen Schwächen konfrontiert, was ihn auf die Dauer bewog, die Gruppe zu verlassen.

Günther hat zwei, drei Jahre lang intensiv mitgearbeitet, sich dann auf merkwürdige Art verabschiedet, als hätte er jetzt genug gelernt. Ich hatte nicht den Eindruck: Er hatte sich nur von mir, nicht aber von den anderen Männern verabschiedet.

In anderen Fällen, wenn jemand sich wie z.B. Peter absolut gegen seine Frau stellt, Querelen mit ihr anzettelt und ich das von ihr höre, werde ich sehr sauer. Dann macht mir der Abschied keinen Kummer, sondern ich bin froh, dass ich die Beziehung zu dem Betreffenden abbrechen kann.

Klaus hat es fertig gebracht, obwohl er selbst Psychologe werden wollte, in Pisselberg dabei zu sein und in einer Konfliktsituation abzureisen, ohne sich klar zu machen, dass er damit eventuell eine ganze Reihe von Menschen in ziemliche Unsicherheit und Ängste stürzen könnte. Jemand verlässt die Gruppe, fährt nachts zurück nach Berlin. Wir wissen nicht, was passiert ist und was passieren wird, mit welchen

Gefühlen er die Heimreise mit seinem Auto antritt. Das war Beziehungslosigkeit und Unverständnis der Gruppensituation gegenüber.

Jean-Philip habe ich selber den Vorschlag gemacht, aus der Gruppe herauszugehen. Er hatte unmissverständlich geäußert, dass er nicht die Absicht hätte, irgendwann wieder einmal mit nach Pisselberg zu fahren. Er wolle auch keine Einzelstunden, nur einmal pro Woche an der Gruppe teilnehmen. Das war mir in diesem Fall zu wenig. Dann sage ich auch schon mal: »Mir ist lieber, wenn du dich entscheidest. Entweder du steigst intensiver ein oder du verlässt die Gruppe.«

Einige Männer warten auf einen Platz, und wenn einer sehr dringlich auf einen Platz wartet und ein anderer sich in der Gruppe nur im Sinne eines kosmetischen Aufarbeitens gewisser Äußerlichkeiten bewegt, dann kann ich deutlich sagen: »Wir wollen uns lieber verabschieden.«

Im Falle von Michael war die Sache ganz anders. Er hat acht Jahre lang intensiv in der Männergruppe mitgearbeitet, war einer derjenigen, die ich ermuntert hatte, doch selber auch Männergruppenarbeit zu leisten. Wir haben uns im Grunde überhaupt nicht verabschiedet. Er ging aus der Gruppe heraus, ich habe weiterhin Kontakt zu ihm. Er kommt zu weiteren Buchtreffen. Wenn wir uns sehen, haben wir sofort wieder einen guten Kontakt und könnten diesen jederzeit wieder aufnehmen. Wir behalten uns jedenfalls in guter Erinnerung.

Joachim: »Meine innere Spannung schien mich zu zerreißen«

Lieber Wilfried,
unsere erste direkte Begegnung, 1984, hat mich schon stark beeindruckt. »Es ist ein großes Glück. Er will mit mir

arbeiten«, schrieb ich in mein Tagebuch. *Es war mein erstes Therapiegespräch bei dir, ich war dreiunddreißig Jahre alt und hatte mich an dich gewandt, weil meine zweite Liebesbeziehung zu Ende ging. Irgendetwas konnte mit mir nicht stimmen. Ich wollte herausfinden, warum ich mit einer Frau nicht glücklich werden und warum ich keine Freundschaften aufrechterhalten konnte. Von einer Männergruppe, die du führen würdest, hatte ich gehört, und ich wollte ja das Gespräch mit Männern, wollte wissen, ob es nicht auch anderen Männern so geht wie mir. ... Du hast sofort deutlich Beziehung zu mir aufgenommen und Verbindung mit mir hergestellt. So konnte ich spüren, da ist jemand, dem ich willkommen bin.*

Die ersten Male in der Gruppe erzählte ich von meiner aktuellen Situation der Trennung und auch von meinem Aufwachsen als Kind. Es hat mich enorm erleichtert. Du fragtest mich in einem dieser Gespräche, wie ich mich denn fühle. Darauf hatte ich keine Antwort, mir fiel kein passender Begriff ein, mit dem ich mein Gefühl hätte beschreiben können. Erhard meinte, ich würde auf ihn traurig wirken, und ich konnte ihm bestätigen, dass er damit mein Gefühl treffend benannt hatte. Ich konnte mir meine Trauer zuvor nicht eingestehen und sie deshalb auch nicht verarbeiten. ... Nun bekam ich den ersten Zugang zu meinen Trauergefühlen.

Kurz darauf fuhr ich mit nach Pisselberg. Eines Abends sprach Erhard von seinen Erlebnissen im Krieg, von Todesangst. Ich musste weinen und fühlte mich plötzlich ganz verlassen. Am nächsten Morgen bin ich mit ganz trockener Kehle aufgewacht. Am Vormittag erzählte dann Rainer davon, dass er als Kind mit ansehen musste, wie ein Kind vom Heidelberger Schlossberg zu Tode fiel und dabei nicht einmal mehr schrie. *Wieder habe ich geweint, bekam aber dann Beklemmungen. Ich dachte an den Tod meiner Mutter, hatte Herzschmerzen und das Gefühl glühender Kohle im Bauch, die alles in mir verbrennt. Hinzu kam dann Atemnot, doch ich sagte nichts, um Rainers Gespräch nicht zu stören. Aber es wurde immer schlimmer. In der Kehle und im Mund wurde ich ganz trocken und verspürte Durst. Dann wollte ich etwas sagen, konnte aber nicht mehr sprechen. Ich bekam immer mehr Angst, glaubte, mein Herz würde jeden Augenblick stehen bleiben. Endlich spürte ich etwas Feuchtes an den Lippen und trank. Da merkte ich, wie die Angst wich. Ich war vollkommen erschöpft und weinte lange.*

Am Abend habe ich das dann alles erzählt, wie ich mich am Vormittag fühlte. Das Gespräch hat mir gut getan und es war befreiend, auch wenn es mich ... sehr viel Kraft kostete. Die Kontakte hatten sich verbessert.

Eines Tages rief Claudia an. Wir kannten uns aus Pisselberg. Sie fragt ohne Umschweife, ob ich Lust hätte, mit ihr am Abend Essen zu gehen. Wir trafen uns, gingen erzählend spazieren und im Gartenlokal essen. Dann gingen wir Arm in Arm noch zu ihr, tranken Tee, erzählten und Claudia spielte auf der Gitarre. Spät am Abend brachte sie mich zur U- Bahn. Voller Freude fuhr ich nach Hause. ... Ich hatte mich verliebt, wollte mir das aber noch gar nicht eingestehen. ... Aber es hatte sich ja etwas verändert in meinem Leben. Ich konnte in der Einzelstunde bei dir von diesen Gefühlen erzählen. Zum ersten Mal in meinem Leben erlebte ich ganz bewusst, wie es ist, über die aktuellen Gefühle zu einer Frau mit anderen Männern zu sprechen, ich war nicht allein damit. ...

So erzählte ich Claudia bei unserer nächsten Verabredung von meiner Verliebtheit in sie. Sie war nicht überrascht, sagte aber nicht gleich etwas darauf. Ein paar Tage später meinte sie zu mir am Telefon, sie sei ihrerseits nicht in mich verliebt, wolle sich aber doch weiter mit mir treffen. Doch einen Tag später rief sie wieder an und wollte mich unbedingt sehen. Zum Glück, in des Wortes wahrster Bedeutung, ließ ich mich darauf ein. An dem Abend gingen wir nicht auseinander, sondern hatten unsere erste gemeinsame Nacht.

Zu der Zeit spürte ich schon sehr deutlich die entstehende Verbindung zu den Männern. Es war etwas Unbekanntes, Neues und, wie ich fühlte, Wichtiges für mich. Das war zwar noch nicht so klar in Worte zu fassen, wie ich es rückblickend kann. Aber ich spürte, da ist etwas, eine Verbindung, die ich mir bewahren will, die für mich lebensnotwendig ist. Damit war aber auch eine neue Angst entstanden, die Angst, die Verbindung zu diesen Männern wieder zu verlieren.

Claudia musste wegen eines Bandscheibenvorfalls am Rücken operiert werden. Sie hatte Angst und es hat sie viel Kraft gekostet. Ich bemühte mich um sie, fuhr täglich zu ihr ins Krankenhaus und war für sie da, so gut ich konnte. Nach ihrer Entlassung war weiterhin Ausruhen und vorsichtiges Bewegen notwendig. Entsprechend behutsam gingen wir in der Sexualität miteinander um. Wir haben zärtlich gekuschelt, uns gestreichelt. Aber selbstverständlich gab es keinen Koitus und auch auf Orgasmus haben wir miteinander verzichtet. Als wir wieder Koitus miteinander versuchten, kam es manchmal schon kurz nach dem Eindringen bei mir zum Erguss. Dem Koitus ging immer ausgiebiges, gegenseitiges Streicheln voraus, bei dem ich meinen Höhepunkt tunlichst und erfolgreich vermieden hatte. Darüber wollte ich mit den Männern ins Gespräch zu kommen. Ich hatte bis dahin noch sehr wenig Erfahrung, mit Männern über Sexualität zu sprechen, und in einer Gruppensituation war es sowieso mein Debüt. So war ich entsprechend aufgeregt, hochgradig ängstlich und verletzbar, all meinen Mut zusammennehmend, erzählte ich drauflos, so gut ich konnte. Langsam, um nach Worten zu suchen, die niemandem obszön sind oder sonst abstoßen. Dann, nachdem ich fürs Erste genug erzählt hatte und etwas Verschnaufpause brauchte, sprachst du recht schnell vom vorzeitigen Samenerguss und dass ich lernen könne, mich zu kontrollieren. Auf meinen Einwand, dass das so nicht stimme und dass ich normalerweise keine Schwierigkeiten hätte, mich länger zurückzuhalten, meintest du, dass es »so gut vorher auch nicht gewesen sein« wird. Claudia hatte ihrerseits einen Tag zuvor in der Frauengruppe die Situation ebenfalls beschrieben. Sie habe erzählt, gabst du wieder, ich wolle mich nicht zurückhalten. Mir war klar, dass dies nur Claudias Vermutung, entsprechend ihres Männerbildes, sein konnte, denn gesagt habe ich solches nicht. Doch hatte mich das Gespräch bis dahin schon zu viel Kraft gekostet, und ich hatte zudem das Gefühl, du glaubtest mir nicht, und kam in ziemliche Verzweiflung. Gewünscht hatte ich mir von dem Gespräch etwas Erleichterung und Trost. Nun fühlte ich mich eher zusätzlich belastet. ...

Zunächst also Verzweiflung, etwas Ärger und vor allem Angst. In der folgenden Einzelstunde wollte ich davon sprechen. Aber ich war kein Gegenüber. Fast flüsternd sagte ich zu dir, dass ich mich über dich geärgert hatte, statt meine Verzweiflung zu artikulieren. Damit hatte ich schon im Ansatz die Basis für eine produktive Klärung vertan. Erst ein Vierteljahr später fasste ich neuen Mut und hatte ein zuversichtliches Gefühl für das bevorstehende Gespräch in der Männergruppe.

Du hast mich gebeten, die Kassette von der Einzelstunde, in der ich vorsichtig dir gegenüber von Ärger sprach, in der Gruppe vorzuspielen. Das tat ich mit neuer Hoffnung. Aber es war kein »Aha« oder »Ach, jetzt verstehe ich auch deine Verzweiflung«, was ich zu hören bekam. Du hattest im Gegenteil den Eindruck, ich wolle dich in die Knie zwingen, dir »solche Deutungen überhaupt untersagen«. Damit kam ich überhaupt nicht mehr zurecht. Ich bekam nun den Eindruck, alles, was du sagst, widerspruchslos annehmen zu müssen. Hin- und hergerissen zwischen Resignation und Wut, war ich unglücklich und voller Angst.

Um meine Angst, die ich wohl zum größeren Teil noch verdrängte, zu beruhigen, konnte ich aggressive, ärgerliche oder gar wütende Haltungen von mir nicht mehr aufkommen lassen. Konfrontativ konnte ich damit nicht umgehen, weil es meine Angst, die Verbindung zu verlieren, unerträglich hätte werden lassen. Ich war in meinem Ringen um die Beziehung zu dir gescheitert und konnte damit nur sehr schlecht umgehen. Meine Reaktion war, jeden abweichenden Gedanken zu negieren, möglichst nicht mehr zu denken oder gar auszusprechen. Ich reagierte mit der Vorstellung, ich müsse so sein und empfinden, wie du mich beschreibst. Zudem nahm ich mir vor, mich nie wieder über dich zu ärgern. ...

Nun beschäftigte ich mich stärker mit meinem Vater. Er hatte ja seine letzten Jahre äußerst resigniert zugebracht. Aus der inneren Beschäftigung mit meinem Vater, zu diesem Zeitpunkt schon seit achtundzwanzig Jahren tot, entstand ein sehnsuchtsvoller Brief an ihn, den ich in der Männergruppe vortrug. Ohne dass ich das damals auch nur ahnen konnte, sehe ich diese Entwicklung rückblickend als den Beginn einer entscheidenden Wende in meinem Leben an. Dazu muss ich kurz etwas von meiner Kindheit und Jugend schildern.

Als ich acht Jahre alt war, starb mein Vater und hinterließ mich meiner Mutter, meiner Schwester, meinen Tanten, meiner Oma und meiner gerade geborenen Nichte. Jahrelang hörte ich aus ihren Erzählungen, wie froh sie waren, dass er endlich weg ist. »Männer sind sowieso der letzte Dreck.« – »Männer sind wie Toiletten, entweder besetzt oder besch...«
– »Werd' du bloß nicht wie dein Vater, Joachim!« ... In diesem Klima konnte ich keine positiven Empfindungen zu meiner Männlichkeit entwickeln. Hinzu kamen »gemütliche Abende« mit meiner Mutter, mit der ich ab meinem elften Lebensjahr allein wohnte. Wir sahen fern, tranken süßen

Bordeaux und gingen anschließend schlafen, wie üblich auf der Snapcouch. Ich hinten, zwischen der Wand und meiner Mutter. Oft schreckte ich im Einschlummern wieder hoch, von ihren schwitzigen Körpermassen erdrückt, wollte ich in der Wand verschwinden, mit tauben Gefühlen unterhalb meines Bauchnabels.

Nein, ich wollte kein Mann werden. Als Mädchen hätte ich ruhig neben meiner Mutter schlafen können. Als Mädchen hätte ich mich nicht ausgeschlossen fühlen müssen. Mann zu werden empfand ich als Strafe für eine diffuse Schuld. Aus diesem Arrangement entwickelte sich mein Wunsch, lieber eine Frau sein zu wollen, und meine Haltung, Männer zu hassen wie die Pest. Am besten eine lesbische Frau, auf einem männerfreien Planeten. Damit konnte ich natürlich nicht glücklich werden. Halbherzig habe ich geheiratet und halbherzig hatte ich Kontakte zu Männern. Immer wieder brach ich die Kontakte ab.

Nun aber habe ich meine Haltung ändern können und die Verbindung zu den Männern nicht aufgegeben. Trotz der Schwierigkeiten blieben du und viele der anderen Männer für mich anziehend. Ich bin nicht bei meiner Resignation stehen geblieben, sondern habe mich mit meinem Vater auseinander gesetzt, ich habe mich in der Männergruppe mitgeteilt, dank des Klimas dort. Der Hass auf die Männer wurde brüchig und der Abschied vom Wunsch, lieber eine Frau sein zu wollen, begann.

Ein bemerkenswertes Symptom dieses Wunsches war mein freundschaftlicher Kontakt mit Frauen. Wenn mir eine Freundin sagte, »Ach, Helmut, du bist eigentlich so eine richtige Freundin!«, dann war ich am Ziel meiner Wünsche, aber mit Claudia kam es zu Verwicklungen. Erstens sagte sie mir sehr deutlich, dass sie mit einem Mann zusammenleben will, und zweitens fragte sie mich, wie es denn um die Erotik stehe, wenn ich mich mit den Freundinnen treffe. Das hat *mich dann gekränkt. Denn ich hatte ja wirklich keine erotischen Interessen.*

Es ist mir schwer gefallen, mich mit meinem Mannsein anzufreunden. Permanent rang ich darum, einen Zugang zum Gespräch mit den Männern zu finden. Beispielsweise schrieb ich den Männern einen Brief und begann ihn mit den Worten: »Schweigen ist Gold, heißt es im Sprichwort. Was soll ich mit dem Blech?« *Damit wollte ich aus dem Schweigen heraustreten, indem ich das Schweigen als Blech abwertete. Aber man hielt mir die Interpretation entgegen, ich würde das Gespräch in der Männergruppe als* »Blechreden« *bezeichnen. Immer wieder fühlte ich mich abgelehnt, unverstanden, beleidigt, verdächtigt, diffamiert und gekränkt. Vor allem, weil man mir nicht glaubte. ... Ich sah mich Äußerungen wie:* »Du zeigst dich nicht, Joachim«, *ode:r* »Das glaube ich dir nicht«, *gegenüber. Wie sollte ich zeigen, was ich nicht hatte? Da wurde mir Spaß* »unterstellt«, *wenn ich andere Frauen als Claudia bei der Begrüßung umarmte. Was denn für Spaß? Noch bevor ich eine Frage beantworten konnte, waren im Nu zahlreiche weitere ausgesprochen. Fragen für mich, wie aus einer fremden (Männer-)Welt, die auf mich nun wieder abstoßend wirkte. Schon allein der Umstand, dass ich unter Verdächtigungen kam, bedeutete für mich den Verlust meiner Selbstachtung. Meine innere Spannung schien mich zu zerreißen.*

Mit Claudias Tochter Kathrin entwickelte sich im Laufe der Zeit eine von mir als väterlich empfundene Beziehung, mit der Kathrin selbst sich auch wohl fühlte. Claudia jedoch fühlte sich damit unwohl, zumal ihre eigene Beziehung mit Kathrin schwierig war. »Was habt ihr denn so viel miteinander zu reden?«, *fragte sie.* »Wie ist das mit der Erotik, wenn du dich mit ihr triffst?«, *wollte Claudia von mir wissen, was mich zutiefst verletzte. Als dann in Pisselberg darüber gesprochen wurde, habe ich mich sehr in Not gefühlt. Nicht nur*

Claudia, überhaupt meinte man, ich müsse erotische Gefühle doch auch für andere Frauen als für Claudia empfinden. Darauf reagierte ich mit dem Begriff »für mich tabu«. Nicht nur Kathrin, nein, alle Frauen außer meiner Partnerin sind für mich tabu. Von meiner Verletztheit, so mein Eindruck, wollte man nichts hören. Ich fühlte mich zu Gefühlen »gezwungen«, die ich noch nicht entwickelt hatte. Entstanden ist diese Haltung jedoch in der Kindheit. Erotik musste ich abwerten, um damit vor Übergriffen sicher zu sein. Jede erotische Stimmung mit einer anderen Frau als der legitimierten Partnerin, ist mir undenkbar gewesen, und nun wurde »verlangt«, dass ich es sogar fühle. Das konnte ich mit meiner Selbstachtung nicht vereinbaren, und der von mir als »Zwang« empfundene Druck, erotische Gefühle zu haben, wurde mir unerträglich. Einladende Stimmung wäre mir lieber gewesen.

Kurze Zeit später wurde bei Claudia ein Knoten in der Brust diagnostiziert. Von Krebs wurde gesprochen. In erster Linie natürlich Claudia, doch ebenso auch mich, hat das enorm erschüttert. Im Gespräch in der Männergruppe formulierte ich dann: »Eine Brust ist nicht die Welt«. – »Wenn sie mir nur nicht ums Leben kommt«, wollte ich noch weitersprechen. Es kam wieder Unmut auf. Man nannte mich »unsensibel« und ich nahm die Gelegenheit wahr, mich wieder beleidigt zurückzuziehen und mit meiner Angst um Claudia einsam und allein zu bleiben.

Der Knoten wurde größer, ohne dass ich so auf Claudia einwirken konnte, dass sie zum Arzt ging. Mein Bedrängen rief bei ihr aggressive Reaktionen hervor. In diesen Wochen nun machte ich einen verhängnisvollen Fehler. Ich sprach in der Männergruppe nicht über diese Aggressionen von Claudia mir gegenüber, die ich als solche empfand, und vor allem nicht über meine Angst wegen des Knotens. [Es kam noch zu einigen weiteren Missverständnissen und Eifersüchten, die wir hier überspringen] Angefüllt mit meiner Angst um Claudias Leben, entstand in der Männergruppe aufgrund meines Schweigens der Eindruck, ich würde nur um mich kreisen, Claudia nicht im Gefühl haben. Und »Sachen, die man dir zugute halten kann, interessieren jetzt nicht«, meintest du. Ich spürte weder Nachsicht noch Verständnis. Ob ich mir Claudias sicher sei, wurde ich gefragt und meine Antwort, darüber nicht nachzudenken, als »naiv« empfunden. Aber es war damals wirklich so, Sicherheit in irgendeiner Beziehung zu irgendjemandem konnte ich mir überhaupt nicht vorstellen. ... Du meintest, ich hätte zu sehr auf mich geguckt und wäre nicht recht dazu gekommen, nach Claudias Gefühlen zu fragen, warum sie eifersüchtig ist, auch ohne von mir gegebenen Anlass. Gerade wegen dieser Frage von mir fühlte sich Claudia jedoch von mir bedrängt und nutzte die Gelegenheit zur Distanz. Du ziehst den Schluss, ich hätte ihre Eifersucht und ihre Ängste nicht im Gefühl gehabt. Doch war mir beides nur zu bewusst. Hier hätte ich Hilfe gebraucht, wie ich mit Claudias Widerständen, selbst über ihre Angst zu sprechen, umgehen kann. Im Gegensatz zu deiner Auffassung hatte ich Claudias problematische Situation übermäßig im Auge und nicht nur das. Als Claudia und ich einige Wochen später ein gemeinsames Gespräch bei dir hatten und Claudia nun von ihrer Angst sprach, hatte ich am folgenden Tag drei Pfund abgenommen, so sehr erleichterte mich das. Ich hätte damals offensiver sein müssen, vielleicht an die Frauengruppe einen Brief schreiben, mit der Bitte, Claudia zu ermuntern, über ihre Angst zu sprechen. Aber so blieb alles an mir hängen und ich verschloss mich dem Zorn, den ich mir gegenüber empfand. ... Ich hatte noch nicht den geeigneten Weg für meine Aggressionen gefunden. Immerzu dachte ich, man glaubt mir ja doch nicht, und so distanzierte ich mich von den Männern, zu denen ich eigentlich gehören wollte. Ich war aggressiv und sehnsüchtig zugleich.

Meine Reaktionen in der Folge waren destruktiv. Noch stärker als bisher bemühte ich mich, Gefühle, die von dem Eindruck, den man von mir hatte, abwichen, zu unterdrükken. Verdeckte Aggressionen konnten nicht ausbleiben. Viele Ansätze und Versuche, in der Männergruppe meine Probleme zu schildern, misslangen und ich kam nicht mit den für mich schwierigen Gefühlen ins Gespräch.

In Texten beschrieb ich, wie du mir, meinem Gefühl nach, »Unrecht« getan hättest. Damit hast du mich dann mit aller Kraft konfrontiert. Wenn ich auch recht schnell spürte, wie froh ich sein kann, dass du mir als aktuelle, reale Person gegenüber trittst, kam ich doch für etwa ein Jahr in eine schwere Krise, vielleicht sogar in die schwerste Krise meines bisherigen Lebens. Monatelang fürchtete ich alle, wirklich alle wichtigen Beziehungen zu verlieren. Nicht nur die Beziehung zu dir. In der Folge, so meine Vorstellung, würden sich auch alle anderen von mir abwenden. Ich fühlte mich wertlos, mein Selbstbewusstsein war am Nullpunkt. Ich bestand nur noch aus Angst. Alle Beziehungen zu verlieren, ist wie tot sein. So empfand ich mich damals, war aber unfähig, darüber zu sprechen.

Du hast mir zugesichert, mit mir über diese Zusammenhänge zu arbeiten, was meine Ängste etwas erträglicher machte. Doch dann hast du die Einzelgespräche beendet. Bei einem Buchtreffen versuchte ich, ins Gespräch zu kommen, und sagte, es ginge mir schlecht. »So schlecht wie mir kann es dir gar nicht gehen«, gabst du zur Antwort, und erneut verstummte ich wieder. Ich kam mir vor wie in einem Labyrinth.

Die für mich magische Vermehrung meiner Probleme hörte nicht auf. Meine Verlustängste wuchsen und ich fühlte mich völlig substanzlos. »Ich habe Angst, euch zu verlieren«, sagte ich. »Nein, du hast Angst, wir kommen dir zu nah«, bekam ich zur Antwort. Schon sprach ich nicht mehr über

179

meine Verlustängste und auch nicht über meine psychische Erschöpfung.

Dennoch versuchte ich, Entscheidungen, die ich zu treffen hatte, mit den Männern zu besprechen. Aber es fiel mir sehr schwer, einerseits die Wichtigkeit zu verdeutlichen und andererseits ein für mich erträgliches Gesprächsklima zu gestalten. Zwei, drei Sätze von mir und schon sah ich mich wieder einer Heftigkeit gegenüber, die mich erneut verstummen ließ. Damit kam ich im Laufe der Zeit derart in Panik, dass ich Entscheidungen übers Knie brach, und handelte mir schließlich Reaktionen ein, durch die ich an der Talsohle meiner Verzweiflung anlangte. Als du mir anbotest, die Einzelgespräche bei dir wieder aufzunehmen, wirkte schon allein dieses Angebot auf mich belebend. Es wird ein Gespräch geben, ich werde nicht fallen gelassen. Es ist nicht das Ende, es geht weiter. Aber nicht nur du, auch die anderen Männer ließen mich nicht fallen. Dann machte mir Rainer wegen einer Kleinigkeit eine Szene, wie so oft vorher wieder zu heftig, wie ich fand. Zum ersten Mal konnte ich das adäquat artikulieren, und er hat es akzeptiert. Vor allem deshalb, weil ich mich nicht depressiv anklagend wehrte, sondern klar meinte, »Das ist zu viel«.

Im darauf folgenden Sommer-Pisselberg kam es mit dir zu folgender Situation: Im Gespräch darüber, wer in den Therapiegesprächen der verbleibenden Tage noch Raum für sein eigenes Thema bekommen kann, kam es zu einem ziemlichen Andrang. Im Verlauf des Gespräches darüber hast du dann deinen Missmut zum Ausdruck gebracht über jene, die schon so lange dabei sind, Flausen im Kopf hätten und meinen, sie müssten sich hier erst einstimmen. Vielmehr sollten sie doch gleich am ersten Tag ihr Thema ansprechen oder einen Vortrag ausarbeiten und vorlegen. Du hast mich nicht namentlich genannt, doch war deutlich, dass du vor allem mich meintest, ich fühlte mich diskreditiert und habe mich sehr über dich geärgert. In der Supervision am nächsten Tag habe ich dann meine Wut darüber angesprochen, und du fühltest dich nicht in die Knie gezwungen, nur weil ich wütend war. Für mich ist diese Begebenheit der Endpunkt meiner langen Krise. Ich hatte meine Verzweiflung überlebt.

Vor allem aber wurde mir danach klar, dass ich auch meine Reaktionsbildungen im Laufe der Jahre überwunden hatte. Die Verbindung zu dir und zu den anderen Männern war nie ganz abgerissen. Im Gegenteil. In dem Maße, wie es mir gelang, Freundschaften zu entwickeln, wuchs meine Selbstachtung als Mann.

Wir sind uns, so glaube ich, wohl einig darin, dass mir diese Entwicklung dank deiner intensiven Unterstützung in der Therapie bei dir möglich wurde. Ich spüre aber nicht nur dein Engagement für mich, sondern fühle mich von dir auch geliebt. Und ich habe den Wunsch, dass ich auch meine liebenden Gefühle für dich deutlich machen konnte.

Mit herzlichem Gruß,
dein Joachim

Das Schweigen der Männer

Angst und Schweigen, das ist der aussichtlose Lebensplan, mit dem nicht wenige Männer ihr Leben meistern wollen. In der Kindheit war die Meinung des Jungen nicht gefragt, bisweilen war der ganze kleine Mensch nicht erwünscht, so wie er war. In der Gruppensituation, besonders in Pisselberg, erleben das viele Männer erneut. Wer zu Hause niemals in der Lage war, seine Not aussprechen zu dürfen und Hilfe zu bekommen, wird in der Männerrunde ähnliche Gefühle haben und wieder in dieses Schweigen verfallen. Es passiert manchen Männern, dass sie in dem Moment, in dem sie über die Schwelle des Hauses Pisselberg treten, wieder diese Gefühlen haben. Es kann sogar passieren, dass jemand die ganze Zeit über schweigt.

Wir hatten einmal einen Gast aus Darmstadt dabei, der kam vom ersten Tag an in eine alte Situation hinein, die er in einem autoritären Kinderheim erlebt hatte. Er fühlte sich auch bei uns vollständig isoliert und bedroht, konnte nur noch stumm sein und verzweifelt umherlaufen, niemanden ansprechen. Er hatte immer die alten Angstgefühle. Die Wahrnehmung der Situation ist also sehr selektiv. Manche Sätze, die den Mann sehr stark an seine Kindheit erinnern, greift er auf und andere hört er überhaupt nicht. Meistens werden genau diese Kindheitsstimmungen oder -worte gehört oder aufgegriffen, die in die alte Angst hineinführen.

Dabei erleben wir, dass irgendein einzelnes Wort, was für den Betreffenden in der Kindheit von großer Bedeutung war, ihn wieder in seine Kindheit hineinschleudert. Einmal wurde das Wort »unaufrichtig« an einer Stelle benutzt, und ein Mann bezog es sofort auf sich. Er war in seiner Kindheit oft »Lügner« genannt worden. Es kostete ihn unwahrscheinlich viel Kraft, das Wort »unaufrichtig« jetzt nicht auf sich zu beziehen. Eine Zeit lang fühlte er sich durchaus »erkannt«, angeklagt und verurteilt und konnte überhaupt nicht mehr an dem realen Geschehen der Reise teilnehmen. Er war eine Zeit lang absolut in seiner Kindheit verschwunden.

Immer wieder erleben wir, dass Männer in anderen Männern plötzlich ihre Väter, Brüder oder sogar ihre Mütter oder andere weibliche Personen sehen und über längere Zeit aus dieser Sicht nicht mehr hinaus können. Dabei ist es nicht notwendig, dass äußerliche Ähnlichkeiten zwischen diesen Menschen bestehen.

Die Männer, die in der Familie die jüngeren waren, also ältere Geschwister hatten, haben manchmal den Eindruck, dass sie leise werden müssen, wenn sie sich in der Männerrunde aufhalten.

Einer äußerte uns gegenüber den Eindruck, dass er früher manchmal viel zu laut war und viel zu viel Platz eingenommen habe. Hier sei es genauso. In Wirklichkeit war hier und jetzt das Gegenteil der Fall. Er hatte sich absolut mit seiner Kindheitsstimmung wahrgenommen und nicht mehr gemerkt, dass er auch bei uns in der Männerrunde sehr zurückhaltend und sehr leise war. Dieser Mann wird auf der »Reise in die Kindheit« wieder zu dem kleinen Jungen, der er einmal war. Es dauert mehr oder weniger lange, bis er aus diesem Gefühl wieder herauskommt und die Zusammenhänge erkennt. Der Jüngste aus der Geschwisterreihe fühlt oft, dass er sich enorm anstrengen muss, um groß zu sein, so groß wie die anderen. Wir sagen ihm: »Streng dich doch nicht so an.« Aber was soll er machen? Er war eben immer der Jüngste und musste sich anstrengen. Er meinte, sich anstrengen zu müssen, um überhaupt wahrgenommen zu werden. Die anderen Männer aus der Gruppe waren für ihn immer die Älteren, ganz egal, ob sie tatsächlich jünger waren an Lebensalter oder nicht. Er hat immer sehr um die anderen geworben, indem er allerhand Freundlichkeiten versuchte, sich bemühte, auch groß und stark zu sein und zum Beispiel vernünftig am Gespräch teilzunehmen. Immer mit dem Gefühl: »Ich bin der Kleinste, ich bin der Jüngste. Ich muss mich besonders anstrengen. Ich bin eigentlich noch nicht so weit wie die anderen.« Er fühlt sich auch in der Männergruppe konfrontiert, fühlt sich eine Verantwortung zugesprochen, der er sich noch nicht gewachsen fühlt. Dann muss er aktiv werden, verbraucht dabei aber viel mehr Kraft, als eigentlich erforderlich ist.

Einmal erzählte uns jemand, dass er bei unserem Aufenthalt im nahe gelegenen Dannenberg bei einem Schaufensterbummel ins Schaufenster geguckt und sich wie einen kleinen

Jungen gesehen habe. Seine Haltung, seine Mimik, seine Gestik, alles kam ihm so vor wie früher. Er entdeckte den kleinen Jungen direkt körperlich im Schaufenster und erlebte andere, die fünfzehn Jahre jünger sind als er, als älter. Hineingeraten in diese Jüngsten-Rolle denkt er dann immer, dass das, was er zu sagen hat, keinen Wert hat, dass sowieso keiner hinhören wird, dass er vorsichtig sein muss. Er hält sich zurück. Früher hieß es immer: »Halt den Mund. Die Kleinen, die haben heute noch nichts zu sagen.«

Dem ehemals Ältesten kann etwas anderes, in gewissem Sinn entsprechendes passieren. Er kommt in seine Kindheit hinein und fühlt sich in der Männergruppe als der Älteste: »Ich werde mich zurückhalten müssen, ich bin für die anderen zuständig, die anderen haben Vorrang, die haben viel zu sagen. Ich sage lieber nichts.« Seine Rolle in der Familie war es, die Eltern zu unterstützen, auf die Kleineren zu achten. Er durfte nicht problematisch sein, hatte immer das Gefühl, die anderen seien wichtiger, seine Erfahrungen seien nicht so gefragt.

Zur Situation des Älteren erzählt Carsten: »Ich habe mich sehr lange zurückgehalten und gedacht, man muss die Kleinen irgendwie vorlassen. Das Kleinsein habe ich als einen ganz enormen Vorzug erlebt. Die Kleinen dürfen Sachen, die darf ich nicht. Die dürfen auch einmal spontan etwas sagen, was vielleicht nicht so schlau ist. Aber als Älterer darf ich das nicht, da sage ich dann lieber gar nichts. Die Älteren dürfen den Eltern nicht zur Last fallen. Die Kleinen fallen ja den Eltern schon zur Last. Das war zum Beispiel die erste Übertragung, die ich in Pisselberg erlebt habe. Ich bin Wilfried aus dem Weg gegangen und habe immer gedacht: Wilfried, der hat hier viel zu tun und der ist auch ganz angespannt. Ja, dann werde ich mich einmal sehr zurückhalten und hier gar nicht auffallen. Dann aber ist Wilfried auf mich zugekommen und hat mich gefragt: »Was hast du denn gegen mich? Warum sagst du denn nichts? Warum nimmst du denn nicht Beziehung zu mir auf? Warum verdünnisierst du dich denn dauernd?« Diese Äußerung hatte ich nun gar nicht erwartet. Ich hatte eher gedacht, dass mein Verhalten auf Anerkennung treffen würde, so wie es ja in der Familie auch der Fall war. Ich durfte nicht zur Last fallen, ich musste andere Menschen entlasten. Dass dieses Verdünnisieren hier auf Missfallen stößt, das war für mich nicht zu verstehen. Ich hatte im Gegenteil gedacht, dass ich das sehr gut gemacht hatte, wie ich mich zurückgehalten hatte, und nun kam die Korrektur, und ich musste mich nicht mehr so viel um die Kleineren kümmern, ich musste die Kleineren nicht mehr so viel beneiden. Jetzt kam ich auch zu Wort und wurde wahrgenommen und ernst genommen.«

Schließlich wird auch das Einzelkind, der Mann, der gar keine Geschwister hatte, wieder in seine Kindheit hineingeraten. Er wird zum Beispiel erleben, dass er sich sehr einsam fühlt in der Männerrunde. Sein Kindheitserleben war davon geprägt, dass er sich absolut einsam gemacht hat. Das macht er nun zunächst wieder. Er gerät in das männliche Schweigen hinein und spricht nicht von sich. Er wurde nämlich zu Hause viel »beiseite gestellt«, seine Eltern waren zu sehr beschäftigt. Auf der Reise in der Männerrunde nun darf er sich einsam fühlen und auf der anderen Seite auch lernen, langsam auf andere zuzugehen.

Für ihn ist die Männerrunde immer gleichzeitig Einsamkeit und Gemeinsamkeit. Aber die Gemeinsamkeit kann er nun ins Gefühl mitnehmen und seine Gangart ändern. Er wird erleben, dass die anderen ihn ansprechen und ihn nicht in der Einsamkeit belassen. Sie werden ihm offen viel erzählen, und er wird sich auch öffnen. Das ehemalige Einzelkind wird erleben, dass es sich in der Männerrunde klein macht.

Ein Mann hat uns einmal erzählt, dass er in bestimmten Situationen in der Männerarbeit eine ganz kleine oder piepsige Stimme kriegt, dass er sich fragt, ob er nun auch etwas dazu sagen darf. Er merkt förmlich, dass dies nicht seine Stimme ist, mit der er sich jetzt hier äußert. Aber die Stimme rutscht weg, er rutscht in seine Kindheit hinein.

»Befriedigt meine Partnerin meine Bedürfnisse?«

Im Folgenden nun sollen einige Männer zu Worte kommen, die im Laufe einer längeren Zusammenarbeit in einer größeren Männergruppe damit begonnen haben, ihre Bedürfnisse zu formulieren. Wir rechnen damit, dass erst einmal Unverständnis und Abwehr auftreten werden, wenn wir diese Bedürfnisse an unsere Partnerinnen herantragen. Wir werden den Frauen Gelegenheit geben, sich dazu detailliert zu äußern und unseren ihre Bedürfnisse gegenüberzustellen. Und wir werden in Zukunft mehr mit den Frauen über die Bedürfnisse verhandeln.

Wolfgang antwortet seiner Frau Andrea: *Die Frage lautet »Befriedigt meine Partnerin meine Bedürfnisse in der Partnerschaft?« Ich muss sie mit Nein beantworten, obwohl du meine Bedürfnisse kennst. Ich hatte sie schon seit einem Jahr begonnen, an dich heranzutragen. Wir hatten etliche Gespräche darüber geführt. Und ich hatte sie in einem Brief geschrieben. Ich hatte auch eine Antwort, eine vorläufige, wie du geschrieben hast, erhalten. Eine endgültige Antwort oder eine Reaktion darauf steht aber noch aus. Auf die Frage, ob meine Partnerin meine Bedürfnisse befriedigt, muss ich also weiterhin mit Nein antworten. Ich muss sagen, sie hat sie zur Kenntnis genommen. Auf die Frage »Ist daraus ein intensiver Austausch zwischen uns entstanden?«, obwohl ich es als ein wichtiges Bedürfnis in meinem Brief formuliert hatte, muss ich wieder antworten: Nein. Nun stellt sich daraus eine weitere Frage: »Was ist da eigentlich los?«*

Es geht um Erotik und Sexualität zwischen uns. Sind meine Bedürfnisse so abstrus? Da sage ich deutlich: Nein. Es sind normale Bedürfnisse, die ich mir in einer lustvollen und lebendigen Partnerschaft wünsche. Intensiveres Küssen und Streicheln, variablere Praktiken, wie wir gemeinsam zu unserem Orgasmus kommen. Desweiteren wünsche ich mir, dass du mehr die Gestaltung in unserer Erotik und Sexualität übernimmst, dass für uns die Sexualität nicht nach dem Orgasmus endet, dass ich als Mann attraktiv für dich bin. Ich habe einen maskulinen Körper, ich wünsche mir, dass du das registrierst, ihn registrierst und dass ich dein Begehren spüre, auch im täglichen Umgang, in Formen von zartem oder auch mal festerem Zupacken oder auch erotischen Berührungen. Es geht mir um eine lustvolle und lebendige Liebespartnerschaft, wo die Spontaneität für Sexualität nicht durch die bestimmte Tageszeit eingeschränkt wird. Du hattest meine Bedürfnisse zur Kenntnis genommen. ... Ich erwarte deine Antwort. Keinen intensiven Austausch und keine Veränderung in unserer Beziehung können wir beide uns nicht leisten.

Horst: Ich möchte gerne zu diesem Bedürfnis nach Freiheit in einer Partnerschaft etwas sagen. ... Vorab heißt Freiheit, dass außer Frage steht, dass ich die Beziehung zu meiner Partnerin und die Arbeit an dieser Beziehung will, heißt also nicht, dass ich autonom oder ohne jede Abhängigkeit von meiner Partnerin sein will. Freiheit heißt außerdem, dass ich auch an mich selbst Ansprüche stelle, zum Beispiel, meine Bedürfnisse klar und deutlich äußern zu können, und dass auch meine Entwicklung zu einer freiheitlichen Beziehung gehört. Das, was ich hier vortrage, ist auch das Ergebnis langer Entwicklung in der Therapie. Meine Bedürfnisse haben sich da auch sehr verändert. Freiheit heißt also konkret: Dass ich mein gebrauchtes Frühstücksgeschirr auf dem Tisch stehen lassen kann. Dass ich anziehen kann, was ich will, mich rasieren kann, wann ich will. Dass ich keine Rechenschaft ablegen muss, mit wem ich mich treffe. Dass meine Partnerin mich mehr in Ruhe lässt und sich nicht immer nur an mich wendet, sondern eigene Freundinnen hat. Dass ich nicht mit meiner Partnerin zusammenwohne. Dass ich nach großer Nähe oder sogar auch nach einer intimen Situation selbst entscheide, ob ich gleich weggehe oder die Partnerin auffordere, in ihre Wohnung zu gehen. Das heißt also allgemeiner: Die Partnerin soll mich und meine Handlungen grundsätzlich so respektieren und akzeptieren, wie sie sind. Sie soll Kritik nur äußern, wenn sie sich dadurch gestört fühlt, also ihre Nähe zu mir dadurch behindert ist. Und wenn sie Kritik äußert, so habe ich immer noch die Freiheit zu entscheiden, ob ich auf ihre Kritik eingehe oder nicht. Ich riskiere also einen Streit oder eine Trennung. Und ich möchte eine Partnerin, die dem standhält, die streitfähig ist und sich von mir trennen kann, ohne sich wochenlang schmollend zurückzuziehen.

Günter: Mir fällt das schwer, heute hier einen Beitrag zu diesem Thema zu leisten, weil ich einfach nicht gelernt habe, meine tatsächlichen Bedürfnisse auch einer Frau gegenüber zu empfinden, geschweige denn, auch offen zu äußern und auszusprechen. Ich habe sehr stark das Bedürfnis nach offener und auch direkter Ansprache durch eine Frau, ja, sogar oft nach einer offenen Führerschaft. So habe ich das einmal benannt. Mit offener Führerschaft meine ich, dass mir eine Frau, wenn sie etwas möchte, klar sagt: »Das möchte ich jetzt.« Und nicht mich fragt: »Ja, wollen wir das jetzt einmal machen? Möchtest du das?« Und dass sie Führerschaft übernimmt, was ich gerne auch mal mag. Aber ich muss es verstehen. Sonst ist es sehr oft so, dass es mich sehr verwirrt und mich auch in so diffuse Gefühle bringt, wenn eine Frau undeutlich und indirekt ihre Bedürfnisse an mich heranträgt. Das kommt dann öfters vor, dass ich automa-

tisch dagegen arbeite. Ich wünsche mir viel mehr klare Worte, was die Frau, die Partnerin nun möchte, was sie tun will oder eben auch nicht. Ich will deutlich ihre Wünsche aus ihrem Munde hören und nicht später moralisch kritisiert werden, wenn ich ihre Wünsche nicht von ihren Lippen ablese. Und dann habe ich neben vielen anderen auch ein sehr großes Bedürfnis, von der Frau eine Beständigkeit und auch Standhaftigkeit in Auseinandersetzungen zu haben und auch in kritischen Momenten, wo man sich auch kritisiert, wo Probleme auftauchen. Ich möchte gerne, dass die Frau an dem schwierigen Thema konsequent dranbleibt und dabei auch ihre Anteile sieht und mich dabei realistisch mit meinen Schwächen und Stärken sieht. Sie soll mich durchaus an meinen Schwächen packen. Was ich aber nicht möchte in diesen Auseinandersetzungen ist, dass ich dann plötzlich die gesamte Bürde unserer patriarchalen Kultur tragen muss und für irgendwelche Sauereien von anderen Männern verantwortlich gemacht werde. Ich will, dass ich mit meiner Verantwortlichkeit gesehen und ernst genommen werde und dass die Frau sich damit auseinander setzt und dass sie auch mutig an ihren Anteilen dran ist und kontinuierlich auch dranbleibt und dieses auch mit mir teilt. Dann gibt es noch ein großes Bedürfnis von mir nach Zärtlichkeit, nach Einfühlsamkeit und/oder auch Sexualität mit der Frau, ohne dass sie entweder in sehr große Symbiosewünsche hineinkommt oder verstrickt ist oder mir unterstellt, ich wolle nur das Eine, weil eigentlich ist es doch ganz wunderschön, wenn Mann und Frau sich offen und auch gleichberechtigt etwas sehr Schönes geben können, eben im Rahmen der jeweiligen Möglichkeiten und der entsprechenden Grenzen, die auch offen ausgesprochen werden. Dann frage ich mich, ob genau dieser Punkt so verworren und kompliziert sein muss, wie er oft ist.

Oliver: Erlebt habe ich oft, dass meine Partnerin sagt:

»Ich habe Lust auf dich.«, die körperliche Annäherung aber an mich delegiert. Ich habe jedoch auch den Wunsch, dass eine Partnerin mich auch als erotisches Objekt wahrnimmt, mich außerhalb der direkten sexuellen Situation berührt und anfasst. Ein Streicheln über den Po oder die Hand in der Gesäßtasche meiner Hose beim Spaziergang, ein zarter Biss in den Nacken, vielleicht eine erotisierende Bemerkung, insgesamt einen spielerischen Umgang mit Erotik. Außerdem wünsche ich mir auch, dass meine Partnerin mit ihren sexuellen Wünschen und Bedürfnissen eindeutig auf mich zukommt. Entspricht sie meinem Wunsch, kann es trotzdem passieren, dass meine Lust rapide abnimmt, ich unsicher werde, Ängste entwickele und womöglich zurückweisend reagiere, obwohl sie ja meine Wünsche erfüllt. Aufgrund der Lebensgeschichte ist die Angst vor Vereinnahmung dann größer als die Lust. Deshalb kann ich mich dann der Führung der Frau nicht hingeben, muss vielleicht selber die Situation stark gestalten oder habe keine Lust auf Koitus, komme vielleicht nicht zum so genannten Orgasmus. Ich wünsche mir dann, dass meine Partnerin die erotische Begegnung nicht deshalb abwertet, nicht enttäuscht ist oder sich abgelehnt fühlt. Denn diese Hingabeschwierigkeiten bedeuten keineswegs ein Nicht-Einlassen-Wollen auf die Beziehung oder etwa mangelnde Attraktivität der Partnerin. Um in dieser Situation zu mir selbst zurückzufinden, würde es mir helfen, wenn sie bei ihrer Lust bleiben könnte, sich vielleicht selbst streicheln würde und mir Zeit für eine Wiederannäherung lässt oder an einem anderen Tag wieder um mich wirbt.

Die hier wiedergegebenen Beiträge wurden in einer größeren Gruppe, zu der Frauen und Männer eigens zusammengetroffen waren, geäußert. Nachdem die Männer gesprochen hatten (ich habe hier nur vier Beiträge wiedergegeben;

es war noch einiges mehr geäußert worden), entstand eine relativ lange Pause. Die Frauen hatten offenbar intensiv zugehört und mit dem, was die Männer ihnen gesagt hatten, zu tun.

Als ersten Eindruck formulierte eine Frau, dass sie sich schon vor einiger Zeit von ihrem Partner eine eindeutigere Ansprache gewünscht hätte und dass sie heute hier Beiträge mit sehr eindeutigen Wünschen und Bedürfnissen gehört habe. Dabei sei ihr durchaus schwer gefallen, das eine oder andere Bedürfnis anzunehmen oder zu akzeptieren.

Eine andere Frau sagte mir später, sie sei sehr betroffen gewesen angesichts der Mühe, die zum Beispiel Günter hatte, seine Bedürfnisse zu äußern. Sie wünsche sich klare Stellungnahmen von Männern, damit könne sie viel mehr anfangen als zum Beispiel mit Schweigen.

Eine dritte Frau äußerte, dass in ihr Fragen entstanden seien und dass sie bei einigen der vorgetragenen Bedürfnisse auch so etwas wie ein Gefühl von Beklommenheit entwickelt habe. Ihr sei deutlich geworden, trotz der eindeutigen Beiträge, dass es schwierig sein werde, im alltäglichen Zusammenleben tatsächlich in dieser Weise fortzufahren, die Bedürfnisse zu erfüllen und darüber ins Gespräch einzutreten.

Eine Frau war an dem Zusatz »obwohl du meine Bedürfnisse kennst, hast du sie noch nicht erfüllt«, hängen geblieben. Sie hätte Bilder aus der eigenen Partnerschaft gesehen und sich auch gefragt, warum so manche Bedürfnisse, die man vom Partner oder von der Partnerin genau kennt, immer wieder nicht erfüllt werden.

Den Frauen ist ganz allgemein deutlich geworden, dass Anforderungen auf sie zukommen, dass es Kraft erfordern wird, sich mit den Bedürfnissen der Männer auseinander zu setzen, dass sie dazu aber bereit seien. Mehrere äußerten, dass sie vor allem die Atmosphäre, die in unserem gemeinsamen Gespräch an diesem Tag herrschte, sehr produktiv und förderlich für zukünftige Auseinandersetzungen dieser Art empfunden hätten.

Wie Männer lernen, ihre Bedürfnisse in Beziehungen zu äußern

Männer haben viele Bedürfnisse. Diese werden manchmal an die Partnerin gerichtet und zum Teil sogar befriedigt. Einen anderen Teil der Bedürfnisse der Männer können oder wollen die Frauen nicht befriedigen. Einen großen Teil der männlichen Bedürfnisse versuchen Frauen zu befriedigen, obwohl Männer nicht darüber sprechen. Das Schweigen der Männer über ihre Bedürfnisse ist aber nur die Spitze des Eisberges. Tatsächlich kennen viele ihre Bedürfnisse selbst nicht. Deshalb befriedigen Frauen Bedürfnisse, von denen sie nur glauben, dass es die männlichen sind.

Wenn die Frau spürt, dass der Mann Bedürfnisse hat, die nicht ihren entsprechen, die sie nicht befriedigen will, bleibt sie passiv. Sie bewegt sich zwar in der Nähe des Mannes, macht aber eine Art »Dienst nach Vorschrift«, sie wartet sprachlos ab und geht nicht auf seine Bedürfnisse ein. Sie will keine Verantwortung dafür übernehmen, was passiert, und bleibt auf diese Weise für den Mann »das kleine Mädchen«, wird keine erwachsene Frau, die mit ihm in die Auseinandersetzung über berechtigte oder unberechtigte Bedürfnisse eintritt.

Der Mann dagegen erlebt, dass die Frau ihm nicht entgegenkommt. Da er ebenfalls keine Konflikte riskieren will, weil auch er Auseinandersetzungen scheut, fällt ihm nichts anderes ein, als sich seine vermeintlich berechtigten Bedürfnisse zu erkämpfen. Er wird brutal, uneinfühlsam, auf seine männliche Art und Weise aktiv. Leider wenden Männer in dieser Situation oft Gewalt an.

Die Frage: »Welche Bedürfnisse werden in deiner Beziehung befriedigt?«, ist keine leichte. Männer werden Mühe haben, sie zu beantworten. Bestimmte männliche Bedürfnisse können Männer überhaupt nicht entwickeln, solange sie mit der Frau in einer engen Beziehung leben. Ein Mann, der jeden Tag mit seiner Frau zusammen ist, kann bestimmte Bedürfnisse nicht spüren, weil er nämlich sehr deutlich spürt, welche Bedürfnisse die Frau zu befriedigen bereit ist und welche nicht. Durch eine Art vorauseilenden männlichen »Gehorsam« äußern Männer die letzteren Bedürfnisse überhaupt nicht mehr.

Männer spüren oder äußern eine ganze Reihe von Bedürfnissen also deshalb nicht, weil sie in zu engen Beziehungen zu Frauen leben. Somit stellt sich die Frage: »Brauchen wir die Frauen überhaupt zur Befriedigung unserer männlichen Bedürfnisse? Wozu brauchen wir eigentlich Frauen?«

Einer wird antworten, dass wir Frauen brauchen, um die Nachkommenschaft zu gewährleisten. Ein anderer meint, nicht auf Sexualität verzichten zu können. Der Dritte spürt unbewusst, dass die Frau nicht nur Haus- und Erziehungsarbeit leistet, sondern auch therapeutische Dienste.

Die Frage ist, ob wir Männer uns gegenseitig einige Bedürfnisse befriedigen könnten. Männer wollen ihre Bedürfnisse von Frauen befriedigt bekommen, Frauen erfüllen die dienende Funktion. Das ist an sich schon fatal. Prekär aber ist, dass Männer sich untereinander viel mehr geben könnten, als sie es bisher wissen und bisher tun.

Frauen sind nicht immer total freigiebig im Befriedigen männlicher Bedürfnisse. Sie haben eigene Wünsche und andere Vorstellungen als Männer. Wir können durchaus von in Teilen gegenläufigen Bedürfnissen bei Männern und Frauen sprechen. Deshalb erwarten Männer häufig sehr lange die Befriedigung bestimmter Bedürfnisse, aber die Frauen hatten niemals wirklich die Absicht, diese zu befriedigen. Wir müssen uns dann nicht wundern, wenn es zu Schwierigkeiten kommt.

Vermutlich sind Männern ihre Bedürfnisse häufig nicht bekannt, unter anderem, weil sie zu eng an den Frauen dran sind. Frauen bringen ihre Bedürfnisse häufig besser zum Ausdruck als Männer und verfolgen ihre Ziele entschiedener.

Sigmund Freud sprach nicht von Bedürfnissen, sondern von Trieben. Er nannte zwei Haupttriebe, die angeblich jeder Mensch, organisch motiviert, entwickeln müsse: den Sexualtrieb und den Aggressionstrieb. Die Hypothese vom Aggressionstrieb kann ich nicht akzeptieren. Im Falle der Gewaltanwendung zwischen Menschen spreche ich von einer Kinderkrankheit der Menschheit. Der Sexualtrieb ist meiner Meinung nach höchstens zu fünfzig Prozent organisch verankert und zu fünfzig Prozent kulturell überformtes Bedürfnis.

Alfred Adler formulierte eine andere Theorie der Bedürfnisse. Er war der Meinung, dass das Hauptbedürfnis des Menschen in einem naturgegebenen Streben nach menschlicher Gemeinschaft wurzelt. Der Mensch ist ein soziales Wesen. Er kann nicht ohne andere Menschen leben, braucht andere, um zu überleben und produktiv zu sein. Er braucht sie vor allem, um glücklich zu werden und sich zu entwickkeln. Adler spricht in diesem Zusammenhang nicht von einem Gemeinschaftsbedürfnis, sondern von einem Gemeinschaftsgefühl. Weil er der Meinung war, dass zwar Hunger ein Trieb ist, Sexualität aber nicht der vor allem den Menschen bestimmende Trieb, wies er darauf hin, dass Menschen auch ohne Sexualität leben können, vielleicht nicht so glücklich wie sexuell befriedigte Menschen. Insgesamt aber hat Adler die Freudsche Sexualtheorie grundsätzlich infrage gestellt.

Das nächste Bedürfnis des Menschen entspringt nach Adler aus seinem Minderwertigkeitsgefühl. Menschen kommen als kleine, unbeholfene, alleine nicht überlebensfähige Wesen auf die Welt und sind den Großen ausgeliefert. Wir fühlen uns klein und schwach und glauben nicht, alleine etwas bewirken zu können. Im Gegenzug entwickeln wir eine kompensatorische Bewegung, um das Minderwertigkeitsgefühl loszuwerden, die Angst und die Unzulänglichkeitsgefühle zu kompensieren. Diese Gegenbewegung nennt Adler Geltungsstreben oder Machtstreben. Sie wird zu einem sekundären Bedürfnis, einem in dieser speziellen Kultur erzeugten Bedürfnis.

Dieser Zusammenhang zwischen Gemeinschaftsbedürfnis, Minderwertigkeitsgefühl und Geltungsstreben bestimmt vor allem die Bedürfnisse der Menschen. Männer haben das Bedürfnis, groß zu sein, größer als andere, ihre Kleinheitsgefühle loszuwerden. Wird das Bedürfnis, gelten zu wollen, in normale produktive Bahnen gelenkt, dann wird jemand eine Leistung erbringen, tüchtig sein, Könnerschaft erwerben. Es kann sich aber auch so äußern, dass der Betreffende sich über andere erhebt und sich großmachen, andere bestimmen will. Dann sprechen wir von Herrschsucht oder Machtmissbrauch.

Die patriarchalische Kultur ist von Machtmissbrauch und Gewaltanwendung durchsetzt. Das Patriarchat schafft überdies sekundäre Bedürfnisse, indem Organisationen aufgebaut werden, in denen Menschen hierarchisch angeordnet sind. Ein in der Hierarchie stehender Mann wird gehorsam sein gegenüber dem Höheren und wird Gehorsam verlangen von dem, der tiefer steht.

Abraham Maslow sprach in seiner Theorie von fünf Stufen der Bedürfnisse und behauptete, das Bedürfnis der höheren Stufe könne erst dann angestrebt werden, wenn das Bedürfnis der niedrigeren Stufe befriedigt sei. Er sah als erstes die grundlegenden Bedürfnisse Nahrung, Kleidung und Schlaf, als zweites Sexualbedürfnisse. Dritte Stufe war die Entwicklung von Ich-Sein, Person-Sein, Ich-Bewusstsein, Individuum. Als viertes sah er das Bedürfnis nach Gemeinschaft und danach, in der Gemeinschaft eine Bedeutung zu erlangen. Das höchste Bedürfnis ist die Selbstverwirklichung. In unserer Kultur, meint Maslow, könnten nur ganz wenige Menschen dieses höchste Bedürfnis befriedigen.

Kommen wir zurück zu der schlichten Frage »Werden in deiner Beziehung deine Bedürfnisse befriedigt?«. Selbst die stillschweigende Erfüllung ihrer Bedürfnisse durch die Frauen ist für Männer häufig nicht auf Dauer befriedigend, weil diese Verwöhnung immer auch mit Manipulation verbunden ist. Dieses Urmuster der Beziehung zwischen Mann und Frau liegt in der Beziehung des Sohnes zur Mutter begründet (vgl. »Söhne wollen Väter«).

Zu Konflikten kommt es, wenn ein Mann beginnt, seine tatsächlichen Bedürfnisse an die Frau heranzutragen. Die Frau wird erstaunt sein, weil sie diese Bedürfnisse nicht ahnte. Oder sie wird unzufrieden reagieren, weil sie nicht bereit ist, diese zu befriedigen. Ich befürchte, dass die Frau diese Bedürfnisse dann genauso abwehrt, wie bisher der Mann die fraulichen Bedürfnisse abgewehrt hat. Sehr selten wird sie auf Anhieb bereit sein, die erstmals geäußerten Bedürfnisse des Mannes zu erfüllen.

Eines der künstlichen, abgeleiteten, in dieser Kultur erzeugten Bedürfnisse scheint die Sehnsucht zu sein. Männer haben häufig ein Bedürfnis, sich zu sehnen, das heißt: nicht in direkten Kontakt zu treten, sondern in der Entfernung zu bleiben und Gefühle des Angezogenseins zu entwickeln. Sehnsucht heißt Nicht-Befriedigung des Bedürfnisses nach Nähe. Wenn die Beziehung hergestellt, die Distanz überbrückt wird, setzt eine Abwehr ein und der Mann will wieder weg, entwickelt Fernweh – weil er ein Bedürfnis hat, sich zu sehnen, in der Entfernung zu bleiben und aus der Entfernung, aus der sicheren Distanz heraus, so etwas wie Liebesverlangen zu entwickeln.

In der deutschen Geistesgeschichte nennen wir die Epoche, in der das Thema Sehnsucht ganz besonders stark bearbeitet und beschrieben worden ist, die Romantik. Wir haben heute noch mit diesem Bedürfnis nach bloßem Sehnen zu tun. Aber Männer haben heute auch Mühe mit der Nähe zur Frau und entwickeln ein Bedürfnis nach Distanz zur Frau, zumindest in Abständen immer wieder.

Wir können auch von einem Bedürfnis nach Freiheit sprechen. Wahrscheinlich entwickeln Männer dieses Bedürfnis, weil sie ihre wirklichen Bedürfnisse zum Teil vergessen, wenn sie sich längere Zeit in der unmittelbaren Nähe der Frau aufhalten. Die Frau nimmt die männliche Bedürfnisbefriedigung in die Hand, der Mann spürt, dass seine wirklichen Bedürfnisse nicht befriedigt werden und in ihm entsteht allmählich eine tiefe Unzufriedenheit. Aus seiner Unzufriedenheit und dem Vorurteil heraus, die Frau sei schuld, wird der Mann eventuell gewalttätig – nur, weil er sich nicht rechtzeitig von der Frau entfernt hat, distanzlos bei ihr blieb.

Meine eigene Erfahrung ist, dass auch die Bedürfnisse nach Sehnsucht und bloßem Sehnen den Männern unbewusst sind, dass sie nicht nur die wirklichen und naturhaft vorhandenen Bedürfnisse verdrängen. Männer können über ihre Sehnsucht meist überhaupt nicht sprechen, schon gar nicht, wenn Frauen dabei sind. Selbst wenn keine Frauen dabei sind, haben die meisten Männer eine Frauen-Zensur im Kopf, sie denken immer mit: »Was würde meine Partnerin dazu sagen? Mache ich sie damit unglücklich? Fordere ich sie zur Aggression heraus?«

Seine Bedürfnisse wahrzunehmen, zu äußern und dann auch ihre Befriedigung zu erreichen, erfordert eine ungeheure Wachheit vom Mann. In der engen Partnerschaft mit der Frau fällt es ihm sehr schwer, eigenständig zu sein, er selbst zu bleiben, zu wissen, was er will. Die Wahrnehmung, Äußerung und Durchsetzung der Befriedigung der Bedürfnisse erfordert eine ungeheure Kraft.

Welche Bedürfnisse erfüllt die Frau nun tatsächlich? Sie ist Hausfrau, sie ist Mutter, sie geht arbeiten. Sie ist die Therapeutin des Mannes. Das ist alles schon beschrieben worden (vgl. »Männer lassen lieben«).

Mit der teilweisen Bedürfnisbefriedigung der Männer manipulieren Frauen: Auf versteckte Art und Weise versuchen sie ihre eigenen Bedürfnisse, die von Männern zu selten wahrgenommen und ernst genommen werden, zu befriedigen. Dieses fatale, tendenziöse Arrangement der Geschlechter führt zur Unfreiheit von Männern *und* Frauen.

Es ist selbstverständlich, dass die Frau nicht nur für den Mann sorgen, dass sie auch etwas zurückhaben will. Selbst, wenn sie das nicht offen sagt, will sie den Mann bestimmen, ihn so haben, wie sie ihn braucht.

Jungen und Mädchen werden unterschiedlich erzogen. Jungen spielen mit Soldaten, Panzern und Autos, sie klettern auf Bäume und kämpfen miteinander. Mädchen spielen mit Puppen, ziehen sie an und aus, kämmen deren Haare und füttern sie, knuddeln und sprechen mit ihnen.

Genau das machen Frauen auch mit Männern. Sie sorgen für Nahrung, sagen dem Mann, was er wann anziehen soll, wie er sich frisieren soll, wann er aufstehen soll, wann er Urlaub machen soll, wie viel Urlaub er machen soll, wann er arbeiten gehen soll, wann er zum Arzt gehen soll, wann er mit ihr ins Kino gehen soll, usw.

Meine These: Viele Männer werden von ihren Partnerinnen wie Puppen behandelt. Diese Männer sind keine eigenständigen Wesen, sie werden zum Püppchen. Wenn der Mann nicht alles mitmacht, was die Frau mit ihm anstellen will, wenn er eigene Ideen hat, dann wird die Frau schwierig. Wenn er zum Beispiel nicht mit der Frau zusammenleben will, wenn er keine Kinder will, wenn er nicht heiraten will, dann kann die Frau ganz schön aggressiv werden.

Es scheint, dass Frauen Männer zu viel bestimmen wollen und Männer vergessen, sich angemessen, das heißt, gewaltlos dagegen zu wehren.

Von feministischer Seite habe ich an dieser Stelle häufig den Vorwurf gehört: »Soll wieder die Frau schuld sein an der ganzen Misere im Patriarchat?« Jahrelang wurde das moniert: »Die Mutter soll schuld sein.« Das wollen viele Frauen nicht wahrhaben. Ich sage ganz klar: Die Mutter hat tatsächlich Schuld. Feministinnen haben uns sensiblere Männer jahrelang in Schach gehalten mit dem Vorwurf, dass schon wieder angeblich die Mutter Schuld hat. So dürfen wir uns nicht mehr abspeisen lassen. Die Mutter war zum Teil schuld daran, wie wir Söhne uns entwickelt haben. Sie soll dafür die Verantwortung übernehmen.

Zurück zu den Bedürfnissen der Männer. Männer müssen mit Männern zusammen sein, um ihre Bedürfnisse zu spüren. Dann können sie mit bewussteren Bedürfnissen kraftvoll an die Frau herantreten und vielleicht bewirken, dass ihre wirklichen Bedürfnisse mehr als bisher befriedigt werden.

Ich will nicht weiter wie eine Puppe, sondern wie ein eigenständiger Mensch behandelt werden. Das kann ich aber nicht einfach von der Frau verlangen, dafür muss ich aktiv sorgen. Wie können wir Männer uns unsere Bedürfnisse bewusst machen? Wir werden zunächst versuchen, unsere Bedürfnisse zu äußern, vielleicht niederzuschreiben, aber im nächsten Schritt sollten wir das, was wir formuliert haben, skeptisch betrachten: Sind unsere Bedürfnisse wirklich auf Anhieb wahrnehmbar und formulierbar? Die Arbeit der

Tiefenpsychologen beweist, dass es nicht so ist. Vielleicht ist eher das Gegenteil von dem wahr, was wir so schnell herausgesprudelt haben.

Alle mit der Tiefenpsychologie Vertrauten sollten alles Bekannte, Gegebene, Geläufige hinterfragen. Ein Beispiel dazu: Viele Männer behaupten, wenn sie mit einer Frau zusammenleben, mit dieser auch im selben Bett schlafen zu wollen. Es dauerte häufig jahrelang, bis Männer ihren Schlafplatz getrennt von dem der Frau einrichten. Einige Zeit nach der partiellen Distanzierung erzählen die Männer dann, dass es ihnen jetzt, nachdem sie getrennt von der Frau schlafen, viel besser geht. Und sie fragen sich, warum sie dieses Bedürfnis so lange gar nicht gespürt haben.

Wenn ich den Mann, der damit nicht vertraut ist, frage: »Wieso schläfst du mit deiner Frau zusammen? Wieso hast du kein eigenes Bett?«, dann sagt der: »Es ist mir viel lieber, mit der Frau zusammen in einem Bett zu schlafen. Warum soll ich das nicht tun?« Diese schnellen Antworten müssen wir immer hinterfragen. Der Mann lebt erstens, was er für sein Bedürfnis hält, zweitens hat er das wahre Bedürfnis verdrängt, und drittens hängt das, was er jetzt schnell gesagt hat, mit seinem Gehorsam der Frau gegenüber und mit seinem Verwöhnungswunsch zusammen. In Wirklichkeit wollen Männer häufig genau das Gegenteil. Sie wollen ihre Freiheit haben – nicht nur während des Nachtschlafes.

Um meine männlichen Bedürfnisse herauszubekommen, muss ich meine Situation verändern. Wenn ich zum Beispiel wissen will, ob ich besser alleine lebe oder besser zusammen mit der Frau in einer Wohnung, dann muss ich eine Zeit lang von der Frau getrennt leben. Sonst kann ich mein Bedürfnis nicht überprüfen. Ich kann nicht mit der Frau in einer Wohnung leben und herausbekommen, wie ich mich fühlen würde, wenn ich nicht mit ihr in einer Wohnung lebe. Dazu muss ich das Experiment machen und etwas riskieren.

Wenn der Mann nicht mehr zusammen mit seiner Partnerin in einer Wohnung lebt, wird ihm wahrscheinlich manches fehlen. Andererseits wird er die Erfahrung machen, dass er überhaupt erst zu sich und seinen wahren Bedürfnissen kommt, wenn er Abstand gewinnt.

Dazu aber muss er Abstand nehmen, das heißt, er muss sich auseinandersetzen, getrennt von der Frau leben, um zu verstehen, was in dieser Beziehung wirklich los ist. Verstehen heißt den Standort wechseln. Erst der Standortwechsel erlaubt den Blick aus verschiedenen Richtungen auf die ganze Wahrheit. Wer immer aus der gleichen Richtung schaut, sieht nur einen schmalen Ausschnitt der Wahrheit.

Viele Männer sehen keinen Grund, an ihrer Situation etwas zu verändern, sie haben keinen Entwicklungsbedarf. Sie sagen: »Warum soll ich etwas verändern? Ich verdiene ganz gut Geld, habe eine Frau, ein Haus, ein Auto, habe Kinder. Wieso soll ich mich entwickeln?«

Befragt man aber die Menschen, mit denen er zusammenlebt, kommen meist andere Dinge zum Vorschein. Mann meint, dass es ihm gut geht, die anderen aber leiden unter ihm. Ihm ist das nicht bewusst und auch nicht einmal, dass es ihm selbst dabei nicht gut geht.

Eine dritte Möglichkeit, an bisher verdrängte Bedürfnisse heranzukommen und zu lernen, die Bedürfnisse zu äußern, ist, ist die Frage: »Wann im Leben haben wir bestimmte Bedürfnisse gespürt?« In manchen Lebenssituationen und -stationen spürt Mann bestimmte Bedürfnisse sehr genau. Wann waren wir in der Lage, diese zu äußern und an andere Menschen heranzutragen? Wie haben die anderen darauf reagiert? Sind unsere Bedürfnisse befriedigt worden? In der Familie, in der Schule, in der Freundschaft mit der Freundin oder mit dem Freund? Wer hat uns geholfen, diese Bedürfnisse zu befriedigen? Wir müssen die Kindheit und die Lebensgeschichte erforschen. Dann werden wir auch die Frage stellen: »Welche Bedürfnisse haben wir damals nicht gespürt, von denen wir heute wissen, dass wir sie hatten und dass wir sie verdrängen mussten, weil niemand da war, der sie befriedigen wollte oder konnte?« Oft sind wir nämlich massiv daran gehindert worden, unsere Bedürfnisse wahrzunehmen oder zu äußern.

Was will ich? Was fürchte ich?

Zum Umgang mit den nachfolgenden Fragen lies bitte die einleitenden Sätze zum Fragenblock am Ende des ersten Kapitels.

Pflege ich echte Beziehungen zu Männern? Kann ich mich bei Problemen in ihre Situation einfühlen? Habe ich Mitleid mit Männern? Spreche ich mit Männern über meine/unsere Gefühle?

Kenne ich meinen Lebensplan? Habe ich mir schon Gedanken darüber gemacht, Erinnerungen an meine Kindheit schriftlich festgehalten? Kann ich mit Freunden ehrlich und offen darüber reden? Wie wirke ich auf andere? Woher weiß ich das?

Wer ist ehrlich und offen zu mir? Wer macht sich diese Mühe mit mir? Wer kennt mich am besten? Welcher Mann kennt mich am besten?

Was weiß niemand von mir? Warum kann/will ich das niemand erzählen? Ist es zu unwichtig? Zu schmerzhaft? Zu beschämend?

Welchen Mann kenne ich am besten? Was sage ich ihm über ihn? Was behalte ich für mich? Warum? Kann ich mit ihm leiden, mich mit ihm freuen? Hat er Geheimnisse, über die er mit Niemandem spricht, auch nicht mit mir? Kritisiere ich ihn? Lobe ich ihn?

Bin ich bereit, für mein Leben Verantwortung zu übernehmen? Bin ich bereit, auch anderen Männern zu mehr Verantwortung zu helfen? Will ich an mir arbeiten? Bin ich verwöhnt? Kann ich auf diese Verwöhnung verzichten?

Fühle ich mich selbst? Welche Gefühle kenne ich an mir, sind mir bewusst? Angst, Freude, Trauer, Aggression, Sehnsucht, Liebe, Hass, Wut, Verzweiflung, Einsamkeit?

Wovor habe ich Angst? Mit wem kann ich über meine Ängste reden? Welcher Mann hilft mir, wenn ich Angst habe?

Kann ich weinen? Wann habe ich das letzte Mal geweint? Worüber? Wer hat mich getröstet?

Kann ich meine Bedürfnisse äußern? Kenne ich meine Bedürfnisse überhaupt? Ändern sich meine Bedürfnisse, wenn ich allein lebe, mit Frauen lebe, mit Männern lebe? Welche Bedürfnisse erfüllt meine Partnerin? Welche nicht? Welche Bedürfnisse erfüllen meine Freunde? Welche nicht?

Wie reagiere ich, wenn meine Bedür
fnisse nicht erfüllt werden? Schweigend, wütend, fordernd? Erfülle ich die Bedürfnisse anderer? Frage ich sie nach ihren Bedürfnissen? Spreche ich über meine/ihre Bedürfnissen?

Habe ich Sehnsucht nach Freiheit, Fernweh? Gebe ich dieser Sehnsucht nach? Wenn ja, spüre ich dann Erfüllung und Glück? Erlebe ich Freude?

Schluss: Die neue Partnerschaft zwischen Mann und Frau

Bernd: »Ich werde immer selbstständiger«

Die Arbeit in der Männergruppe verändert nicht nur meine Beziehung zu Männern, sondern auch zu den Frauen, denen ich begegne und mit denen ich lebe. Und Frauen nehmen natürlich auch Einfluss auf mein Leben. Nicht nur ich, sondern auch sie profitieren von der Männerarbeit.

Ich bin mit drei »starken« Frauen »aufgewachsen«, mit Barbara und meinen beiden Töchtern Eva und Erika. Ich habe Glück gehabt. Und ich bin stolz auf sie. Starke Frauen – das sagen die drei mit Einschränkungen auch von sich selber. Meine beiden Töchter habe ich sehr gern und weiß, sie haben mich auch sehr gern. – Natürlich haben wir auch Probleme miteinander. Beide leben ihr eigenes Leben und sind nur noch zu Besuch bei uns.

Wenn ich Frauen sehe, die leiden, denke ich zwar auch noch manchmal in Sorge an sie. Denn Frauen müssen mehr Ungerechtigkeiten und Widerständen ihrer Umwelt begegnen und bestehen als Männer. Aber sie sind im Grunde auch positiver, vitaler, stärker, gesünder, anpassungs- und widerstandsfähiger. Ich weiß, die beiden werden ihre Welt und ihr Leben »bewältigen«.

Meine Töchter sagen mir heute, dass die zwanglose und in gewisser Weise tolerante Art, in der sie bei mir, bei uns aufgewachsen sind, jetzt und in ihrem zukünftigen Leben ihnen sicher hilfreich und gut tun würde. In vieler Hinsicht fühlen sie sich schöpferischer, selbstständiger und nicht so unter »Produktivdruck«, wie sie es sonst oft bei den Menschen um sich herum erleben. Ich denke, sie besitzen ein gutes Stück Selbstständigkeit.

Aber es hat ihnen bei mir in anderer Hinsicht dagegen Wichtiges gefehlt:

Sie hätten sich mehr Schutz, in den Arm nehmen und mehr Sicherheit von mir gewünscht; mehr Führungshilfe bei Entscheidungen, wo es lang geht im Leben; auch in kleineren Dingen des Alltags. Ein gutes Stück mehr väterliche Autorität, Vorbild und Anleitung hätte ihnen weitergeholfen. Und das macht ihnen heute das Leben und Entscheiden oft sehr schwer. Diesen Bereich müssen und werden sie sich noch selbst erarbeiten. – Ich bin für mich auch dabei.

Ich bin dankbar, dass sie mir das so sagen und dazu die Kraft aufbringen. Auch wenn ich mich selbst dabei manchmal sehr angestrengt fühle. Mir fehlt diese Sicherheit, Entscheidungsfreudigkeit und Entschiedenheit ja auch an mir selbst. – Ich arbeite daran.

Ich werde immer selbstständiger, zum Beispiel beim Essenmachen, Einkaufen, Putzen, Wäschewaschen, -aufhängen, -legen, -bügeln; nähe manchmal auch Knöpfe oder Reißverschlüsse selbst an; Reparaturen im Haus mache ich »schon etwas weniger«. Barbara bleibt mir aber in den meisten dieser Bereiche noch immer eine sich scheinbar vergrößernde Strecke voraus. Sie kann noch besser für sich – und mich – sorgen.

Ich denke aber, im Vergleich zur Mehrheit der Männer unserer Gesellschaft mache ich schon sehr viel und sorge schon ganz gut für mich – und auch für Barbara. Heute bin ich fast schon »Hausmann« – teilweise auch notgedrungen –, aber ich habe noch unerhört viel dazu zu lernen. Denn je mehr ich übernehme, desto mehr merke ich, wie wenig es noch immer ist; – als würde es dadurch eher weniger statt mehr. – Besonders deutlich habe ich das empfunden, als Barbara kürzlich für ein Vierteljahr in ihrem »Sabbatjahr« in Paris und ich hier in Berlin allein lebte. Ich konnte dadurch auch erst deutlicher erleben, wie gut ich für mich selbst und meine Beziehungen schon sorgen kann. Auch wenn ich mich manchmal dabei sehr allein und halb gefühlt habe ohne sie – was ich so auf Dauer nicht möchte –, war es doch ein wichtiger Lernprozess für mich.

Barbara vermisst bei mir auch in der Sexualität unter anderem noch, dass sie mich zum Beispiel auch mal schreien hört. Dieses Lautgeben steht symbolisch für eine Art verwirklichte und vitale Hingabe- und Begeisterungsfähigkeit, die mir an mir selbst auch noch teilweise fehlt. Dabei hatte ich in meinem Leben eher eine Berührungssehnsucht als eine Berührungsangst. Ich stellte auch die Beziehungen zu anderen Menschen früher und auch heute noch mehr durch Haut- und Körperberührung wie zum Beispiel Zärtlichkeit, Händeschütteln, In-den-Arm-nehmen und so weiter her als durch andere Möglichkeiten der Kontaktaufnahme. Öfter auch schon durch Schreiben, Briefe und Ähnliches. Doch erst durch die Arbeit in der Gruppe konnte ich meine Gesprächsfähigkeit – an der ich weiter arbeite – sowie meine Liebesfähigkeit und damit auch meine Sexualität sinnvoll weiter entwickeln. Abends kuschelt sich Barbara immer in meine Arme, wie in ein Nest, und gibt mir unbeschreiblich schöne Gefühle von Geborgenheit in dieser ihrer Nähe.

Meine Unzufriedenheit nimmt weniger Raum ein. In letzter Zeit haben wir uns geeinigt, dass ich Barbara – so gut es mir möglich ist – Misserfolge und Missstimmungen nicht mitteile, sondern ihr immer, wenn es mir gut geht, sage: »Heute geht es mir gut«. Und sie wird mir jeweils sagen, wenn sie etwas gut an mir findet, oder es zeitig genug sagen, wenn es ihr nicht gut geht und wenn sie Kritik an mir hat.

Was wir Männer wollen

Es bedarf der Arbeit an der Humanisierung gesellschaftlicher Strukturen, damit anstatt gegenseitiger Kontrolle, gegenseitigen In-Schach-Haltens der Männer Kooperation zwischen ihnen ermöglicht wird. Auch Distanzlosigkeit muss aufgehoben werden, um gegenseitige Hilfe und Rücksichtnahme zwischen Männern wachsen zu lassen.

Deshalb leisten wir Erziehungs- beziehungsweise Nacherziehungsarbeit an unseren männlichen Persönlichkeiten. Eine humane Erziehungspraxis meint für Männer Arbeit an eigenen Persönlichkeitsdefiziten: Väterschule mit dem Schulfach Menschenkenntnis – nach einer geeigneten Charakter- und Lehranalyse der Lehrer.

In unseren Männergruppen arbeiten wir an den Gefühlen, Haltungen und Werten der Männer. Erste Ziele sind:

1. Abbau von Machtmissbrauch und Gewaltanwendung.
2. Therapie von Frauensucht. Aufbau emotionaler Selbstständigkeit, Selbsterkenntnis und Selbstverantwortung.
3. Einfühlungsvermögen und Erschütterungsfähigkeit.
4. Ich-Stärkung, damit Männer arbeiten – statt traditionell maschinenhaft zu funktionieren –, lieben und sich gegen Machtmissbrauch und Gewalt anderer Menschen wehren lernen.

Ein wichtiges pragmatisches Ziel ist die Halbzeit-Arbeit von Männern und Frauen im Beruf und Haushalt, 50:50-Verteilung aller anfallenden Arbeit in Beruf, Erziehung und Beziehung. Männer wie Frauen müssen darauf achten und sich dafür einsetzen, dass sie nicht, durch einseitige Abhängigkeit von anderen Menschen, auch vom anderen Geschlecht, unselbstständig, ohne Macht oder ohne Liebe sind. Weder die Hausfrau noch der Berufsmann, weder der Hausmann noch die Berufsfrau haben produktive Zukunftsperspektiven.

Da Männer selten gelernt haben, Haus-, Erziehungs- und Beziehungsarbeit zu leisten, müssen wir den Zielen der Männergruppe folgende hinzufügen:

5. Lernen von Hausarbeit (Saubermachen, Kochen, Einkaufengehen, Wäschewaschen, Bügeln, Nähen, Geschirrabwaschen).

6. Erziehungsarbeit und Krankenpflege: Kinder säubern, nähren; mit Kindern spielen und sprechen. Das Gleiche gilt für alte und kranke Menschen in Altepflegeheimen und Krankenhäusern.

7. Beziehungsarbeit in der Männergruppe und mit Frauen und Kindern: Zuhören, gegenseitige Hilfe, Nähe und Distanz, Beziehungsfähigkeit, emotionale Pflege.

Die Ziele der Männergruppenarbeit betreffen alle bereits existierenden männlichen Beziehungsmöglichkeiten und -fähigkeiten.

Nähefähigkeit zum Beispiel ist die Fähigkeit, mit Menschen nahe Beziehungen aufzubauen und durchzuhalten, ihnen zu geben, was sie brauchen – Geborgenheit, Heimat, Trost – und das Gleiche für sich selbst in Anspruch zu nehmen. Nähe ist nicht Distanzlosigkeit. Männer aber stellen oft aus unbewussten Gründen Kampfsituationen her. Der Grund dafür liegt in der symbiotisch-einengenden Beziehung des Sohnes zur Mutter, die in »Söhne wollen Väter« ausführlich beschrieben wurde, und darin, dass sich in Partnerschaften Wiederholungszwänge einstellen, die von den Partnerinnen nicht erkannt und nicht aufgelöst werden.

Ein weiteres Ziel ist *Konfliktfähigkeit.* Männer haben nicht gelernt, produktiv zu streiten. Eher zerstören sie Beziehungen. Zur Konfliktfähigkeit gehört »konfrontieren können« wie auch »versöhnen können«. Verwöhnungs- und

Machtwünsche hindern Männer daran, Kompromisse anzubieten und auszuhandeln.

Auch *Lebendigkeit* ist ein Männergruppenziel. Sie gehört nicht zu den Stärken des Mannes. Er »funktioniert«, im Arbeitsbereich und in der so genannten Liebe, und spaltet zu diesem Zweck Gefühle ab. In der Männergruppe können wir den Gefühlsschlaf beenden, die Maschinenexistenz durch Spontaneität und Risikobereitschaft ersetzen: Wir lernen auch außerhalb unseres Berufes, gestalten neue, unbekannte menschliche Beziehungen, erobern bisher tabuisierte Zonen, deren Betreten Angst oder Minderwertigkeitsgefühle hervorruft.

Passivität als Lernziel ist kein Gegensatz zu Aktivität, sondern eine flexible Integration beider. Zartheit und Sanftmut sind oft wirksamer als Grobheit und Gewalt. Um zarter empfinden zu können, braucht der Mann Erschütterungsfähigkeit. Um Geduld in der Verfolgung der Ziele in den Beziehungen und Partnerschaften zu erwerben, braucht er Freundschaften zu Männern.

Ruhefähigkeit ist das nächste Ziel. Wenn wir uns auf die Suche nach Ruhe begeben, spüren wir bald, dass wir unsere Unruhe verstehen müssen. Ruhe stellt sich ein, wenn wir aufhören, ständig einen Unruhesektor nach dem anderen aufzusuchen. Im Unruhe herstellen sind Männer Meister. Sie suchen Spannung, Spaß, Abenteuer, Nervenkitzel und Thrill (Angst-Lust), um die tieferen Schichten des eigenen Unbewussten, die mit unsäglichem Angstpotential gefüllt sind, abzuriegeln.

Männer müssen ihre *Trennungsfähigkeit* schulen, sich gegenseitig unterstützen, wenn es darum geht, sich von bestimmten problematischen, kräftezehrenden Beziehungen zeitweilig oder dauerhaft zu distanzieren.

Was gewinnen Frauen, deren Männer sich selbst kennen?

Carsten: Einige Dinge, die Susi mir schon lange sagte, hörte ich bei den Männern erst. Sie fand, dass ich ihr meine Gefühle zu wenig zeigte, zu wenig Anteil an ihrem Leben nähme und dass sie oft nicht wüsste, wie es mir ging. Das herauszufinden empfand ich wohl bis dahin als die Aufgabe von Frauen. Ich ließ mich von ihnen versorgen. In der Männergrupe fehlte dann auch den anderen Männern etwas von mir. Aber wenn sie es mir sagten, war es für mich nicht so bedrohlich. Bei Susi musste ich mehr abwehren und konnte mich andererseits nicht konsequent vertreten, war nicht genug Gegenüber. Wir Männer machten uns gegenseitig auf unsere Art der Beziehungsgestaltung aufmerksam. Dadurch wurde mir klarer, was Susi sich von mir wünschte, und wie ich ihr meine Gefühle näher bringen konnte. ...

Durch die Verbundenheit mit den Männern konnte ich mich auch sehr auf die Nähe zu Susi einlassen. Auch wenn die Beziehung zu ihr mal angespannt ist, ich mich mit ihr streite, ist der Kontakt zu den Männern für mich sehr wichtig. Ich kann deshalb heute überhaupt erst so manchen Konflikt mit Susi wagen. Es ist möglich, mich gegen manche ihrer Zumutungen und Übergriffe abzugrenzen, da ich nicht mehr so total abhängig von ihrer Zuwendung bin. Durch die Verbundenheit mit den Freunden hat sich die Beziehung zu Susi verbessert. Wir sind heute viel zärtlicher und liebevoller miteinander. Wir sind auch kräftiger geworden und können uns unsere Wünsche besser mitteilen.

Martin: Was ich sehr zu schätzen gelernt habe, ist die Gewissheit, dass meine Freunde Situationen, die ich schildere, möglichst objektiv betrachten und eine Kumpanei ausgeschlossen ist. So ging und geht es mir in verschiedenen Fällen so, dass ich Wünsche meiner Partnerin die Beziehung betreffend als Vorwurf auffasse und mich meist sehr dagegen wehre. Wenn ich dann mit Männern über diese Wünsche rede und meine Widerstände dabei zu erklären versuche, passiert es, dass die Männer den Wunsch meiner Partnerin bestätigen und ich das dann nicht mehr als Vorwurf, sondern als Hinweis annehmen kann und mit einem verständnisvolleren Gefühl erneut mit meiner Partnerin über diese Wünsche sprechen kann.

Und hier die Antworten einiger Frauen, auf die Frage: »Was hast du davon, dass dein Mann in der Männergruppe begonnen hat, an sich zu arbeiten?«

»*Mein Partner begann mir zuzuhören. Er lässt mich jetzt ausreden, ohne ärgerlich zu werden.*«

»*Mein Mann hat in der Männergruppe inzwischen oft gehört, was ich ihm schon lange nahe bringen wollte. Von den Männern kann er es besser annehmen.*«

»*Ich fühle mich nicht mehr so allein, mein Partner arbeitet jetzt auch an der Beziehung.*«

»*Mein Mann ist stabiler geworden, er unterstützt mich auch schon manchmal.*«

»*Mein Partner fordert mich auch mehr als früher, das tut mir gut. Er fragt viel mehr als früher, meine Meinung interessiert ihn.*«

»*Mein Mann nimmt mich ernster, ich fühle mich durch die anderen Männer unterstützt.*«

»*Ich habe nicht mehr so viel Angst vor anderen Frauen, weil er sich nun auch Geborgenheit und eine gewisse Art von Zärtlichkeit in der Männergruppe holt.*«

»*Mein Mann begehrt mich mehr als früher erotisch, geht aber fürsorglicher mit mir um.*«

»*Unsere Beziehung hat sich sehr beruhigt. Er spricht mehr über seine Gefühle und weiß mehr darüber.*«

»Ich habe freundschaftliche Beziehungen zu seinen Freunden aus der Männergruppe aufnehmen können.«

»Mein Partner äußert sich nicht mehr diffus, er nimmt eindeutiger Stellung. Er ist für mich erreichbarer, auch mehr Gegenüber.«

»Früher war für meinen Mann nur seine berufliche Arbeit und Karriere wichtig.«

»Ich renne nicht mehr gegen Beton, mein Mann geht mehr auf meine Wünsche ein und nach Streitigkeiten kann er sich schneller versöhnen.«

»Mein Mann tröstet mich neuerdings.«

»Mein Mann ist lebendiger geworden und lebt intensiver.«

»Allmählich entwickele ich Vertrauen in eure Männergruppe, erst war ich sehr misstrauisch, weil ich dachte, dass sich da die Männer wieder nur gegen uns Frauen zusammentun.«

»Mein Partner kommt aus der Männergruppe erholter und mit besserer Stimmung nach Hause als von seiner Arbeitsstelle.«

»Mein Mann spricht jetzt von sich aus Probleme zwischen uns an, er ist dabei weicher als früher.«

»Mitunter schafft er es, zärtliche und erotische Stimmungen herzustellen, früher war ich immer dafür zuständig.«

»Wenn ich einmal nicht kann, ist er nicht mehr so sauer. Er toleriert es viel eher, wenn ich versperrt und ängstlich bin. Er muntert mich dann auf, ohne mich zu bedrängen.«

Die Arbeit des Mannes in der Männergruppe wirkt intensiv auf die Beziehung zu seiner Partnerin. Auch ich bin gegenüber Irmgard etwas angenehmer geworden, sanfter, pfleglicher, tröstlicher. Meine Freude über das soziale, gegebenenfalls politische Engagement der Männer in ihren jeweiligen Arbeitsfeldern gibt mir Stärke in der Beziehung zu Irmgard.

Ich arbeite in der Männergruppe anders als Irmgard in ihren Frauengruppen: Sie hält die Gruppen höchstens drei Jahre lang aufrecht, dann wird die Gruppe aufgelöst, vielleicht eine neue gegründet, aber unsere Männerarbeit gedeiht. Vermutlich müssen Männer mit Männern anders arbeiten als Frauen mit Frauen.

Ich lege großen Wert darauf, mit einigen Männern die Beziehung zu halten. Die Kooperation geht über Jahre, wir bleiben in Verbindung, manchmal enger, manchmal lockerer. Durch die Mitarbeiter, die ihrerseits Männergruppen gründen, entsteht eine gewisse Art von Kultur, ein soziales Klima und ein soziales Feld.

Auf der anderen Seite liegt mir am Herzen, die Erfolge und die Fortschritte der Männer an die Frauen, mit denen die Männer Beziehungen leben, heranzutragen. Dabei mache ich auch Erfahrungen, die mir nicht gefallen. Einige Frauen zum Beispiel sagten mir, die Aussagen meines Buches beträfen sie genauso wie die beschriebenen Männer. Meiner Meinung nach handelt es sich hier um reine Rationalisierungen, Schutzbehauptungen, die den Frauen ermöglichen, sich gegen patriarchalistische und chauvinistische Übergriffe von Männern *nicht* zu wehren. Sie erlauben der Frau, bei dem Mann zu bleiben, der schwierig ist. Weil sie angeblich genauso schwierig sind. Das ist keine gute Einstellung der Frauen gegenüber der Männergruppe. Denn die Männer brauchen keine verwöhnenden, sondern intensive gegenseitige Hilfe fordernde Frauen.

In der Öffentlichkeit werden unsere Männergruppen manchmal sarkastisch kommentiert, selten zwar, aber bisweilen auch von chauvinistischen Frauen. Es liegt uns nichts an Klagen, Wehleidigkeit, Nabelschau oder Weinerlichkeit. Wir wollen uns auch nicht bei Frauen anbiedern. Auf ihre Anerkennung verzichte ich gegebenenfalls.

Doch Frauenfeindlichkeit und Selbstzerstörerisches gibt es bei uns kaum noch. Die Würde der Frau, ihre Entlastung und Pflege, die Lösung ihrer Probleme mit uns sind in unseren Gruppen ebenso hohe Werte wie die Solidarität und emotionale Zuneigung unter Männern. Das widerspricht sich nicht: Männer, die einander Heimat, Ruhe und Geborgenheit geben, behandeln Frauen und Kinder humaner, sogar gewaltloser. Sie tun das nicht nur, um die Anerkennung der Frauen zu bekommen, es wird Gewohnheit und ethische Norm: Männliche Würde und Ritterlichkeit.

Wir arbeiten in der Männergruppe am Abbau der Vorurteile gegenüber Frauen, an unserem Frauenbild, welches in den meisten Fällen patriarchalisch deformiert ist. Wir führen das Gespräch über Beziehungen zu Frauen, helfen uns gegenseitig dabei, die Frauen, mit denen wir zu tun haben, zu fragen, auf sie zu hören und von ihnen zu lernen. Deshalb unterstützen wir uns auch beim Aufbau nicht-sexueller Beziehungen zu Frauen. Solche Beziehungen vertiefen männliche Frauenkenntnis. Obwohl Männer Frauen häufig entwerten, ist ihr Anerkennungsbedürfnis im Umgang mit Frauen meist enorm groß. Die Angst vor Frauen und die Schwäche ihnen gegenüber werden deswegen zu wenig bewusst.

Männer haben im Allgemeinen zu wenig Angst vor Frauen. Etwa die Hälfte der Männer in unseren Gruppen erschien bei uns erst nach stärkstem Widerstand der Frau. Deshalb brauche ich diesen Widerstand, ich fordere ihn sogar von Frauen. Ich wende mich ab von Frauen, die Männer, welche selbstkritisch an sich arbeiten, verletzen und verhöhnen und andere Männer, die chauvinistisch bleiben, wegen deren Macht anziehend finden.

Ich verabscheue auch Frauen, die brutale weibliche Phantasien gegenüber Männern als Emanzipation verkaufen wollen. Früher waren die Rollen klar verteilt: Der Mann war Täter, die Frau Opfer. Heute wehrt sich die Frau. Aber bloße Gegengewalt ist keine Emanzipation. Die den Männern gegenüber gleichgültige oder zynische Frau ist auch nicht »besser« als der Durchschnittsmann. Die Frau, die es als Fortschritt empfindet, wenn Frauen als Soldatinnen nun endlich auch schießen dürfen, ist nur männlich, destruktiv.

Ich bin Männerforscher, weil ich einen Beitrag zum Abbau der Männergewalt leisten möchte. Die Gewalt gegen Frauen und Kinder soll angesprochen, offen mitgeteilt, durchgearbeitet und abgebaut werden. Dazu braucht auch der Täter ein Milieu der Geborgenheit. Je weniger er sich verurteilt fühlt, desto schneller wird er gewaltloser. Durch seine Einbettung in die Männergruppe lernt er, sich in Schmerzen einzufühlen. Doch ich weiß, dass es nicht reicht, den einzelnen Mann zu verändern. Auch männliche Organisationen bedürfen der Feminisierung, gehören vielleicht aber auch ganz abgeschafft. Ein zu diesem Zweck notwendiger partieller Rückzug der Männer von der Frau ist keine Feigheit vor der Frau. Wir Männer müssen uns verändern, politisch *und* privat, weil wir damit rechnen müssen, dass uns sonst einige Frauen die Beziehung aufkündigen werden.

Wir bemühen uns in der Männergruppe um Problemlösungen, die »normalerweise« Frauen für Männer übernehmen und leider auch oft allein übernehmen, wie zum Beispiel die Verhütung von Schwangerschaft, die Abtreibung oder die Geburt von Kindern. Wir versuchen, Frauen dabei zu helfen, die ungerechte Doppelbelastung, Beruf und Familie, abzubauen, indem wir Haus- und Erziehungsarbeit übernehmen.

Ich fordere von Männern, dass sie sich mit den Erkenntnissen der Frauenbewegung auseinander setzen und von Frauen lernen. Dass sie in Gegenwart von Frauen nicht jammern und klagen, aber auch nicht immer nur hingebungsvoll lauschen auf die Anerkennung der Frauen spekulieren und weichzeichnendes Schuldgefühl schwätzen.

Wir Männer lernen, nicht mehr nur in Gegenwart von Frauen über unsere persönlichen Gefühle zu reden. Es ist besser, erst einmal mit Männern über Gefühle, Stimmungen, Haltungen, Werte, Kümmernisse und Probleme zu sprechen. Wir hören damit auf, nur von Frauen Anerkennung und Trost haben zu wollen, und entwickeln stattdessen ein Ich-Gefühl: »Gehe nicht mehr zu der Frau nur wegen des Trostes, der Langeweile, der Sexualität. Gehe nicht mehr nur als Nehmer. Gehe nicht, wenn du traurig bist. Gehe zu Männern, wenn du einsam bist.«

Unter Männern ist Veränderung angebracht. Mir scheint wichtig, dass Männer in Gegenwart von Männern weinen, wenn sie traurig sind. Darum stehe ich zu der Maxime: »Ängstige deinen Mitmann wie dich selbst. Weiche seine arrogante, männliche, chauvinistische Abwehr auf. Tue etwas gegen Zerstörung, Krieg, Gewalt, ohne deinem Mitmann im Notfall Hilfsangebote zu verweigern.«

Männer, die an sich arbeiten, streben nicht die Frauenrolle, sondern einige grundlegende, lebenserhaltende, weibliche Werte an. Dazu müssen wir Frauen loslassen, in die Nähe des anderen Mannes gehen, unsere Angst vor ihm abbauen. Wir können es in der Nähe anderer Männer riskieren, unsere Karriere ein Stück weit zu vergessen, Kompensationen von Schwäche aufzugeben, in Angst und Depressionen hineinzugehen, uns in Sinnlosigkeitsgefühlen aufzuhalten und Identitätsverunsicherungen auf uns zu nehmen.

Das biologistische Argument mancher Frauen, dass Männer sozial unverträglich, nicht veränderbar und nicht lernfähig sind, widerlegen wir. Aber nur indem wir uns verändern, uns gegenseitig Mut machen, voneinander lernen. Es ist nicht unser wichtigstes Ziel, Frauen diese Veränderung vorzuführen. Am Abbau von Gefühlsblockaden und am Aufbau erweiterter Selbstkritik ist uns gelegen, durch »harte« Gefühlsarbeit in der Beziehung zu kooperativen, partnerschaftlich orientierten anderen Männern.

Es geht darum, den Kampf untereinander aufzugeben.

Diese Arbeit zu leisten dauert beim einzelnen Mann nach meiner Einschätzung und Erfahrung etwa zehn Jahre. Danach kann eine ungehorsame Frau vielleicht mit einem veränderten Mann kooperieren und Geborgenheit erleben.

Patriarchatskritische tiefenpsychologische Männerarbeit – Was hat der Mann davon?

I. Er wird kräftiger (emotional und sozial). (Schwächen abbauen, ganzheitlich Mensch werden)

Gesünder leben lernen (Körper, Bewegung)
Mit Krankheit produktiver umgehen, Psychosomatik besser verstehen
Trauerarbeit leisten können, um sich zu entlasten
Selbstfürsorge praktizieren
Ruhe, Langsamkeit und Mußefähigkeit aufbauen
Bevatern (der Kinder) als Möglichkeit, die eigene Schwäche und Hilfslosigkeit zu erkennen und als Entwicklungschance zu sehen

Die erste lebensgeschichtliche Sucht des Mannes diagnostizieren und aufgeben

Frauen-Suchttherapie:
Gewöhnung an die Frau und Wiederholungszwang erkennen
Entwöhnung statt Konsum
Abhängigkeit von der Frau abbauen
Entzugserscheinungen auffangen
Dosissteigerung vermeiden
Gewalt zur Unterdrückung der Frau vermeiden lernen

II. Er lernt, eigene Bedürfnisse wahrzunehmen, zu äußern und (human) durchzusetzen

Gefühle äußern
Fühlen lernen
Affekte spüren, verstehen und (adäquat) äußern

Ein profundes und echtes Sprechen als
kommunikativer Austausch

Fragen stellen (Unwissenheit als Chance zum Wissen be-
greifen und nicht als Fehlerhaftigkeit), auch an Frauen

Zuhören lernen (als Interesse am Menschen)

Das Selbstgespräch erkennen und produktiver und freundlicher gestalten

Nähe zulassen, Distanz herstellen (gegen die gefängnishafte
Symbiose mit der Frau)

Frauensprache erlernen, wo sie Männern die Kommunikation erleichtern kann

III. Er wird unabhängiger von der Hilfe durch die Frau

Die permanente Entwertung der Frau als projektives Unzu-
friedensein mit sich selbst erkennen

Die Frau als eigene »Therapeutin« erkennen und sich von
dieser »Therapie« emanzipieren, weil sie Übergriffe
durch die Frau erlaubt

Trennungen mit Hilfe männlicher Freunde durcharbeiten, statt zur nächsten Frau zu laufen; auf »Hilfe« von Frauen mehr verzichten

Selbst therapeutische Fähigkeiten erwerben, auch, um sie der Frau zurückzugeben (anderen Männern »therapeutisch« werden), z.B.
lächeln
Sympathie aufbringen
einfühlen lernen
trösten können
Heimat erkennen und Nestbau

Anwesend bleiben, auch wenn es mit Frauen schwierig wird: Beharrlichkeit

IV. Er kann Männerfreundschaften aufbauen

Arbeit in der Männergruppe
Rollentausch genügt nicht
Androgynität oder 3/5 weibliche Werte?
Das Männer- und Frauenbild als reaktionär erkennen
Biographische Arbeit (Anamnese)
Klares Erkennen des männlichen Charakters (Diagnose)
Selbsterkenntnis
Männerkenntnis und Frauenkenntnis (»Menschenkenntnis« greift zu kurz)

Der Raum wird geöffnet, um über Depressionen, Angst, Zwanghaftigkeit, Schwäche, Masochismus, Ehrgeiz, Eifersucht, Kraftlosigkeit, Verzweiflungsgefühle und Sinnlosigkeitsgefühle endlich sprechen zu können, ohne verurteilt zu werden, sondern »angenommen« zu werden in

Verständnis, solidarischem Sich-selbst-wieder-erkennen, Geborgenheit und Wärme.

Aufhören mit Moralismus und Schuldgefühl-machen

Unsere typischen Fluchten als Abwehr von weiblicher Kritik endlich aussprechen dürfen

Destruktive männliche Gebote erkennen dürfen

Die gewalttätige Mutter auch endlich einmal anklagen dürfen

Erkennen, warum Männerfreundschaften so oft misslingen, und sie aufbauen

Sich führen lassen als wohltuend erleben

Sich gegenseitig ermutigen

Sich um andere Männer bemühen und um sie werben

V. Er kann mutiger werden

Mutiger werden gelingt nicht durch Angstlosigkeit, sondern dadurch, dass man seine Angst annehmen (wahrnehmen, durchsprechen) lernt

Psychosomatik der Angst lernen: Der Körper und die Sinne klären uns auf

Liebesfähiger werden durch Annahme der Angst (und damit auch attraktiver werden):

Ängste erweitern, Menschen dadurch Trost bieten

Erkennen der Verdrängung von Angst

Die Angst vor der Ohnmacht abbauen, sich gewaltlos führen lassen und das als wohltuend erleben

Durch Lernen eines zarten, aber konsequenten Umgangs mit der Frau gleichberechtigter umgehen lernen

Anderen Menschen keine Angst mehr machen müssen, sondern sie selbstbewusst kommunikativ »erreichen«

Schonung und (übertriebene) Verwöhnung aufgeben

VI. Er wird konfliktfähiger

Er kann durch kommunizierte Angst konfliktstärker werden

Durch Nähefähigkeit (ohne Distanzlosigkeit) und Anwesenheit ist er schon stärker im Konflikt, er kann nicht flüchten

Seine Distanzierungsfähigkeit erlaubt, unproduktive Konflikte zu vermeiden und dadurch Kräfte zu sparen

Das Gefühl der Empörung und des Zorns kann gegen die auch selbstzerstörerischen Affekte von Ärger, Wut und Ressentiment ersetzt werden

Ärger: Vorform von Aggression, Reizbarkeit, Selbstbestimmung gedrosselt, Verantwortung abschieben
Wut: blind, soll Mitmenschen kleinmachen, außer sich sein
Ressentiment: wenn Tat versagt ist, Nein zum anderen Menschen, Ohnmacht, Schweigen, Unaufrichtigkeit
Empörung: sich wehren gegen Unterdrückung, Stolz, Selbstbewusstsein
Zorn: heiliger Zorn, Geist stark beteiligt, Sprache, Zuversicht, etwas zu ändern, Haltung wird bewahrt

Er kann das Gespräch auch in Konflikten anbieten, weil er in der Männerarbeit selbstbewusster geworden ist

Er kennt auch Frauen und deren Konfliktstrategien besser

Er kann ruhiger und geduldiger Unsicherheit ertragen, weil er nun streiten, aber auch versöhnen gelernt hat

Er kann sich zur Toleranz gegenüber Unterschieden (in Wertfragen, Weltanschauungen) durchringen

Er hat eine Ethik des Streits aufgebaut:
Keine Konflikte harmonisieren und verdrängen
Nicht mit Schwächeren streiten, dann lieber entfernen
Streiten mit kräftigen, selbstbewussten und aggressiven Menschen
Ein persönlicher Streit, keine Fraktionenzugehörigkeit
Auch auf das Unbewusste des Streitgegners reagieren (erfordert Instrumente der Tiefenpsychologie)
Ausgewogenheit von Kritik, Selbstkritik und Entwicklungspotential

VII. Er kann sich entwickeln

Er hat gelernt, was psychische Entwicklung ist (gegenüber einer technischen oder bürokratischen)

Wer sich entwickelt, bedarf nicht der »Heilung«, kann nicht als »krank« gelten

Entwicklung durch personengerechte Anforderungen, Überforderung vermeidend: adäquate Ziele

Entwicklung ist: produktive Gestaltung meines Lebens, meiner Aktivitäten und meines Lebensumfeldes

Suche nach typischen Entwicklungshemmungen in der Kindheit: Bewusstmachung

Produktive Nutzung aller (produktiven und kreativen) Lebenschancen: zielstrebiges Bemühen

Selbstbehauptung statt Konformismus

Ermutigung zur Entwicklung:
als Therapeut, als Mitglied der Männergruppe, Freude an der Entwicklung, Eroberung neuer Lebensfelder und -aufgaben

Akzeptanz von Umwegen, ähnlichen oder anderen Wegen
Förderung der Entwicklung durch Zumutungen

Kommunikation konkreter Entwicklungsschritte, Entwicklungshemmungen und Zumutungen